단단한 삶

단단한 삶
일과 삶 속에서 나답게 살아가는 법

초판 1쇄 발행 2025년 11월 20일

지은이 김경하, 감남주, 김영희, 신승연, 오은영, 이경숙,
이서연, 이에스더, 정선미, 주현영, 하정미
펴낸이 신승연

편집 에디터스랩
디자인 이세래나

펴낸곳 그린씨드 GREEN SEED
출판등록 제2020-000057호
주소 제주특별자치도 서귀포시 안덕면 감산로 27
전화 1660-2565 **팩스** 0504-466-6638
홈페이지 www.greenseed.co.kr
전자우편 greenseed.books@gmail.com

ISBN 979-11-93175-02-6 03190

- 이 책의 판권은 지은이와 그린씨드에 있습니다.
- 이 책은 저작권법에 의하여 보호를 받는 저작물이므로 무단 전재와 복제를 금합니다.
- 파본이나 잘못된 책은 구입하신 곳에서 교환해 드립니다.

단단한 삶

일과 삶 속에서 나답게 살아가는 법

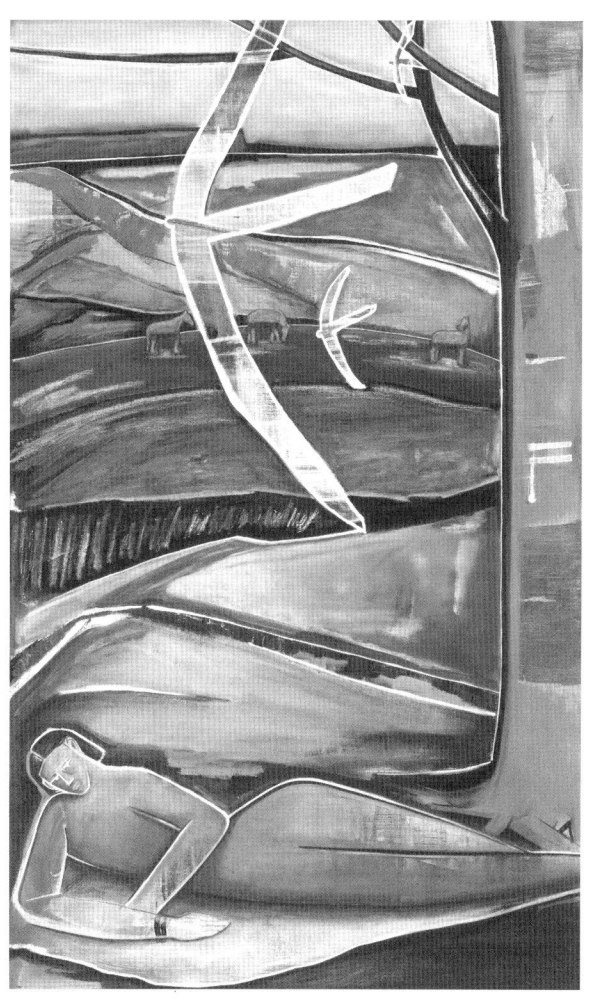

김경하 김남주 김영희 신승연 오은영 이경숙 이서연 이에스더 정선미 주현영 하정미

GREEN SEED

프롤로그

"선배는 이럴 때 어떻게 하셨어요?"
문득 묻고 싶었던 순간이 누구에게나 있었을 것입니다. 그러나 정작 물어볼 수 있는 선배나 동료를 찾기가 어려운 경우가 많습니다. 이 책은 바로 그런 때, 펼쳐 볼 수 있는 책입니다. 누군가에게 묻고 싶었지만 차마 꺼내지 못했던 질문들, 그리고 혼자 삼켜야 했던 고민들을 담았습니다.

이 책에는 열한 명의 저자가 각자의 길에서 겪은 경험과 성찰이 담겨 있습니다. 개인별로 20년 이상, 모두 합치면 250년이 넘는 시간이 녹아 있습니다. 그 안에는 갈등과 시련, 눈물이 있었고, 동시에 깨달음과 성취의 순간도 있었습니다.

책의 여정은 사회생활을 시작하며 겪는 갈등과 성장, 육아와 커리어의 병행, 대체 불가능한 전문인으로의 성장, 건강하게 오래 일하는 이야기, 그리고 나답게 살기 위한 리커리어 전략이 담겨 있습니다. 그것은 곧 우리의 이야기이자, 여러분의 이야기입니다.

본문 사이에 있는 '그대에게 띄우는 편지'는 먼저 그 길을 걸어 본 이가 후배와 동료에게 건네는 따뜻한 격려입니다. 차갑고 고단한 현실 속에서도 "쫄지 마, 우리가 있잖아"라고 여러분의 어깨를 토닥여 줍니다.

일하는 여성의 길

일을 통해 우리는 수많은 선택과 결정의 순간을 맞이합니다. 리더십의 필요성을 실감하고 배우며 실천하고자 노력합니다. 일을 통해 나의 역할에 대한 인식을 새롭게 하고 세상의 변화를 공부하기도 합니다. 일은 이제 우리와 떨어질 수 없는 삶의 일부가 됩니다.

그러나 조직 내에서 겪게 되는 다양한 갈등, 승진과 휴직, 이직과 경력관리의 과정은 누구에게나 찾아옵니다. 특히 여성에게는 벽과 난관이 더 크게 느껴지기도 합니다. 그 힘든 과정과 흔적들을 돌아보며, 우리는 여러분의 질문에 대한 답을 함께 찾아가는 과정을 공유합니다. 그냥 흘러가는 대로 살기에는 너무나 소중한 시간이니까요. 결과를 선택할 수는 없지만, 대응은 우리가 선택할 수 있습니다. 일을 통해서 우리가 꿈꾸는 꿈과 열정들이 어떻게 꽃피울 수 있을지 그 길을 함께 찾아가 보시지요.

내가 성장하는 삶

결혼과 출산, 육아의 시간은 신비롭고도 행복하지만 동시에 절절하게 치열합니다. 물론 이는 필수가 아닌 선택이지만, 삶을 다채롭게 만드는 중요한 여정입니다.

이 시간을 지나오면서 여러분은 어떤 모습으로 변화하셨나요? 스스로를 돌아보며 어떤 말을 해주고 싶은가요? 그동안의 힘듦과 지침이 먼저 떠오르시나요? 아니면 스쳐 지나갔지만, 만족과 성취의 기억으로 미소가 지어지시나요?

여기 열한 명의 저자들은 한결같이 이렇게 말합니다.

"나 자신이 성장하는 삶을 살아야 한다."

그 성장은 다름 아닌, 사람들과의 관계 안에서, 배우는 과정 안에서, 그리고 어려움 속에서 균형을 찾는 과정에서 비롯됩니다.

지금까지 수고하신 여러분께 이렇게 말씀드리고 싶군요. 최선의 노력으로 살아오신 당신, 이제 기쁨을 누리세요, 당신은 충분히 자격이 있습니다!

관계

인문학이 왜 필요한지를 생각해 보면, 인간에 대한 이해 없이는 살아갈 수 없고, 존재의 본질 또한 관계에 있습니다. 개별성과 동시에 관계 안에서 존재하기에 정답은 하나가 아니며, 다양성에 대한 이해가 필요합니다. 이 책은 다양한 관계 속에서 어떻게 성찰하고, 온기를 나누며 회복의 과정을 거치는지 담았습니다.

배움
"사람은 변하지 않아! 그거 배워서 뭐하게?" 이런 고정 마인드셋은 잠재력을 발휘하지 못하게 합니다. 반대로 성장 마인드셋을 가진 사람들은 비판으로부터 배우고, 역경에 맞서 싸우며, 성장을 이룹니다. 배움을 통해 자신과 타인을 사랑하는 태도가 결국 성장으로 이어진다는 사실을 사례로 들려드립니다.

균형
흔들리지 않고 피는 꽃이 있겠습니까? 우리의 마음을 흔드는 일은 도처에 있고 그때마다 넘어지고 일어섭니다. 바닥까지 떨어졌다고 생각했지만, 다시 올라올 수 있는 힘이 우리를 지탱합니다. 인생의 외줄 타기는 마음의 균형에서 오며, 그 길에서 균형감을 유지하는 지혜를 함께 나눕니다.

내가 성장하는 삶은 다가올 미래에도 통할 겁니다. 새로운 도전에 직면하는 우리들의 이야기는 오늘도 이어지고 있습니다. 최근 미국 PGA골프 대회에서 164번째 우승을 차지한 '토미 플릿우드'라는 선수가 있습니다. 그는 빼어난 실력에도 불구하고 한동안 우승은 하지 못했습니다. 준우승만 6번, TOP5에는 무려 30번이

나 올랐지만, 번번이 우승의 문턱을 넘지 못했습니다. '무관의 제왕'이라는 시선은 그에게 큰 고통이었습니다. 그러나 2025년 8월, 그는 마침내 우승을 거머쥐었습니다.

그의 인터뷰는 많은 울림을 주었습니다.

"계속 배우는 것이라 생각합니다. 더 중요한 건 좋은 태도를 유지하는 것이고요. 우승을 했든 못 했든, 내 커리어 자체에 자부심이 있습니다. 아직 가야 할 길이 멀고 배워야 할 것도 많습니다. 사실 이번 승리가 그 사실을 바꾸는 건 아닙니다. 오늘 해냈다는 사실이 기쁘고, 나의 노력과 태도가 자랑스럽습니다. 앞으로도 계속 발전하려고 노력할 것이고, 내가 할 수 있는 최선을 다하려고 합니다."

그리고 그는 덧붙였습니다.

"지금까지 저를 응원해 주신 분들의 소중함을 절대 잃고 싶지 않습니다. 우리가 함께해냈고 얼마나 감사한지 알아주셨으면 좋겠습니다."

이 책은 여러분의 질문과 고민에 단정적인 해답을 제시하지 않습니다. 그러나 분명한 진실 하나를 전합니다. 우리의 이야기가 당신의 어깨를 토닥여 주고, 잠시 멈춰 서서 자신을 돌아볼 수 있는 용기를 주리라는 것입니다. 넘어져도 괜찮습니다. 조금 돌아가도 괜찮습니다. 그 과정에서 우리의 삶은 알차게 영글고 마침내 흔들림 없이 단단한 삶으로 나아갈 테니까요. 중요한 것은 혼자가 아니라는 사실입니다. 우리의 이야기가 당신의 이야기가 되고, 당신의 이야기가 또 다른 누군가의 희망이 될 것입니다. 우리는 늘 함께 걸어가고 있습니다. 이 책을 읽는 여러분의 매 순간이 결정적 순간이기를 바랍니다.

2025년 겨울 들머리에서
넘치는 응원을 담아,
늘 여러분과 함께하는 열한 명의 저자

| 차례 |

프롤로그   5

일하는 여성의 길

미드라이프 크라이시스에서 벗어날 방법이 있을까요?	19
번아웃 증후군에서 벗어나 나다움을 찾을 수 있을까요?	27
— 그대에게 띄우는 편지 01 • 일상력을 키우고, 꿈의 조각도 얻기	36
진로 선택과 경력 쌓기에 왕도가 있을까요?	39
— 그대에게 띄우는 편지 02 • 서툶을 이기는 당당함을 잃지 마시길	47
실패와 좌절을 딛고 다시 일어설 수 있을까요?	51
이직을 고민하는 지금, 무엇부터 준비해야 할까요?	59
— 그대에게 띄우는 편지 03 • 방학하면 보자	66
어떡하면 가정과 직장에서 잘 해낼 수 있을까요?	69

2부
내가 성장하는 삶

일과 육아, 모두 잘 해내겠다는 건 저만의 욕심일까요?	79
— 그대에게 띄우는 편지 04 • 쫄지 마	91
아이 키우기에 지친 몸과 마음을 회복할 수 있을까요?	95
성장기의 아이를 두고 계속 직장에 다녀도 될까요?	101
커리어와 육아 사이, 현명한 선택은 무엇일까요?	109
— 그대에게 띄우는 편지 05 • 결혼을 앞둔 5년 차 직장인 딸에게 보내는 편지	118
사회와 가정, 커리어와 양육 둘 다 성공할 수 있을까요?	121
워킹맘의 경력 단절을 피하려면 어떡해야 할까요?	129
결혼과 출산이 커리어의 장애가 될까요?	137

3부
대체 불가능한 사람

지속적으로 성장하려면 어떻게 해야 할까요?	147
— 그대에게 띄우는 편지 06 • 치열하게 이 시대를 살아가는 MZ세대 딸에게	160

팀원들과 잘 소통하기 위한 효과적인 방법이 있을까요?	163
상사에게 존중받으려면 어떻게 소통해야 할까요?	169
남초 집단에서 나의 장점을 어떻게 어필해야 하나요?	179
— 그대에게 띄우는 편지 07 • 여성이라는 유리천장 앞에 선 후배에게	186
갈등을 대면할 때 어떻게 감정을 다스려야 할까요?	189
도움을 구할 멘토는 어디서, 어떻게 찾아야 할까요?	195

지치지 않는 단단한 마음

슬럼프의 깊은 수렁에서 벗어날 방법은 무엇일까요?	205
건강하게 오래 일하려면 자기 관리를 어떻게 해야 하나요?	215
— 그대에게 띄우는 편지 08 • 일이 소중한 만큼 자신도 사랑하세요	223
어떻게 하면 스트레스를 잘 풀면서 건강하게 지낼 수 있을까요?	227
바닥에 떨어진 자신감을 어떻게 회복할 수 있을까요?	233
슈퍼우먼 증후군에 지친 멘탈을 어떻게 치유해야 할까요?	249
— 그대에게 띄우는 편지 09 • '함께의 가치'를 공감하는 고마운 후배에게	254
직장과 가정에서 단단한 마음을 유지하는 방법은?	257

5부
나다운 리커리어 전략

퇴직 이후의 삶, 어떤 준비가 필요할까요?	267
— 그대에게 띄우는 편지 10 · 너를 위한 삶을 살길 바라	273
보람 있는 인생 2막, 어떻게 시작해야 할까요?	277
— 그대에게 띄우는 편지 11 · 창업을 준비하는 그대에게	288
지금까지와는 다른 삶에 도전해도 될까요?	293
막막한 인생 후반기, 무엇부터 준비해야 할까요?	301

저자 소개	316

일하는 여성의 길

미드라이프 크라이시스에서 벗어날 방법이 있을까요?

이경숙 HHCI 대표

        삼십 대 초반에 옮겨 온 직장에서 15년째 근속한 사십 대 중반의 박 차장입니다. 2년 전 차장으로 승진하기까지 늘 업무 성취도에서 우수한 평가를 받았는데, 얼마 전부터 밑에서 치고 올라오는 후배들과 어느새 나를 추월하는 동년배들 틈에서 흔히 말하는 '미드라이프 크라이시스 Midlife Crisis', 즉 '중년의 위기'를 온몸으로 느끼고 있습니다. 그러다 보니 요즘은 스스로가 한심하게 느껴지고, 자존감도 무척 떨어지는 느낌입니다. 이런 상태로는 예전처럼 활력 있게 일할 수 없을 것 같은데, 이 멍에서 벗어날 방법이 있을까요?

자신을 알아가고 사랑하는 습관 기르기

●

'미드라이프 크라이시스Midlife Crisis'의 어원을 아시나요? '중년의 위기'라고도 하는 이 말은 뉴요커 사이에서 먼저 유행했는데, '삼십 대 중반까지 백만장자가 되지 못하면 영영 불가능하다'는 뜻이 담겼다고 합니다. 삼십 대 중반이 넘어서면서, 즉 중년에 접어들면서 백만장자의 꿈은 사라지고, 인생 하반기를 향해 나아가면서 느껴지는 조직 내에서의 변화, 가정에서의 변화, 나아가 내 몸에서 일어나는 신체적인 변화까지, 다양하게 감지되는 불안감이나 우울감을 지칭한다고 하지요.

생각해 보니 나는 잘 몰랐지만 내 인생의 그래프도 그렇게 흘러갔던 것 같습니다. 내 인생에서의 커리어에 정점을 찍고 세상 부러울 게 없던 그 시절이 지나고 보니 내리막의 시작점이었던 것이지요. 한편으로는 성공의 단맛을 보았기 때문에 내려올 때의 우울감이 더 크게 느껴진다고 볼 수 있지 않을까요? 뼈를 갈아서 조직에 충성하며 위만 바라보며 싸움닭으로 살다 보니 주변에 적들도 하나둘씩 늘어나고, 오랜만에 가족들에게 관심을 기울이려고 하니 사춘기에 접어든 아이는 방황을 하고 있고, 자연스레 건강 검진 결과표에 한두 줄씩 추가 되는 것을 목격하는 시기, 이때가 바로 '크라이시스, 곧 위기'의 시기입니다.

주변에 이런 사례들이 있습니다. 임원 승진 이후 생긴 불면증이 그 어떤 약으로도 고쳐지지 않더니 회사를 그만두자 바로 사라졌다는 이야기, 대표이사에 취임하고 몇 달 뒤 암 진단을 받아 회사를 그만뒀다는 이야기(회사는 아무것도 해줄 수 없다고 하더라는 이야기는 덤), 동료와의 갈등에서 생겨난 우울증으로 정신과를 다니기 시작했는데 우연히 같은 병원에서 그 동료를 만났다는 이야기 등 헤아릴 수 없을 정도로 한 번쯤 반드시 만나게 되는 인생의 정거장 같은 게 바로 미드라이프 크라이스라고 생각합니다. 어떻게 잘 견디느냐가 바로 내게 남은 인생 하반기를 결정하기도 할 테지요. 제일 중요한 것은 '그때'를 알아채는 것입니다. 어떻게 하면 알아챌 수 있을까요?

미드라이프 크라이시스를 알아채는 방법

•

가장 직관적으로 미드라이프 크라이스의 시작을 알리는 증상이 '번아웃 증후군'이라죠. 정신과 의사들은 이야기합니다. 평소의 나와 다른 모습을 발견하게 된다면, 그게 바로 번아웃 증후군의 증거라고요. 늘 자던 잠이 안 온다든지, 어느 날 함께 일하던 동료나 직원이 원수처럼 느껴진다든지, 늘 맛나게 먹던 음식이 맛이 없어진다든지, 늘 예뻐 보이던 우리 집 고양이가 귀찮고 보기 싫어진다든지…, 이렇듯 평소와 다른 감정 변화가 느껴진다면 병원을 찾아 상담해도 되는 순간이라고 합니다.

그러한 감정의 변화를 재빠르게 눈치채기 위해서는 평소 자신에 대해 관심을 기울이는 게 중요합니다. 나는 어떤 사람인가를 정확히 알면 제대로 된 처방을 스스로 내릴 수 있다고 생각합니다. 위기에 순간을 극복할 수 있는 자신의 처방전을 위해 다음과 같은 질문을 스스로에게 해보면 어떨까요?

나를 알아채기 위한 열 가지 질문

질문 리스트
나의 장점은 무엇인가?
나의 건강검진 리포트에서 나타난 문제점은?
5년 뒤 나의 모습을 그려 본다면?
지금 머릿속에 있는 생각 세 가지는?
내가 행복해지는 순간 Top 10을 꼽는다면?
지금 나의 감정을 색으로 표현하면?
나의 취미는 무엇인가?
지금 내가 하고 싶은 행동은?
그렇게 하지 않는 이유는? 혹은 그렇게 하고 싶은 이유는?
지금 나와 같은 고민을 하는 후배에게 하고 싶은 말은?

위의 열 가지 질문으로 나의 모든 것을 알아낼 수는 없겠지요. 하지만 적어도 '내가 이런 사람이었구나'를 스스로 정리해 보는 계기는 될 수 있습니다.

새로운 가전제품을 잘 사용하기 위한 매뉴얼처럼 나를 잘 관리하기 위해서는 '자기 관리 매뉴얼'이 필요합니다. 그 매뉴얼을 바탕으로 매일 아침을 시작하는 루틴이 있듯이, 나에게도 습관처럼 관심과 사랑을 주는 노력이 필요합니다.

내가 속한 (사)여성리더네트워크에서 일하는 여성을 대상으로 설문조사를 한 적이 있었습니다. 그중 "일하면서 가장 힘들 때 어떻게 해결하셨나요?"라는 질문에 이런 답변들을 들려주시더군요.

- 무식하게 공부하고 변화에 적응하려고 노력했어요. 근데 결국 시간이 해결해 주더라고요.
- 별수 없더라고요. 결국은 나 혼자 이겨내고 나아가야지….
- 전문가, 지인 등 도움을 청할 수 있는 사람들에게 물어봤어요. 근데 결국은 곰곰이 생각하고 제가 결론을 내려야 하더라고요.
- 평소에 좋아하는 숲길을 끊임없이 걸었어요. 걷다 보니 생각이 정리되더라고요.
- 이러다 죽겠다 싶어 병원을 찾아갔어요. 무조건 참는 게 답은 아니더라고요.
- 전 모든 연락을 끊고 1년 동안 잠수를 탔어요. 가족들, 지인들 모두한테 벗어나서 오직 저하고만 시간을 보내고 나니 다시 일어설 힘이 축적되더라고요.

어떠신가요? 한 줄로 표현된 이 답변들에는 정말 많은 인내의 시간과 극복하려고 노력했던 흔적들이 보였습니다. "우리 이렇게 살아야 하는 게 맞는 거죠?"라는 질문을 서로에게 하면서 웃었던 기억이 납니다.

자존심 센 고양이에게서 배우는 삶의 태도

•

우리 집에는 '천지'와 '별이' 두 마리의 고양이가 있습니다. 같이 산 지 10년이 되어가는 데 이 녀석들에겐 변함 없는 행동이 있습니다. 호불호가 아주 강하고 자존심이 센 녀석들이죠. 예를 들면 자기들이 관심이 없으면 아무리 불러도 쳐다도 안 봅니다. 고개도 돌리지 않고 귀나 한번 쫑긋하면 다행이죠. 그런데 좋아하는 장난감이 있거나 간식이 있으면 그 반응은 놀라울 정도입니다. 시간 가는 줄 모르고 집중하고 아주 세심하게 관찰하는 모습이 마치 박사 연구원 같습니다. 그것을 얻기 위해서 온 집안을 뒤지고 냐옹거리기를 멈추지 않습니다. 그리고 하루의 대부분을 본인이 좋아하는 쿠션이나 장소를 찾아 종일 눈을 감고 고독을 즐길 줄 압니다. 만일 내가 미드라이프 크라이시스인가 의심이 든다면, 한 번쯤 고양이처럼 살아 보는 건 어떨까요?

바로 좋아하는 것을 찾아 오롯이 나의 시간을 써 보는 겁니다. 어딘가로 가서 잠수를 타도 좋고, 아무것도 안 하는 게 좋다면 그렇게도 지내도 좋겠죠. 마음 내키는 대로, 내 맘대로 나의 시간을 한번 써 보는 겁니다. 고독을 즐겨 보는 것이지요. 작정하고 시간을 보내다 보면 어느새 마음이 비어 있고 새로운 것을 담을 준비가 되어 있는 나 자신을 발견하게 될 겁니다. 사람에 따라 차이는 있지만 한 달, 혹은 반년, 아니 일 년을 그렇게 시간을 보내고 난 뒤 복직을 하니 이전에 받았던 스트레스는 눈에 보이지 않고, 수용의 폭이 넓어졌다고들 이구동성으로 이야기합니다. 우린 그럴

'충전의 시간'이 필요했던 겁니다.

그리고 그 과정에서 한 달치 급여를 위해 내려놨던 나의 자존감을 회복하고, 마음의 면역도 생겨나서 이상한 바이러스, 즉 웬만한 스트레스가 들어와도 맞서 싸울 수 있는 항체를 길러내야 하겠습니다. 그러다 보면 고양이가 자기가 좋아하는 장난감을 품에 안고 제일 좋아하는 장소에서 꿀잠을 자는 것처럼, 우리에게도 그렇게 편안하게 여유를 즐길 수 있는 시간이 반드시 찾아올 거라 믿습니다. 냐옹.

번아웃 증후군에서 벗어나 나다움을 찾을 수 있을까요?

신승연 그린씨드 대표

경력직으로 새로운 조직에 입사한 34세 직장인입니다. 업무 성과를 위해서 야근과 주말 근무까지 해가며 일에 파묻혀 지냈습니다. 오랜 취미인 맛집 탐방할 시간도, 좋아하는 클래식 연주회를 다니며 감동을 느낄 여유도 전혀 없어요. 그러다 보니 우수한 성과 평가나 남들보다 빠른 승진에도 별다른 기쁨을 느끼지 못합니다. 아무래도 번아웃 증후군과 고강도 우울증세에 시달리는 것 같은데… 과연 회사에서 저를 구원할 방법은 있는 걸까요?

야근을 밥 먹듯이 하던 완벽주의자

●

노력 없이도 풍요로운 결실을 거둘 수 있는 땅, 일하지 않고도 재화와 먹을거리가 풍족하게 주어지는 나라, 육체적 노동과 정신적 고통이 없는 '이상 사회'는 어디에 있는 걸까요? 근대 과학의 사상적 기초를 제시한 것으로 평가되는 영국 경험주의 철학자 프랜시스 베이컨이 찾아다녔던 '유토피아' 섬은 지구상에서는 존재할 수 없는 '잉여의 왕국'이 아닐까요?

대학교를 졸업한 이후에 나는 자의에 의해 일을 쉬어 본 적이 없었습니다. 일을 하지 않을 때는 죄책감을 느낄 정도로 내 인생에서 일하지 않는 삶은 결코 상상할 수 없었죠. 게다가 일을 하고 있는 동안에야 삶을 좀 더 충만하고 풍요롭게 살아가고 있다고 느끼기도 했습니다. 무엇보다 내 안의 창조적 에너지는 깊은 몰입으로 일하는 순간에 더욱 발휘되기도 했으니까요. 한편으로는 나의 풍부한 상상력과 들끓는 열정을 가장 많이 활용해야 할 시기를 놓치고 싶지도 않았어요. 아름다운 청춘의 시절이 한때이듯이, 이 또한 지나고 나면 쉬이 사라져버릴 에너지라는 걸 어쩌면 일찍 깨달은 탓일지도 모르겠습니다.

나 역시 회사에 다니면서 번아웃 증후군을 겪었습니다. 경력직에게도 새로운 조직은 첫 입사한 직장과 별반 다를 바 없더군요. 새로운 직장 문화에 적응기가 필요하고, 담당 업무를 익히기 위해서는 초반 야근은 당연지사라고 생각했습니다. 누가 일을 시켜서 하는 것이 아니라 스스로 업무 만족도와 최상의 결과를 위해서 선택한 야근이기도 할 테지요. 물론 회사의 업무라는 것이 한 번에 일거리가 몰아치거나 특정한 사람에게 과도한 업무가 주어지는 현상 또한 비일비재합니다. 인원이 많지 않은 신생 조직이거나 업무 분담이 불명확한 시스템 내에서는 더욱 빈번하게 일어나는 일이기도 하고요.

이런 조직의 상황을 예측하고 마음의 대비를 미리 해둔다면, 그다지 당혹스럽지는 않을 텐데 말이죠. 그땐 그런 생각조차 못했답니다. 기존 사업을 숙지할 시간은 턱없이 부족하고, 새로 만들어야 할 정책 사업도 산재해 있었으니까요. 게다가 성과를 내야 하는 과제가 늘 대기하고 있었죠. 다행이라면 새로운 일 앞에서 막연한 두려움으로 인해 일을 겁내지는 않았던 것일 테죠. 되려 호기심 많은 탐험가 같은 성향 덕에 기존과는 다른 시스템을 구축하며 일하기도 했습니다.

물론 기존의 관습적인 것들을 변화시키고 새로운 패러다임을 만들어가는 과정이 필요할 텐데, 그때 자신의 목소리를 내는 모습이 누군가에게는 당당하게도, 또 다른 누군가에게는 무모하게도 비쳤을 겁니다. 그런 무모한 용기와 수고로움 없이는 늘 하던 대로, 누군가 시키는 대로만 일을 할 수밖에 없죠. 그런 면에서 옳다고 생각되는 일, 더 나은 결과를 가져오는 판단에는 그 누구에게도 쉽게 꺾이지 않으려 애썼습니다. 꺾이지 않는 곧은 마음에도 부단한 노력과 훈련이 필요하다고 여깁니다.

이런 나를 바라보며 후배 직원들이 이따금 놀리듯 꺼내는 워커홀릭 에피소드가 있습니다. 기관의 중요한 대형 행사를 개최하는 당일 새벽 3시, 담당 직원들이 아무도 귀가하지 못하고 회사에 안절부절 모여 있었지요. 위탁업체의 실수로 행사장에 계획과는 다른 디자인의 가구가 세팅된 상황이었거든요. 고민할 새가 없었어요. 어느 누구에게도 지시하지 않은 채 인테리어업체, 축제 대행사, 가구 매장 등에 모조리 전화를 돌렸습니다. 그렇게 숱한 곳에 직접 연락을 취한 끝에 필요한 가구업체를 찾았고, 배송을 확답받은 뒤에야 겨우 퇴근할 수 있었습니다.

나는 시도하지 않은 일에는 유난히 후회와 아쉬움을 느끼는 성격이었어요. 완벽한 결과를 얻어내지 못하더라도 완벽에 가까운 시도는 해야 한다고 여겼거든요. 특히, 문제 해결을 위해서는 그 순간에 할 수 있는 것들은 가능한 모두 다 시도해 봐야 한다는 마음이었습니다. 물론 당시에 누군가는 지나친 처사라고 혀를 내두를지라도요. 어쩌면 그런 탓에 '일중독 프로 야근러', '냉소적인 워킹우먼' 같은 닉네임 스티커를 등 뒤에 붙였을지도 모릅니다. 혹은 성취욕에 불타는 야심가의 면모로 비쳤을지도 모를 일이고요. 실체는 잔머리 굴릴 줄 모르고, 온몸으로 부딪혀서 일하는 사람인데 말이죠. 뒤늦게나마 나를 이해하고 놀리기도 하는 후배들이 생겼으니, 다행이라고 해야 할까요.

7할은 조직에, 3할은 일상에

•

초기의 작은 조직 특성상 한 사람에게 주어진 업무가 많은 탓에

야근을 커피 마시듯이 했고, 정치·문화적 이슈가 있을 때는 주말에도 출근을 했지요. 기관 평가나 국정 감사 시기에는 비상 대기 조로 언제든 회사로 달려가야 했고요. 언론 매체의 기자를 상대할 때는 늘 긴장감의 연속이었습니다. 기관장을 수행할 때나 지방 출장을 다닐 때는 집을 비우는 일이 잦았지요. 그 덕에 깨끗하고 안락한 5만 원 이하의 숙소를 찾는 실력 또한 함께 늘었답니다.

그렇게 동분서주하며 회사를 다니면서도 꼭 하고 싶은 일은 해내려고 마음 먹었습니다. 회사를 다니는 동안 행정학 석사 학위를 받았어요. 대학원 공부는 지적 성장을 위한 꽤 좋은 방법 중 하나였기에 잠잘 시간이 부족해도 결코 포기할 수 없었지요. 진지한 취미생활로 수년간 이어온 옛 책 모으기 덕분에 고서 수집가로 전시를 개최하게도 했고요. 작은 서점에서 진행된 글쓰기 모임은 책 한 권을 발행하는 일에 이르렀고, '글 쓰는 사람'의 길로 들어서는 계기가 되었습니다.

그렇게 내 하루의 7할은 몸담은 일터에서 최선을 다했고, 나머지 3할의 시간은 온전히 나를 위해서 할애했습니다. 회사 업무 외에 나다운 모습으로 성장하고 변화하기 위한 배움과 퍼스널 콘텐츠를 만들기 위한 연간 커리어 계획표를 만들었지요. 수년 간의 업무 일지를 매일매일 표로 만들어 엑셀에 기록해 왔던 터라 1년 계획표 만드는 일은 무척 쉬웠어요. 각종 보고서와 사업계획을 커피 마시듯 써 온 직장인이라면 그리 어렵지 않을 거라 생각합니다. 그렇기에 자신의 라이프 커리어를 위한 12개월짜리 계획표는 1장으로 쓱쓱 써낼 수 있는 간단한 밑그림에 불과할 뿐이죠. 가장 어렵고도 중요한 것은 바로 실행이니까요.

어찌하였건 이런 도구들이 회사 내에서 내 방식의 호흡으로 온전히 숨 쉴 수 있는 방법이 되어 주었어요. 남들보다 더 좋은 성과를 내는 것뿐만 아니라 조직 내에서도 주체적으로 일을 해내기 위해 선택한 수단이지요. 그렇게 자신만의 고유한 숨들이 쌓이고 쌓여서 새로운 공기층을 만들었고, 온전히 나다운 모습으로 머물 수 있는 신선한 방 하나가 생긴 셈이었습니다.

취미가 단지 일상의 놀이로 끝날 수도 있고, 마음의 위로를 얻기 위한 수단으로만 끝날 수도 있겠지요. 다행히도 내 경우엔 진지하게 이어갔던 일련의 활동들이 새로운 인생으로 나아가는 디딤돌이 되었습니다. 스무 살 청춘도 아닌데, 여전히 내 심장을 두근두근 요동치게 하는 일이 있다는 것이 이토록 고마운 일이라는 걸 새삼 깨달았습니다. 나의 속도로 호흡하고, 내 모양새로 걸어갈 수 있는 새로운 세계로 기어코 나를 들어서게 만들었으니까요. 나의 무모한 용기에게도 뜨거운 박수를 보내고 싶더라고요. 과연 스스로를 토닥이며 칭찬하는 일이 얼마나 자주 있었을까 하는 생각과 함께.

우리는 사회적으로 어느 세대에 속해 있건 각자 주어진 삶 속에서 자신만의 우주를 구축해나가고 있습니다. 조직 사회에 속해 있는 동안에도 자신만의 세계를 만들어나가고 있지요. 그 과정에서 숱하게 방황할 거라고 생각합니다. 어쩌면 우리 모두는 나이와 직위에 관계없이 삶의 방향성을 찾아 헤매는 '길 잃은 세대'에 해당할지도 모릅니다. 세상이 뭐라 떠들어대건 자유로운 태도로 삶을 대하고, 자신만의 공고한 세계를 만들어가기를 바라는 마음입니다. 비록 자신이 스스로 선택한 그 길에서 여전히 헤맬지라도요.

나답게 직장생활을 즐기는 노하우

•

직장생활을 나답게 즐기는 노하우 몇 가지를 꺼내 봅니다. 이런 사소한 요소들이 지친 일상 속에서 구원자 역할을 해줄지도 모르니까요.

첫째, 강박적 완벽주의 내다 버리기
자기만족에 이를 때까지 끝장을 봐야 하는 자칭타칭 '완벽주의자' 분들에게 감히 제안합니다. 큰 프로젝트가 떠밀리듯 맡겨졌는데, 시작부터 마무리까지 과정 하나하나 완벽하게 일하겠다는 욕심은 쓰레기통에 바로 내다 버리세요. 적정한 수준의 프로젝트를 쉬운 조각들로 나누어서 진행하면 더 큰 만족도를 얻을 수 있어요. 압박^{pressure}보다는 목적^{purpose}에 집중하세요. 이 일이 왜 중요한지, 무엇을 구축하고 어떤 목표에 도달하는지 기억하세요. 세상에 완벽한 것은 없으며, 우리가 생각하는 완벽은 실상 비현실적 기준이자 불완전하다는 것을요. 무엇보다 완벽에 도달하기 위해 쏟아붓는 당신의 에너지는 언제든 한순간에 고갈될 수 있답니다! 그러니 이제 강박적 완벽주의를 버리고 불완전한 자유를 즐기세요. 불확실성을 품은 자연의 아름다움처럼 사람 또한 경직되기보다 자유로운 모습이 더 매력적이랍니다.

둘째, 자기만의 세계 구축하기
업무 공간을 나만의 세계로 리뉴얼하세요. 초록 빛깔 반려식물, 좋아하는 사람의 사진, 위로와 영감을 주는 책 등으로 사무실의 작업 공간을 개인화하세요. 본인이 늘 사용하는 책상만큼은 자신만의 세계로 만들어 보는 겁니다. 뒤죽박죽 각종 서류와 잡동사니가 쌓여 정리되지 않은 책상은 정리되지 않은 일을 계속 끌어안고 있는 것과 같아요. 내 방을 예쁘게 꾸미고 청결을 유지하듯, 업무 책상 또한 자기만의 방이라는 사실, 잊지 마세요.

셋째, 오피스 메이트 만들기
동료, 선배, 후배 등 연령이나 직위 관계에 상관없이 재치 있는 농담, 다정한 위로, 업무 처리의 꿀팁을 주고받을 수 있는 소셜 네트워크를 만드세요. 사람을 진심으로 대하는 편안한 이들과의 5분짜리 티타임 토크는 직장 만족도를 올려 주는 효과적인 방법 중 하나가 될 겁니다. 이따금 불평불만과 타인의 뒷담화를 나눌 수도 있겠죠. 하지만 소모적인 대화보다는 좀 더 긍정적이고 진실한 이야기가 오가는 사이라면 오래오래 건설적인 관계가 지속될 거라 생각해요.

넷째, 생활과 일을 철저히 분리하기
자신의 에너지 보호 및 소모된 에너지의 회복 시간을 가지기 위해서는 개인 생활과 회사의 일은 분리하세요. 업무 시간 외 불필요한 요청에 대해 현명하게 거절하고, 지속적인 이메일이나 업무 카톡 확인을 의식적으로 하지 않도록 해보세요. 특정 시간에는 알림을 꺼두는 방법도 있겠죠. 모쪼록 자신의 일상이 업무 스트레스로부터 침해당하지 않기를 바랍니다. 내 일상은 무엇보다 소중하니까요.

다섯째, 일을 즐기는 리츄얼 만들기
일을 위한 나만의 리츄얼을 만드세요. 생각만 해도 기분이 좋아지는 장소나 사물을 찾아보세요. 내가 좋아하는 장소에서 일을 하거나 아끼는 사물을 곁에 두고 작업을 해보는 것도 추천합니다. 가능하다면 지금 내가 하고 있는 바로 그 일을 즐기세요. 내가 하는 일이 잘하는 일이 되면, 좋아하는 일이 되기도 합니다. 그리고 결국은 일을 즐기게 되기도 하고요. 후배 배우들에게 존경받는 한석규 배우가 촬영 현장에서 어느 후배에게 말했다죠. "연기 재미있지? 잘하면 더 재밌어." 좋아하는 일을 잘하게 되고, 결국에 그 일을 즐기게 된다면 그것보다 최상의 일은 없겠죠?

그대에게 띄우는 편지 01
신승연

일상력을 키우고, 꿈의 조각도 얻기

애정하는 후배, Y에게

 오늘 하루도 무탈했는지 궁금하네. 이렇게 긴 편지는 아마도 처음일 거 같아. 한때 내가 머물던 그 자리에서 고군분투하고 있을 너를 떠올리니 마음이 복잡해지네. 직원들 다 집에 보내 놓고 나서야 본인의 일을 시작하는 심야근무 전문가란 걸 알지. 보고서가 미흡하면 결국에는 본인 손으로 그 일을 마무리해야 마음이 놓이는 사람이라는 것도. 그러니 요령껏 남들 하는 만큼만 일하라는 말은 무의미한 잔소리에 불과할 테지.
 지난 시간을 돌이켜 보니, 내가 친언니 같은 편한 존재였다면 좀 더 재밌는 직장생활을 보내지 않았을까 하는 아쉬움이 남네. 조직 내에서는 어려움을 토로하거나 따르고 싶었던 선배가 없었고, 비슷한 처우에 놓인 또래의 동료 또한 없었기에 스스로를 지켜야 한다는 강박이 있었던 것도 같아. 그 와중에 무대에 올라서서 목소리를 내야 하는 역할이기도 했으니 심적으로 그다지 여유롭지 못했음을, 그런 갖가지 연유로 때로는 날카롭게 날을 세우고 다니기도 했음을 이제 와서 고백해.

지금은 내가 스스로 만들어 놓은 새로운 길 위에서 자유로이 춤추기를 갈망하는 영혼으로 살고 있네. 회사를 위해서 일해오며 받았던 직함이 그간의 경력을 보여주기도 하지만, 더 큰 세상 밖으로 나와 보니 그게 전부가 아니었음을 더욱 생생하게 느끼게 돼. 기관 평가를 우수하게 받는 데 일조하고, 표창을 받은 이력이 지금 내 삶에 미치는 영향력 지수로 따진다면 과연 얼마나 될까. 물론, 그런 과정을 거쳐 오면서 쌓아 온 내공은 전쟁 같은 삶을 강인하게 살아내는 기술이기도 할 테지. 또한 그런 의미에서 올라갈 때까지 가 보고 또 용기있게 모험하면서 자신의 전투력을 가늠해 볼 필요는 있을 거 같아.

자신의 영혼을 갈아 넣으며 조직에 희생하는 것을 바라지는 않지만, 어디 한번 끝까지 날아 보기를. (자신이 다치지 않는 선에서) 쉽게 물러서거나 달아나지 말라고 부탁하고 싶어. 그래서 그곳에서 쉽게 얻지 못한 것들을 마침내 가져 보고, 성장과 성취의 기쁨을 세상 밖으로 공유해달라고 이야기해 주고 싶어. 때로 공공 조직 문화의 한계 속에서 이따금 울분을 토하는 일들이 있기도 하겠지만, 그간 차곡차곡 자신의 힘으로 쌓아 온 것들은 결코 사라지거나 산산조각 나지는 않을 거야.

워낙 '똑순이'라서 잘할 테지만! 일상력을 키우기 위해 기쁨의 빈도를 높이거나 마음의 안식처가 되는 유무형의 존재들을 늘 곁에 두길 바라. 요즘 유행하는 편의점 과자를 한가득 사서 책상에 쌓아 두고 먹는 것도 일상의 기쁨이 될 수 있겠지. 좋아하는 작가의 북토크에 참여해서 대화를 나누는 시간은 마음의 위안이 되기도 할 테고. 그렇게나 좋아하는 제주 여행도 마음먹으면 언제든지 가능한 즐거운 일탈이지. 그렇게 나를 되살리는 무해하고 다정한 존재들을 자주 마주하기를. 그러기 위해서 숨어 있던 감각과 조용한 희망의 순간들을 놓치지 않기를 바라.

안정된 직장이 삶에서 분명 중요한 존재이긴 하지만, 결코 포기할 수 없는 꿈이나 변혁의 바람이 불어올 때가 있을 거야. 그게 언제든 더 새로운 세상을 향해 나갈 준비도 차근차근 틈틈이 해 두었으면 해. 꿈의 형태를 구체적으로 그려 보고 그 꿈의 길 근처에서 늘 서성이면 좋겠어. 꿈이라는 것이 어린 학생이나 청춘들만 꾸는 건 아니지. 세상에 대한 무한한 호기심과 열망이 또 다른 삶의 시작이 될 수도 있을 테니까. 그렇게 남들보다는 조금 더 지혜롭게 꿈의 조각을 얻게 되는 순간이 다가올 테니까. 꿈의 길을 헤맬 때, 언제든 나에게 연락하렴. 기꺼이 함께 방황하고, 함께 걸어갈 테니까.

인생의 벗이 되고 싶은 승연

진로 선택과 경력 쌓기에 왕도가 있을까요?

주현영 법무법인 세종 변호사

저는 올해 5년 차 되는 직장인입니다. 한 회사에서 줄곧 한 가지 분야에서만 일하다 보니, 이 회사나 분야 그리고 지금 맡고 있는 직무가 내게 정말 잘 맞는 것인지 고민입니다. 친구들은 이직을 하면서 커리어에 변화를 주거나 대학원에서 새로운 공부를 시작하기도 합니다. 그런데 어른들은 한 우물을 파는 것이 중요하다고도 하시고, 제 생각에도 마구 이직하는 것은 결국 그 어떤 전문성도 쌓지 못할 것만 같기도 하여 불안합니다. 100세 시대가 왔으니 예전보다 오래 일해야 한다는데, 진로 선택과 커리어를 쌓아가는 일이 막막하기만 합니다. 어떻게 하면 좋을까요?

100세 시대, 우리를 불안하게 하는 것들

●

"100세 시대를 대비하라."

언제부터인가 어딜 가든 이 말이 가장 많이 들리는 듯합니다. 그럼 왜 100세 시대를 대비해야 할까요? 우선, 인간의 수명이 길어지면서 하나의 직업만 가지고는 길어진 삶을 영위하기가 어렵다고 여기기 때문이겠죠. 모두가 부러워하는 대기업에 취업했다고 하더라도 오십 대 중반이 되면 은퇴하는 사람이 대부분입니다. 운이 좋아 65세까지 정년을 채우고 은퇴한다고 하더라도 사실 100세를 기준으로 하면 남은 인생이 꽤 길지요.

이에 더하여, 세상이 너무나 빨리 변하고 있어서 과거 유망 분야가 갑자기 새로운 분야로 대체되기도 합니다. 어린 시절, 동네마다 있던 비디오 대여점, 문방구, 슈퍼마켓의 주인들은 지금 어디서 무엇을 하고 있을까요? 이젠 역사의 한 페이지에 남은 직업들을 떠올릴 때마다 '직업의 세계가 언제 도태될지 모르는 무한경쟁의 정글이 되었구나' 하는 생각이 강하게 듭니다.

이런 사회적 변화에서 누구나 '언제든지 도태될 수 있다'는 불안감에 시달리고 있고, 더구나 나이가 들게 되면 단순한 불안감이 아닌 현실이 되고 맙니다. 그래서 다들 스펙 쌓기, 경력 전환에 열을 올리는지도 모릅니다.

진로와 직업 선택에서 잊지 말아야 할 것들

●

나는 변호사가 되어 스스로 밥벌이를 한 지 이제 20년이 조금 넘은 사십 대 후반의 여자입니다. 변호사는 평생 일할 수 있는 자격증이라는 점에서 여전히 선망의 대상입니다. 하지만 변호사 업계도 이런저런 변화를 겪으면서 전반적으로 위기의식이 팽배해 있는 게 현실입니다.

조금 복잡하기는 하지만 나의 경력을 들여다보면 이렇습니다. 처음 3년 간은 변호사로 일하다가, 정규직 행정공무원으로 5년 동안 일했습니다. 그러다 다시 변호사로 복귀하여 8년을 일하다가 계약직 법원 공무원으로 2년을 지냈지요. 그런 다음 다시 변호사 업무에 복귀한 지 5년째로 접어듭니다. 내 경력에서 알 수 있듯이 어찌 보면 변호사인 내 직장생활은 다소 갈팡질팡의 연속이었습니다.

그렇다면, 나는 왜 이렇게 갈팡질팡했을까요? 그것은 내가 처음 직업을 선택할 때 그 선택의 동기가 분명하지도 강력하지도 않았기 때문입니다. 스스로 갈망하는 것이 아니었단 뜻이지요. 법대에 진학할 때 나의 입학 동기는 거창한 정의 실현도, 돈을 많이 벌겠다는 현실적인 이유도 아니었습니다. 단지 안정적인 삶을 바라시는 엄마의 권유 때문이었습니다. 지금 생각해 보면 참으로 우스운 상황이지요. 당시 엄마는 공부는 제법 잘하지만, 실생활에서는 영 주변머리가 없어 보이는 헛똑똑이 딸이 평생 먹고살 걱정은 없게 하려고 법대 진학을 강력하게 권유했을 테지요.

그랬습니다. 안정적인 삶을 추구했던 나는 소위 자격증만 얻게 되면 미래에 대한 고민 없이 그저 묵묵히 주어진 일만 하면 되는 줄 알았던 것이지요. 그때는 내가 이처럼 여러 번 직업을 바꿀지, 사십 대 후반에도 여전히 방황하고 있을지 상상도 하지 못했습니다. 결국 내가 처음에 직업을 선택할 때, 그 동기가 스스로에게 명확하지 않았던 점이 결국 인생의 중심이 무엇인지 모른 채 갈팡질팡하며 시간을 흘려보냈던 이유가 되었던 것 같습니다. 그러니 진로를 정할 때 남의 의견이나 세상의 시선보다는 내 마음의 소리를 먼저 들어 보시길 바랍니다.

다음으로 그 직업이 요구하는 성향에 나의 성향이 맞는지를 객관적으로 고민해 보십시오. 사실 나는 처음 변호사가 되었을 때까지도 변호사가 정확히 어떤 업무를 하는지, 어떠한 성향을 가지고 있어야 좋은지 잘 몰랐습니다. 이러한 상황에서 막상 변호사 업무를 시작해 보니, 내가 기대한 것과 너무나 다르더군요. 단순히 서면을 작성하고 법정에 출석하여 변론하는 일이 전부가 아니었습니다. 한 3년쯤 업무를 하다 보니 선배 변호사들이 고객을 상대로 영업을 하여 소위 '따오는 일'을 하는 걸 보게 되었습니다.

그런데 성격 자체가 소심한 나에게는 바로 그 고객으로부터 선택을 받는 일이 너무나 어려워 보였습니다. 특히나, 특별한 전문 분야 없이 "저는 변호사로서 업무를 잘하니 맡겨만 주십시오"라고 나를 소개하기가 현실적으로 너무 어렵더라고요. 이 세계에서 나는 소위 '비즈니스 마인드'가 부족하고, 성격 자체가 소심한 사람이었던 겁니다. 결국 직장생활 3년 차에 '변호사는 나의 적성에 맞지 않고, 미래가 없다'고 생각하게 되더군요. 상심한 마음에 취업 사이트를 검색하다가 '공무원이 되면 안정적이겠지'라는 막연한 생각으로 국가기관인 공정거래위원회에 지원을 하였고, 다행히 그곳에서 일하게 되었던 것입니다. 직접 경험해 보기 전에 모든 것을 다 알 수는 없겠지요. 하지만 나의 성향이 내가 선택하는 직업과 맞는지 반드시 따져 보세요. 그것도 여러 번….

한 가지 더 고려할 사항이 있습니다. 그것은 나에게 주어진 경제적 환경입니다. 우리가 직업을 선택할 때 개인 성향이 가장 중요하겠지만, 각자에게 주어진 환경을 무시할 수는 없을 겁니다. 그러니 자신에게 주어진 환경에 대하여 객관적으로 고민해 보아야 하겠지요. 조금 더 내 이야기를 이어나가 보겠습니다.

안정적이고 소신껏 주어진 업무를 하는 공무원 생활은 나의 성향과 성품에는 어느 정도 맞았습니다. 하지만 다시 한번 위기가 찾아왔습니다. 당시 집안 형편이 극도로 어려워졌던 것이죠. 소위 'K-장녀'였던 제게 집안의 재정 상황은 무척 중요한 고려 사항이더군요. 집안에서 돈벌이를 할 수 있는 사람이 나밖에 없었거든요. 그런 이유로 나는 다시 직업을 바꿔야만 했습니다. 다행히 공정거래위원회에서 '공정거래법'을 다루어 본 경험과 그동안 대학원에서 공정거래법 석사 학위를 받은 덕분에 대형 로펌의 공정거래팀에 취업할 기회가 주어졌습니다.

많은 사람이 직업을 선택할 때 자신의 성향과 원하는 미래상이 중요하다고 합니다. 나 또한 그에 동의합니다. 그런데 세상은 꿈만으로 살 수는 없는 노릇이지요. 사회적인 나에게 요구되는 역할이 분명히 있고, 그러한 것에는 경제적인 역할도 당연히 포함됩니다. 자신이 남들보다 불리한 환경에 처해 있다 하더라도, 그 불리한 환경이 자신의 꿈을 가로막고 있다 하더라도, 각자의 상황에 따라 정면 돌파를 할 수도 있고, 조정해 나갈 수도 있다고 봐요. 그러니 힘내자고요. 어떠한 방식을 선택하더라도 나는 나니까요.

그렇다면, 현재 내 방황은 끝났을까요? 또다시 나의 경험으로 돌아가 볼까요. 대형 로펌 실무자인 소속 변호사, 일명 '어쏘 변호사Associate Lawyer' 시절에는 팀에서 선배들이 주는 업무만 열심히 하면 되는 상황이어서 어느 정도 버틸 수 있었습니다. 그런데 변호사 업무의 본질상 연차가 높아져 파트너 변호사가 되면서 영업 및 고객관리가 더욱 중요해지더군요. 연차가 쌓여도 여전히 소극적인 탓에 영업은 어렵고 괴로웠습니다.

방황은 끝났을까요? 이에 대한 나의 답은 "여전히 방황하고 있다"입니다. 다만, 분명한 차이가 있습니다. 어린 시절에는 방황을 한다는 게 무척 괴로웠지만, 지금은 그 고민과 방황을 즐긴다는 겁니다. 방황 그 자체를 삶의 일부로 받아들이고 있다고 할까요. 현재 나는 여전히 영업과 고객관리, 조직 내 정치 문제로 마음 편할 날이 없습니다. 하지만 내가 일하고 싶을 때까지는 현역으로 일하고 싶다는 마음을 가지고 있답니다.

인생은 그 많은 방황과 길 찾기의 총합일지도

•

진로에서 갈팡질팡하며 고민하시는 여러분! 쉽진 않겠지만 진정한 나의 성향에 맞는 일과 꿈을 찾으려는 노력에 최선을 다합시다. 물론 나의 경험이 모두에게 적용될 만큼 보편적이지 않을 수 있습니다. 그렇더라도 우선 직업을 선택할 때는 내가 진정으로 원하는 분야에서 고르십시오. 그런 다음 내가 그 분야, 그 직업이 감당해야 할 업무에 정말 어울리는 성향을 가졌는지, 그러한 성향이 다소 부족해도 해당 업무를 너무 좋아하여 기꺼이 노력할 마음은 있는지에 대하여 깊이 생각해 보시길 바랍니다. 그런 다음 최종적으로 자신의 분야를 결정하십시오.

인생은 우리의 생각보다 기니까 갈팡질팡하면서 새로운 분야를 찾아 나갈 수도 있습니다. 하지만 특정 나이를 지나면 새로운 분야에서 다시 시작하는 일이 생각보다 어렵습니다. 나이 마흔이 되면 기존에 쌓아 놓은 것을 다 버리고 다시 원점에서 시작하기가 현실적으로 어렵기 때문입니다.

그런데도 만약 이 길이 아니라고 생각된다면, '이 길이 아닌가 보네' 하고 당당히 다른 길을 찾으십시오. 그렇다고 너무 경직될 필요는 없습니다. 일단 시작해 보고 자신에게 맞지 않다는 생각이 들면 다양한 변화를 시도해 보는 것도 좋습니다. 아직 이십 대나 삼십 대라면 일단 시도해 보고 이 길이 아니라고 생각하면 다시 돌아오면 됩니다. 만약 지금 사십 대라고 하더라도 100세 시대를 고려하면 너무 늦은 건 아닙니다. 앞에서 보았듯이 나도 늘 고민하면서, 나에게 맞는 일을 찾으려고 다양한 시도를 하면서 좌절하고 괴로워했습니다. 그러나 나는 그 시간이 너무나 소중했고, 그 방황의 시간마저도 나의 소중한 인생이었다는 걸 느낍니다. 어쩌면 인생은 그 많은 방황과 길 찾기의 총합일지도 모르니까요.

여기서 정말 중요한 한 가지를 말하고 싶습니다. 처음에 정한 분야와 직업이 잘 맞는다면 그것이 최선일 테지요. 하지만 그렇지 않아서 마음 가는 대로 다양한 시도를 해보더라도 나의 코어, 즉 방향성은 반드시 마음속에 정해 두시길 바랍니다. 다시 말해 지향하는 방향성은 정해 둔 채 분야를 넓히거나 새로운 방법을 찾아보자는 뜻입니다. 코어를 간직할 때 그 방황의 순간도 나만의 스토리로 만들 수 있으니까요. 나는 삼십 대에 법률가로서 '공정거래'라는 코어를 마음에 간직하였고, 그와 관련된 인접 분야에 관심을 가지고 변화를 꾀하고자 하였습니다. 중심이 되는 코어를 가지고 확장성을 가질 수 있는 시도를 해보는 것과 막연히 여기저기 기웃거리면서 계속 원점에서 시작하는 것은 다를 테니까요.

사실 나는 적성에 맞지 않는 직업을 택하여 많은 방황을 하면서 괴로웠지만, 다른 사람들에게는 그 모든 방황이 결국 나를 균형감 있는 전문가로 만들기 위한 하나의 과정이었다고 소개하곤 합니다. 방향성만 굳건하다면 과정에서의 어려움은 한 전문가로 성장해 온 스토리를 더욱 드라마틱하게 만들어 주기 때문입니다. 분명한 방향성만 가졌다면, 여러분의 방황이 여러분을 더욱 풍성한 삶으로 인도하리라 믿습니다.

그대에게 띄우는 편지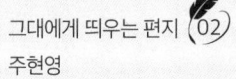
주현영

서툶을 이기는 당당함을 잃지 마시길

친애하는 옆방 변호사님께

변호사님, 잘 지내시죠?
맨날 업무 이메일로 "바쁘겠지만 이 업무, 도와 줄 수 있나요? 편하게 이야기해 줘요"라는 부담스러운 부탁만 하다가, 이렇게 친한 척하며 사적인 편지를 쓰려니 살짝 어색하네요. 로펌에서 바로 옆방, 지난달에 결혼하고 신혼여행에서 돌아온 지도 얼마 안 된 변호사님에게 늘 거절하기 힘든 부탁만 한 게 미안하고, 대형 로펌에서 더 일 잘하는 변호사로 거듭나기 위해 애쓰는 변호사님의 모습이 한편 안쓰럽기도 해서였을 거예요, 이렇게 편지를 쓰는 까닭이….

 사실 그다지 친한 사이도 아닌데 이렇게 용기를 낼 수 있었던 건 변호사님이 나에게 마음을 열어 주었기 때문일 거예요. 물론 나만의 착각일 수도 있지만요. 그리고 또 한 가지, 나와 비슷한 점을 발견했기 때문이죠. 나는 수차례 변호사님을 보면서 여전히 이 일에 서툰 내 모습을 떠올렸어요. 다른 팀에서 근무하다가 우리 팀으로 처음 왔을 때도 그랬고, 우리 로펌에서 일하기 전에 작은 규모의 로펌에서 일하다 왔다는 이야기를 들었을 때도 그랬어요. 나도 외부에서 영입되어 이 팀에 온 지 3년째이니까요. 그렇다 보니 '기존 팀원과의 어울림, 작은 로펌에서 하던 업무와 큰 로펌에서 하는 업무 차이에서 오는 어려움' 등을 비롯해서 '여기 와서 내가 겪은 경험과 고민을 님도 겪게 되겠구나' 하는 노파심이 생기더라고요. 그래서 괜히 더 친절하게 말 한번 걸어 보고 싶었나 보네요. 물론 1년이 다 되어가는 지금 보니 '나만의 노파심이었구나' 깨달았지만요.

오늘 저녁 먹으면서 나에게 했던 말이 목에 걸린 가시처럼 걸리네요. 한 선배에게서 "5년 차인데 왜 이 정도밖에 못하죠?"라는 이야기를 들어서 너무 괴로웠다고요. 그런데 그거 알아요? 21년 차 변호사인 나도 여전히 자문이 들어올 때마다 의견을 내기가 어려워 걱정한다는 거 말이에요. 그리고 나 역시 공무원으로 일하다가 로펌에 들어온 상황이라 대형 로펌 저년 차로서 경험해 보지 못한 업무 분야가 있답니다. 언젠가 회식자리에서 농담처럼 이야기했지만, 인생이 이렇게 긴 줄 몰랐어요.

저년 차에 경험해 보지 못한 업무라 자신 없어 계속 피해 다니던 업무가 결국 15년이나 나의 약점처럼 따라다녔답니다. 그러면서 늘상 나를 괜히 주눅 들게 할 줄 그때는 몰랐어요. 하지만 인생은 길어요. 결국 처음부터 좀 더 용기 내어 "선배님,

제가 아직 부족한 게 많습니다. 가르쳐 주세요. 저도 배우겠습니다"라고 말하며 달려들었다면 지난 15년간 그리고 앞으로 남은 변호사 생활에서도 기죽지 않았을 테죠. 뒤늦은 깨달음이지만요.

연차에 비해 잘 알지 못한다고 부끄러워 피해 다니면 결코 그 업무에서 자유로워질 수 없답니다. 당장은 모르는 자신이 부끄럽고 속상할 겁니다. 그래서 또 외면하고 싶어질 테고요. 하지만 그 짧은 순간만 참고 견디면 됩니다. 우리 조금만 뻔뻔해집시다. 우리는 기본기가 있으니 금방 따라잡을 수 있을 거잖아요. 세상에 이렇게 외쳐 봐요. "아니, 안 해봤으면 모를 수도 있지. 선배로서 잘 이끌어 줘야지. 그러려고 선배가 있는 거 아냐?" 그렇게 당당하게 요구해 보자고요. 뭐 자기들은 뭐 처음부터 다 잘 알았나.

"나는 왜 이런 것도 모르지" 하면서 자신에 대한 기준을 엄격하게 정하고 괴로워하거나, 자신이 얼마나 열심히 했는지 자랑할 줄 모르는 변호사님 모습을 보면, 내 어릴 적 모습을 보는 것 같아 안쓰러워요. 괜히 "왜 세상은 날 몰라주지" 하던 그 꼬꼬마 시절의 내 모습이요.

세상을 허풍과 거짓으로 살면 안 되겠지요. 하지만 사랑도 표현해야 남들이 알듯이, 자신이 얼마나 열심히 했는지 잘 알고 있는지 조금만 표현해 주세요. 당신은 충분히 그럴 자격이 있는 변호사니까요.

우리 약속해요. 절대 기죽지 않기로. 그리고 어느 순간에도 절대 늦었다고 생각하지 않기로요. 지천명을 앞두고 보니, 삼십 대 후반은 뭘 배워도 절대 늦은 나이가 아니더라고요. 아마 고희를 앞둔 언니들은 나에게 나이 쉰은 뭘 배워도 늦은 나이가 아니라고 하겠죠. 나 부끄러워서 옆방 문 노크는 잘 못 하지만, 늘 내가 응원하고 있다는 거 기억해 줘요.

파이팅!

옆방 소심한 언니가

실패와 좌절을 딛고
다시 일어설 수 있을까요?

이에스더 아리랑국제방송 국장

공기업 15년 차 사십 대 중반 홍 부장입니다. 현 직장에서 동기들보다 승진도 빠르고 나름대로 회사에서 인정받는 커리어우먼이라 자부해 왔습니다. 그런데 신규사업 TF팀장을 맡아 추진하던 프로젝트가 엎어져 실의에 빠졌습니다. TF 추진 과정에서 팀원들과의 소통도, 타부서 팀장들의 협조도 잘 이뤄지지 않아 고통스러웠습니다. 공들여 쌓아 온 커리어에 흠집이 나고 직장에서의 인간관계도 엉망이 된 것 같아 자괴감에 빠져있습니다. 이럴 때는 어떡해야 다시 일어설 수 있을까요?

무너진 자리에서 다시 피어난 나

●

이십 대에 직장생활을 시작해 사십 대가 되면 업무에 자신감도 붙고 리더로서 재량권도 생깁니다. 거기에 경제적으로도 여유가 생기지요. 적응하느라 힘들었던 신입 시절과 성과를 내기 위해 노력한 결과들이 눈에 보이는 성과로 나타나며 자기 만족감에 취하기도 합니다. 그러나 "그런즉 선 줄로 생각하는 자는 넘어질까 조심하라"(고린도전서 10:12)라는 성경 구절처럼 이제 좀 살 만해졌다고 느낄 때 위기가 찾아오기 마련입니다.

넘어져 있다면, 지금이 바로 돌아볼 때

●

나 또한 공들여 쌓아 온 커리어가 순식간에 무너지는 것 같은 경험을 한 적이 있습니다. '여성 CEO'라는 목표를 향해 앞만 보고 달리다 '꽈당' 넘어진 것이지요. 평창동계올림픽이 한창이던 2018년 2월의 어느 날, 마감이 임박한 경영평가 보고서를 펼쳐보지도 못한 채 유치원으로 달려갔습니다. 혼자 남아 있던 아이는 엄마를 보자마자 투정을 부리고 내 신경은 바짝 긴장해 있었습니다. 남편과의 말다툼도 더해져 정신이 혼미한 상황이었지요.

끝내 몇 개의 옷가지만 챙겨 새벽에 집을 나왔습니다. 그 길로 찜질방에 가서 맥주 한 잔을 벗 삼아 200쪽이 넘는 보고서를 읽어 내려갔습니다. 그렇게 일주일간 집을 떠나 쌓인 일들을 처리하였는데, 끝내 찜질방에서 울음이 터져 나오더군요. 나를 압박하던 모든 것이 정말로 힘겨웠거든요. 도대체 나는 왜 이렇게 살고 있는 걸까? 좋은 아내는커녕 다정한 엄마도 되지 못하고, 무엇을 위해 이러고 있는 건지 자괴감이 밀려왔던 거죠.

마음이 무너지니 몸도 무너지더군요. 말로만 듣던 대상포진에 걸려 한 달 넘게 통증에 시달렸습니다. 통증의학과에서 신경주사를 맞으며 흘리던 눈물은 이런 나의 삶이 진정으로 내가 원했던 길인지 의구심을 갖게 했습니다. 이런 혼란 속에서 사장에게 보직을 면해달라고 요청했지만 거절당했고, 결국 경영평가 하위 등급에 대한 책임을 지고 불명예스럽게 밀려나게 되었습니다. 그동안 공들여 쌓은 나의 세계가 와르르 무너지는 것 같았지요. 내 커리어와 자부심이 물거품처럼 사라지는 상실감, 강제 퇴직을 당한 것 같은 비참함이 몰려오더군요.

당신도 지금 넘어져 있나요? 그렇다면 지금이 바로 돌아볼 때입니다. 깊은 숨을 들이키며 달려온 길을 복기할 때 말입니다. 조용히 나를 성찰할 수 있는 순간이 불현듯 닥친 것입니다.

왜 넘어졌을까?

•

돌이켜 보니, 나는 내 성취 목표에 지나치게 몰입한 나머지 주변을 충분히 살피지 못했더군요. 팀워크보다는 혼자 큰 그림을 그리고 앞서 나가며 '나를 따르라'라는 스타일로 일을 했던 겁니다. 독불장군처럼요. 밑그림을 디테일로 채워야 하는 실무자들에 대한 배려와 살핌이 부족했던 거죠. 그러다 보니, 성과가 나도 내 주변에 사람이 별로 없는 것 같은 쓸쓸함이 맴돌았습니다. 가정에서도 늘 남편이 나를 받아 주길 바랐습니다. 내 일을 지지하는 남편의 외조를 당연하다 여기며, 밖에서 쌓인 스트레스를 남편에게 짜증으로 던지곤 했던 거지요. 무엇보다 나 자신을 돌보지 못했습니다. 힘들다고 아우성치는 내 몸과 마음의 소리에 귀 기울이지 않고 무리하게 달리다가 그야말로 '쾅' 넘어진 겁니다.

당신은 왜 넘어졌을까요? 달리기를 하다 넘어지는 장면을 떠올려 봅시다. 몸의 무게중심이 코어에서 벗어나며 온몸이 한쪽으로 기울어집니다. 균형을 잡기 위해 허둥지둥 팔을 휘젓지만 이미 엉킨 다리는 제멋대로 비틀거리고 얼굴이 땅에 부딪힐까 봐 눈을 질끈 감습니다. 몸의 균형이 틀어지며 넘어지는 것처럼, 우리 삶도 균형이 깨지면 넘어지게 마련입니다.

당신의 삶은 균형이 잘 잡혀 있나요? 일과 경력, 돈과 재정, 신체적 건강, 가족과 친구 관계, 공동체와 개인 성장, 재미와 여가, 영적 성장 등 이 여덟 가지 영역은 우리의 삶을 구성하는 핵심 축입니다. 이 영역들이 서로 균형을 이루며 조화를 이룰 때 우리는 비로소 '균형 잡힌 인간$^{Balanced Person}$'으로 살아갈 수 있습니다. 한쪽으로 치우치면 삶의 바퀴가 덜컹거리듯 불안정해지지만, 모든 영역이 고르게 돌아갈 때 삶은 부드럽게 굴러갑니다. 최근 많은 사람들이 단일한 성공보다 삶 전반의 조화로운 성장을 더 중요하게 생각합니다. 이제 당신의 삶의 바퀴를 살펴보세요. 각 영역이

| 그림 1 | 삶을 구성하는 여덟 가지 영역

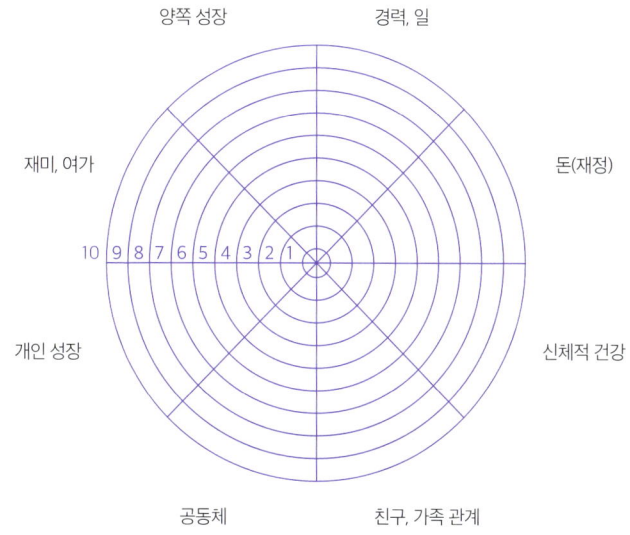

조화롭게 굴러가고 있는지 점검하는 것이 균형 잡힌 행복으로 가는 첫걸음입니다.

넘어진 김에 하늘 보기

●

달리다 넘어지면 아프기도 하거니와 창피하기도 해서 순간 정신이 멍해집니다. '넘어진 김에 쉬어 가라'고 잠시 멈춰서 심호흡을 하면 하늘이 보입니다. 내가 넘어진 자리에 누워 하늘을 바라보니 그 하늘이 참으로 파랐더군요. 그동안 듣지 못했던 새소리와 물소리, 낙엽을 밟는 소리, 바람의 숨결이 마음에 스며들기도 했습니다. 둘레길을 걷고, 글쓰기 모임에 참여해 글을 쓰며 지나온 시간을 돌아보기도 했죠. 낭독 모임에서 소리 내어 소설을 읽고, 시를 필사하며 나를 다독이면서 다시금 차오르는 충만감을 느꼈습니다. 일에만 빠져 있던 데서 눈을 들어 보니 사람이 보이고, 그들의 이야기가 들렸습니다. 이제는 주변 사람들과 함께 발맞춰 걸으며 새로운 오솔길을 걸어가고 있습니다.

때로는 '한때 CEO를 꿈꿨던 내 커리어가 여기서 멈춰도 되나, 더 올라가야 하지 않나?' 하는 생각이 올라올 때도 있습니다. 왕성하게 일했던 리즈 시절을 그리워하며 스포트라이트를 받지 못하는 상황이 서운하기도 하고, 은퇴할 때 내 뒷모습이 불쌍해 보이면 어쩌나 불안이 몰려오기도 하고요. 그렇게 출렁여 보고 깨닫습니다. 욕심껏 일하고 성취하고 박수받을 수 있었던 게 얼마나 감사한 일인지요.

이제 내가 주인공이 아니라 후배들을 주인공으로 돋보이게 하는 조연의 역할에 충실하며, 둥글둥글 삶의 균형을 잡고 있습니다. 마치 리즈 시절에 여주인공을 꿰차던 한때의 미녀 탤런트들이 어느 순간 드라마의 중심을 잡아 주는 중년 또는 노년의 배역을 소화하듯이 말이지요. 이렇게 둥글둥글해진 내가 더 좋고 편하게 느껴지니 오래 살고 볼 일입니다. 그러면서 인생 2막을 준비하는 새로운 여정에 어떤 코스가 기다리고 있을지 또한 기대가 됩니다.

버릴 게 하나도 없다

•

폭삭 망한 것 같았던 추락의 경험은 내 삶을 옥토로 변화시키는 자양분이 되었습니다. 삶의 여정에서 넘어지고 실패하는 경험이 나를 좀 더 성숙하게 단단하게 만들어 줬던 것이죠. 스티브 잡스의 스탠퍼드 대학교 연설 중 회자되는 구절이 있습니다.

"You can't connect the dots looking forward; you can only connect them looking backward. So you have to trust that the dots will somehow connect in your future(미래를 내다보며 점들을 연결할 수는 없습니다. 오직 과거를 되돌아볼 때만 점들을 연결할 수 있습니다. 그러니 당신은 그 점들이 어떻게든 당신의 미래에서 연결될 것이라고 믿어야 합니다)."

지금 겪는 실패와 좌절이 결국 미래의 성장으로 이어질 수 있다는 깊은 통찰을 담은 연설입니다. "살면서 겪는 일은 버릴 게 하나도 없다. 모두 피가 되고 살이 된다"라고 하시던 우리 외할머니 말씀과 같은 뜻입니다.

"Life is like a box of chocolates. You never know what you're gonna get(삶은 초콜릿 상자와 같아. 열어 보기 전에는 무엇이 들어 있을지 알 수 없어)."

영화 〈포레스트 검프〉에 나오는 이 대사처럼 삶은 불확실하고 예상하지 못한 상황으로 가득 차 있습니다. 상자 안에는 '좌절', '무너짐', '흑역사'라는 초콜릿도 들어 있는 셈이지요. 넘어지고 무너지고 실패할 수 있습니다. 그것을 받아들이는 태도는 결국 나의 몫인 거죠. 그래서 이 말을 전합니다.

    넘어져도 괜찮아
    쓰러져도 괜찮아
    아무럼 어때
    난 나를 믿어
    꽈당한 자리에서 피어나는
    아름다운 꽃

이직을 고민하는 지금,
무엇부터 준비해야 할까요?

오은영 부천대학교 교수

　　　　　　삼십 대 중반, 항공사 승무원으로 일한 지 10년이 되었습니다. 맞벌이 부부로 두 아이를 키우며 교대 근무를 감당하는 삶은 매일 전쟁 같았고, 늘 시간에 쫓기며 간신히 버텼습니다. 아이가 아프기라도 하면 충분히 돌보지 못한 제 탓인 것 같아 자책하고, 생일이나 발표회 같은 중요한 순간들을 비행 스케줄 때문에 놓칠 때마다 엄마로서도, 승무원으로서도 미안하고 무기력한 마음이 들었습니다. 어느 순간부터는 두 역할 모두에서 자신이 없어지는 기분이 들더군요. 지쳐 있는 몸과 마음으로 '이런 삶을 계속 이어가도 괜찮을까?' 하는 생각이 점점 깊어졌습니다. 이직을 고민하는 지금, 과연 무엇부터 준비해야 할까요?

커리어 전환은 명확한 비전과
실행 가능한 계획으로부터

●

이유가 무엇이든 이직은 누구에게나 새로운 도전입니다. 특히 결혼과 육아 등 중요한 인생의 변곡점에서 커리어를 바꾸는 일은 더 큰 용기와 준비가 필요합니다. 나 역시 승무원으로서 쌓아 온 경험을 바탕으로 교수라는 완전히 새로운 직업에 도전했고, 성공적으로 전환할 수 있었습니다. 이제 나의 경험에 비추어, 결혼과 육아를 병행하며 커리어 전환을 준비했던 실질적인 방법을 공유하고자 합니다. "어떻게 하면 이직의 문을 열고 더 넓은 세계로 나아갈 수 있을까?" 이 질문에 답을 찾고 있다면, 이 이야기가 그 시작을 함께하는 작은 힌트가 되길 바랍니다.

이직을 준비할 때 가장 중요한 것은 명확한 비전과 실행 가능한 계획입니다. 물론 육아와 일을 병행하는 현실 속에서 장기적인 목표를 세우기란 쉽지 않을 겁니다. 그러나 '미래의 나'를 그려 보는 상상, 즉 '비전'과 그것의 실현을 위한 꾸준한 배움의 태도, 다시 말해 구체적으로 미래의 나를 위해 지금 당장 '실행 가능한 계획'을 세우는 태도는 무엇보다 중요합니다.

나는 결혼 3년 차이자, 직장생활 5년 차에 첫 아이를 낳았습니다. 승무원 특유의 교대 근무를 하며 육아를 병행하는 일은 상상 이상으로 힘들었지요. 특히 아이를 키우면서 교대 근무를 이어가는 일은 체력적으로도, 정서적으로도 한계에 다다랐습니다. 그래서였겠지요. 이대로의 삶을 지속할 수는 없겠다는 위기감이 점점 커지면서 돌파구를 찾아야겠다 싶었습니다. 바로 그 고민의 순간에 부모님의 전적인 지원에 용기를 얻어 대학원에 진학할 수 있었습니다.

대학원 진학은 단지 이직을 위한 수단만은 아니었습니다. 긴 호흡으로 나의 미래를 그려 보니 예전부터 마음속에 품고 있던, 그러나 한동안 잊고 있던 소망이 다시 떠올랐습니다. '내 경험을 나누는 사람, 곧 교육자가 되고 싶다'는 바람이었습니다. 현실적인 필요와 오래된 꿈이 만나는 지점에서, 나는 지속 가능하고 의미 있는 커리어를 향한 첫걸음으로 대학원 진학을 택했습니다. 교대 근무를 마치고 피곤한 몸을 이끌고 수업에 참석했고, 아이를 재운 뒤 새벽까지 과제를 하며 잠 못 이루는 날도 많았습니다. 하지만 그 시기는 '나 자신을 위한 시간'이라 생각하며 버틸 수 있었습니다.

잊히지 않는 장면이 하나 있네요. 석사과정 수업이 있던 날이었어요. 남편이 네 살짜리 첫째 아이와 함께 저를 학교까지 데려다 주었습니다. 수업이 끝나기를 기다리는 아이는 복도에서 서성이며 강의실 문을 열었다 닫기를 반복하더군요. 그때마다 아이와 눈을 마주치며 손을 흔들어 주었습니다. 그 작은 손짓 하나하나가 지금도 선명하게 기억납니다. '이 아이를 위해서라도 더 단단해져야겠다'라는 다짐이 다시 살아났던 순간이었거든요.

아침에는 유니폼을 입고 비행을 떠났고, 퇴근 후에는 책가방을 메고 캠퍼스로 향했습니다. 집에 돌아와서는 다시 엄마로 돌아가 하루를 정리하고, 아이를 재운 밤에는 논문과 씨름했습니다. 숨이

턱까지 차오르던 어느 날엔 '내가 왜 이렇게까지 살아야 하지?'라는 회의가 밀려오기도 했습니다.

그래서였을까요? 어렵게 석사 학위를 마쳤을 때는 박사과정은 절대 하지 않겠다고 마음먹었습니다. 그런데 둘째 아이를 임신하고 육아휴직 중이던 어느 날, 지도교수님의 전화를 받았습니다. "그동안 너무 잘해 왔어요. 박사과정으로 이어가면 어떨까요?" 처음엔 정중히 거절했지만, 반복된 따뜻한 권유에 결국 웃으며 대답하게 되었습니다.

"교수님, 아이 낳고 가겠습니다."

인생을 바꾸는 인연의 힘

•

이직을 준비하면서 깨달은 게 하나 있습니다. 인생을 바꾸는 중요한 요소 중 하나는 바로 '좋은 인연'이라는 깨달음입니다. 바쁜 업무 속에서도 나에게 영감을 준 사람들이 있었습니다. 함께 일하던 동료가 어느 날 이렇게 말했습니다. "나 요즘 대학원 다녀. 너도 한번 해봐. 잘할 것 같아." 그 짧은 한마디가 오래도록 마음에 남았고, 결국 석사과정 진학으로 이어졌습니다.

대학원에서도 든든한 사람들이 곁에 있었습니다. 회사와 대학원 두 곳에서 나를 지켜본 선배는 "퇴직 후 시간강사부터 시작해도 좋아. 넌 실무 경험이 충분하잖아"라는 말을 건넸고, 그 말은 나의 진로를 결정짓는 전환점이 되었습니다.

지도교수님은 석사과정부터 박사과정까지 8년 넘는 시간 동안 "논문 잘 되고 있나요?", "조금만 더 힘내요"라는 짧은 메시지로 끊임없이 지지해 주셨습니다. 그 격려가 아니었다면 나는 박사 논문을 끝내지 못했을지도 모릅니다.

새로운 도전은 언제나 막막합니다. 특히 내향적인 성향일수록 그 무게감은 더욱 클 수 있습니다. 하지만 두려움을 극복하는 일은 이직에 있어 무엇보다 중요했습니다. 늘 망설이던 나는 어떻게 새로운 일에 도전할 용기를 얻었을까요. 낯선 길 앞에서 나를 일으켜 세운 것은 누군가의 진심 어린 격려와 응원이었습니다.

중요한 것은 다른 이들이 내게 기회를 주었을 때 그것을 기꺼이 받아들이고 도전해 보겠다는 자세였습니다. 친구의 부탁으로 고등학교 직업 특강을 맡으며 처음 '가르침'의 세계를 접했고, 학생들의 반응은 움츠러들기만 했던 나에게 예상치 못한 큰 자극이 되었습니다. 그날 이후, 교육이라는 분야를 진지하게 꿈꾸게 되었고, 선배들의 조언과 지지를 발판 삼아 교수라는 직업을 향해 나아갈 수 있었습니다. 결국, 나 또한 누군가가 내민 손을 기꺼이 붙잡았고, 그 손을 통해 힘과 용기를 얻어 낯선 길에 한 걸음씩 다가설 수 있었습니다. 그리고 마침내 더 넓은 세상이 열렸습니다.

체력과 끈기는 최고의 동반자

●

육아와 학업 그리고 이직을 동시에 감당하던 시기는 나의 인생에서 가장 고되면서도 뜻깊은 시간이었습니다. 첫째를 키울 때는 부모님의 도움으로 버틸 수 있었지만, 둘째를 낳은 뒤에는 퇴사를 결심하고 모든 것을 혼자 감당해야 했습니다. 새벽 수유, 낮잠 시간을 이용한 이직 준비, 밤샘 공부까지 정말 체력과 끈기의 시험대였습니다.

특히 둘째가 초등학교 저학년이던 시절이 기억에 남습니다. 첫째가 늦은 시간까지 학원에 있어 집에 혼자 둘 수 없는 날이면, 자던 둘째를 깨워 함께 데리러 나가야 했습니다. 때로는 학원 근처 카페에서 기다리기도 했고요. 어느 날 둘째가 "엄마, 나 그때 진짜 졸렸어"라고 말했을 때는 마음이 뭉클하더군요. "엄마, 나는 누나처럼 공부하기 싫은데 고등학교 안 다니면 안 돼?"라는 말에는 웃음과 미안함이 동시에 몰려왔습니다.

그래서 지금도 스스로를 돌보는 데 소홀하지 않으려 합니다. 하루 30분 헬스, 주 2회의 요가와 명상은 내 삶의 회복 탄력성을 높여 줍니다. 육아와 이직을 병행하려는 분들께 꼭 말씀드리고 싶습니다. 체력과 끈기야말로 가장 든든한 동반자입니다.

이직은 끝이 아닌 또 다른 시작

•

최근에는 사회복지사 자격증을 취득했습니다. 지금의 직업과는 무관하지만, 은퇴 후 봉사하며 살아가고 싶은 마음에서 시작한 일입니다. 나는 여전히 새로운 분야에 도전 중이며, 나의 이직은 지금도 진행형입니다.

  이직은 단순히 직장을 바꾸는 것이 아니라 삶의 방향을 다시 설정하는 일입니다. 특히 전혀 다른 분야로 전환하려는 경우, 지금까지의 모든 경험과 관계는 다음 도약을 위한 자산이 됩니다. 승무원으로서의 경력이 있었기에 교육자로서의 자신감도 가질 수 있었습니다. 수많은 야근, 육아의 밤, 눈물 섞인 공부의 시간이 지금의 나를 만들었습니다.

  지금까지와는 전혀 다른 길을 고민하고 있다면, 스스로 이렇게 물어보세요. "나는 정말 무엇을 하고 싶은가?" 그리고 그 방향을 향해 작은 걸음을 내디뎌 보세요. 시작은 작고 느릴지 몰라도, 결국 당신만의 길이 분명히 만들어질 것입니다. 지금 당신의 고민이 언젠가 누군가에게 용기가 되기를 바랍니다. 이 글이 당신에게 아주 작은 불씨가 되기를 소망합니다. 내일의 당신은 오늘보다 더 단단하고, 더 자유로울 수 있을 테니까요. 그 여정의 시작은, 바로 지금 당신의 결심입니다.

친구야

어느새 우리가 함께한 시간이 30년이 넘었네. 고등학교 2학년, 같은 반이 되면서 가까워진 우리는 매일 붙어 다니다시피 했지. 그때는 세상이 좁고 인생이 짧은 줄 알았지. 지금 생각하면 철없고 서툴렀지만, 참 순수하고 반짝이던 시절이었어.

 같이 대학 가고, 취직하고, 연애도 하고, 결혼하고, 아이 낳고, 어느새 은퇴를 고민하는 나이가 되었네. 그 수많은 시간 속에서 우리가 서로의 손을 놓지 않고 여기까지 올 수 있었던 이유는 서로의 끈덕진 위로와 격려 때문이라고 믿어. 인생의 힘든 고비마다 "이제 그만하고 싶어"라고 포기하려 하면 그때마다 네가 붙잡아 주었지, 네가 지쳐 흔들릴 땐 내가 널 붙잡아 주기도 했고…. 아마도 그리 살아왔기 때문에 여기까지 오는 길이 훨씬 덜 외롭고 힘들었을지도 몰라.

 너의 결혼식 날, 너는 나에게 부케를 주지 않았지. 내가 먼저 결혼했으니까. 그래도 난 꼭 너를 직접 데려다주고 싶었어. 그래서 내 차를 웨딩카처럼 정성껏 꾸미고, 너를 태워 공항까지 함께 갔던 기억이 아직도 생생해. 너무 소중한 친구였기에, 말보다 행동으로 너의 새 출발을 축하하고 싶었어. 그날만큼은 꼭, 내가 너의 시작을 함께하고 싶었거든.

우리는 참 비슷하게 살아왔고, 지금은 같은 교육자의 길을 걷고 있지. 아이들을 가르치고, 동시에 엄마로서의 삶도 놓지 않으면서 서로의 무게를 잘 이해할 수 있는 위치에 있다는 것이 참 위로가 돼. 그래서일까, "방학하면 보자"는 말이 농담 같으면서도 우리에겐 진짜 약속처럼 느껴져. 그 말 하나로, 우리는 언제든 다시 만나 웃고 울 수 있을 것 같은 그런 사이잖아.

요즘은 나도 그래. 아이들이 하나둘 어른이 되어가고, 아직은 각자 둘째 아이의 입시라는 과제가 남아 있지만, 그 사이사이 혼자 할 수 있는 시간이 조금씩 생기고 있어. 혼영, 혼밥, 혼여행 같은 '혼자만의 시간을 즐기는 법'도 배워가고 있고, 예전 같으면 외롭다고 느꼈을 순간들이 이제는 오히려 고요히 나를 들여다볼 수 있는 소중한 시간으로 느껴지네. 은퇴 시기를 자연스럽게 고민하면서, 그동안 잠시 내려두었던 나 자신을 다시 마주하는 중이야.

아직은 가족을 다 놓고 우리 둘이 훌쩍 떠날 상황은 아니지만, 언젠가는 꼭 함께 여행 가고 싶어. 조용한 바닷가든, 낯선 골목이든, 네가 곁에 있다면 그곳이 어떤 장소든 우리만의 특별한 여행지가 될 테니까.

사람들이 그러더라. 오래된 친구는 거울 같다고. 지금의 나를 있는 그대로 비춰 주되 판단하지 않고, 그저 곁에 있어 주는 존재라고. 넌 내게 그런 사람이야. 특별히 자주 연락하지 않아도 중요한 순간에는 반드시 떠오르고, 보고 싶을 땐 아무 이유 없이 떠올라 울컥하게 만드는 그런 존재…. 가끔은 내가 잘하고 있는지, 이 방향이 맞는지 스스로 묻는 시간이 많아졌어. 누군가에게 위로받고 싶다는 생각이 들 때, 맨 먼저 떠오르는 얼굴이 바로 너야. 너라면 조용히 들어주고, 툭 내 어깨를 치며 "잘하고 있어"라고 말해 줄 것 같아서.

친구야, 우리 앞으로도 이렇게 서로의 삶에 자연스럽게 스며들어 있자. 힘든 일이 생기면 그 누구보다 먼저 손 내밀어 주는 사람이 되어 주자. 그리고 무엇보다, 지금 시작해도 늦지 않았다고, 우리는 여전히 성장하고 있다고, 서로를 격려하자.

"방학하면 보자."

이 말 한마디면, 기다릴 수 있고 버틸 수 있을 만큼 넌 내게 오래되고 소중한 사람이다.

늘 같은 자리에서 너의 친구가

어떡하면 가정과 직장에서 잘 해낼 수 있을까요?

김경하 한국가스기술공사 부장

어느덧 부서의 관리자가 된 지 5년 차입니다. 배우고 익히는 것을 좋아하고 교육의 효과에 신뢰가 높아서 직원들의 육성에도 관심이 많습니다. 겉으로는 가족이나 직원들과 별문제가 없어 보이지만, 저 자신은 늘 고민이 많습니다. 가족 간의 소소한 갈등, 직원들과의 관계에서 확신이 안 서는 불안한 리더십을 가진 듯하여 가족에서 엄마와 아내로, 직장에서 부서장으로 제 역할을 잘하고 있는지 늘 불안합니다. 이런 고민을 해결할 방법이 없을까요?

갈등 때문에 힘들다면, 적당한 거리

•

캠핑을 다녀 본 적 있으신가요? 동글게 말린 텐트를 펼치고 폴대를 끼워 모양을 잡습니다. 텐트 종류에 따라 다르긴 하지만, 그보다 먼저 바닥에 방수포를 깔아 주고 그 위에 텐트를 펼칩니다. 폴대를 끼워 모양을 잡은 후 출입구 방향을 정하고, 구획에 맞춰 마지막으로 자리를 잡지요. 바람에 날리지 않도록 텐트를 땅에 단단히 고정하기 위해 줄과 펙을 이용하여 땅에 고정해 줍니다. 때론 야전침대를 놓기도 하고 때론 폭신한 에어매트를 깔고 그 위에 침낭을 펼쳐 놓지요.

캠퍼들은 익히 아는 사실이지만, 텐트만 치면 끝나는 건 아닙니다. 강한 햇빛이나 쏟아질 비를 대비해서 타프도 쳐 줘야 합니다. 더울 땐 그늘이 되고 비가 오면 비를 가려 주는 고마운 존재이지요. 여유 있는 타프 공간 아래 텐트 앞쪽으로 주방을 설치하고, 옆에는 받침대를 놓은 후 그 위에는 아이스박스를 올려 둡니다. 이제 주방 완성. 역시 여기서 끝이 아닙니다. 캠핑용 테이블을 펼치고, 릴렉스 체어를 배치합니다. 네 명이 가더라도 의자는 다섯 개를 준비합니다. 누가 더 올까 싶어서? 아닙니다. 일종의 멋입니다. 이게 끝일까요? 천만의 말씀. 캠핑 테이블 위에는 화사하면서도 에스닉한 테이블보를 펼쳐 놓아야 완성입니다.

이렇게 야외에 하루이틀 머물 집을 짓는 데 대략 한 시간 반에서 두 시간 정도 걸립니다. 잘 완성된 텐트를 바라보면서 흐뭇한 미소를 장착한 인증샷은 필수. 내게 있어서 그 순간이 캠핑을 갔을 때 가장 뿌듯한 시간 중 하나입니다. 캠핑을 가서 제일 기대하는 게 무엇일까요? 내 경우 그곳에 가서만큼은 '탁 트인 자유를 누리는 것'입니다. 남편을 졸라 처음 캠핑을 시작한 나는 잔디밭에 텐트를 치고 그 안에 누워 바라보는 하늘에서 말 그대로 탁 트인 자유를 느꼈습니다.

캠핑, 일상을 새롭게 하는 또 다른 경험

•

분기마다 심하게 느끼는 업무 스트레스로 편두통이 생길 정도인데 문득 캠핑이란 것을 해보고 싶더군요. 남편에게 얘기했더니 군대를 경험한 그는 '야전 생활이 얼마나 힘든데 쉬러 가서까지 그것을 해야 하느냐'며 처음엔 반대를 하더군요. '야전에서 힘들었다'는 말은 귀에 들어왔으나 '왜 해야 하느냐'는 반대의 말은 귀에 들리지 않았습니다. 결국 남편과 함께 텐트를 구입하고 꼭 필요한 몇 가지 물품만 챙겨 첫 캠핑을 떠났습니다.

경기도 가평 자라섬 캠핑장. 국제캠핑대회가 열린 해였기에 잔디도 잘 다듬어져 있고, 구획도 잘 만들어져 있었습니다. 초록의 잔디가 넓게 펼쳐진 그곳은 답답한 가슴을 탁 트이게 했고 길이 막혀 두 시간이 넘게 걸렸던 불편함은 어디로 사라지고 없었습니다.

우리 가족은 캠핑을 가면 텐트를 치고 허기진 배를 라면으로 채웁니다. 그리고 오후에는 게임을 마치기까지 약 네 시간이 걸리는 보드게임을 시작합니다. 너무 오래 걸려서 집에서는 쉽게 시작하기가 어려운 게임을 말입니다. 우리끼리는 보드게임을 하러 캠핑 간다고 얘기할 정도이니 빠지지 않는 루틴인 셈이죠. 보드게임은 아이들과 시간을 보내고 이런저런 얘기를 나눌 수 있는 좋은 도구이기도 하거든요. 게임을 할 때만큼은 엄마도 아빠도 없고, 남편도 자식도 없습니다. 그저 경쟁의 세계가 있을 뿐! 신기한 것은 아이들과 게임을 하면 격차가 심하게 날 것 같지만 사실은 그런 차이가 느껴지지 않습니다. 오히려 아이들이 승리하기도 해서 "내가 이길 때까지 해야 해" 하며 "한 게임 더!"를 외치기도 합니다.

모든 관계에는 '적당한 거리'가 필요하다

•

캠핑을 시작하고 다양한 장소에서 텐트를 펼쳤다가 다시 접었다가…, 이사로 치면 몇 번을 옮겨 다녔는지 모릅니다. 흔히 하는 말로 '나도 역마살이 있는 건가?' 싶을 정도로 말이지요. 그러던 중 한번은 부모님을 모시고 캠핑을 가게 되었습니다. 동생들도 합류해서 꽤 많은 대식구가 가게 되었습니다. 식구가 많으니 넓은 잔디밭에서 자리를 잡아야 해서 좋은 자리를 물색하다가 여러모로 좋은 위치에, 잔디도 고루 잘 깔린 곳에 자리를 잡았습니다. 텐트를 치고 남은 시간에 조금 떨어진 넓은 곳에 간이 그늘막을 펼쳐 놓았습니다. 배드민턴도 치고 캐치볼도 하다가 그늘막에서 잠시 쉬기도 하려고요. 아이들과 부모님, 동생들이 노는 모습을 보며 그늘막에 남아 있던 나는 엎드려서 그들을 보고 있었습니다.

그런데 분명 잔디가 푸릇푸릇 많이 있는 곳을 골라 그늘막을 쳤는데 엎드려서 보니 잔디는 듬성듬성 있고 흙밭이 더 눈에 띄는 것이 아니겠어요. 얼른 일어나서 그늘막을 들고 잔디가 많아 보이는 근처로 옮겼습니다. '이젠 괜찮겠지.' 아…, 그런데 이게 웬일인가요. 다시 봐도 이전과 크게 다르지 않게 그늘막 앞은 잔디보다 흙이 있는 땅이 더 많이 보이는 것입니다. 다시 한번 더…. 결과는 어땠을까요? 약간의 차이는 있었지만 크게 다르지 않았습니다. 예상하셨나요?

멀리서 보면 풍성한 푸른 잔디밭이라도 가까이서 내가 밟고 있는 그곳은 잔디보다 흙이 더 많이 보입니다. 이것은 가까울수록 더 세밀히 보이기 때문인 건 두말할 필요도 없겠지요. 그 일을 겪은 후 한가지 깨달은 바가 있습니다. '잔디밭은 멀리서 봐야 푸르다!' 그 후로 마음의 여유가 생겼습니다. 바늘 하나 꽂을 곳 없이 딴딴한 마음에 멀리서 보는 것과 가까이서 보는 것의 차이가 있다는 것을 몸소 체험(?)하고 난 후 주변과 나를 들여다보게 되었달까요?

가까운 가족일수록, 친한 사람일수록 단점이 더 보였던 것은 사실 가까이 있어서 너무 잘 알기 때문이었을 겁니다. 멀리서 보면 푸르른 잔디인 것처럼, 내 남편이 아니라 동료로 만나고 있는 사람이라면, 내 가족이 아니라 모임에서 만난 사이라면 사소한 일 하나 때문에 다툴 일이 있을까요? 여성은 시댁과, 남성은 처가와의 관계에서도 '가족'이라는 이유로 강요받는 일들이 '너무 가까이 느끼고 있어서'라는 생각도 들더군요. '우리는 가까운 관계'라는 생각에서 생기는 묵시적 강요와 바라는 바가 관계를 어렵게 만들고 있다고 생각합니다. 멀리서 보면 푸른 잔디밭. 여기서 얻은 깨달음은 바로 '적당한 거리', 달리 표현하면 서로를 존중하는 '예의'가 필요하다는 것입니다.

누군가와 갈등으로 힘들다면, 그 사람과의 거리를 재어 보라

•

비단 가족 간의 문제만은 아닐 겁니다. 직장에서도 마찬가지겠지요. 너무 잘 아는 업무이고 어떤 일이 일어날지 알기에 보이는 게 많고, 그러다 보니 할 얘기가 많을 겁니다. 시행착오를 줄여 주기 위해 많은 얘기들을 해주지만 받아들이는 직원들은 힘듭니다. 시행착오를 겪어야 스스로 깨달음이 오고, 부족함을 알아야 가진 것이 얼마나 소중한지 알게 되며, 결핍이 있어야 쟁취하고 싶은 욕구도 생길 테지요. 적당한 거리와 더불어 적당히 넘기는 것이 그들에게 더 필요한 것임을 깨달은 후에야 마음이 한결 더 가벼워졌습니다. 내 마음을 몰라주는 그들에게 서운하기도 했지만 돌이켜 보면 그들도 많이 힘들었을 테니까요. 스스로 원하지 않는 '육성育成'은 오히려 괴로움일 테니 말입니다. 한편으로, '나이가 들면 입을 닫고 귀를 열어 두라'는 말이 이래서 필요한가 싶기도 합니다.

지금 누군가와 갈등으로 힘들다면 그 사람과의 거리를 재어 보십시오. 업무도 마찬가지입니다. 혹 너무 가까이 있지는 않은가요? 그 사람이, 그 일이 마치 내 것인 양 생각하고 있지는 않은가요? 한 걸음만 물러나서 보세요. 그 사람이 남이라면? 그 일이 내가 아니어도 된다면? 그래도 지금 하고 있는 생각과 같은가요? 자고 일어나면 아마 생각이 달라질 겁니다.

기억하십시오, 누구에게라도 '적당한 거리', 즉 '예의'가 필요하다는 것을.

내가 성장하는 삶

일과 육아, 모두 잘 해내겠다는 건 저만의 욕심일까요?

김경하 한국가스기술공사 부장

3세 아이를 키우는 워킹맘입니다. 육아휴직을 마치고 복직하여 직장생활을 다시 시작하였습니다. 어린이집에 아이를 맡기지만, 아직 한참 어린 딸아이가 칭얼대며 떨어지지 않으려 할 때면 마음이 무너집니다. 늘 퇴근하자마자 달려오려 하지만 회사 일을 하다 보면 늦게 퇴근할 때도 있고, 그때마다 어린이집 선생님께 양해를 구하느라 진땀을 빼기도 합니다. 무엇보다 온종일 엄마 오기만 기다리는 딸아이를 생각하면 울컥할 때가 많습니다. 그럴 때마다 지금 내가 직장에 다니는 것이 맞는지, 좀 더 아이가 자란 뒤에 다시 시작해야 하는 건 아닌지 고민스럽습니다. 다들 어떻게 직장에서도 인정받으면서 아이도 잘 키우는지 선배님들을 보면 존경스럽기까지 합니다. 일도 제대로 해내면서 아이를 잘 키우겠다는 것은 저만의 욕심일까요?

인생은 선택의 연속, 속도보다 중요한 것은 방향

•

아이를 잘 키우고 싶은 마음은 부모라면 모두 같을 겁니다. 여기서 '잘 키운다'는 의미는 각자의 가치관, 생활환경에 따라 다르겠지만, 일반적으로는 성공했다고 얘기할 만한 성인으로 키워낸다는 뜻일 테지요. 우리 사회에서는 아이의 성취가 곧 부모의 성취라고 생각하는 경향이 있습니다. 그만큼 자녀 교육과 소위 '성공한 자식'이 되는 데에는 부모의 영향이 크기 때문인 듯합니다.

이런 점에서 워킹맘은 그 부담이 전업주부보다 더 큰 것이 현실입니다. 아이가 조금만 잘못되면 마치 자신이 직장에 다녀서 그런 것이 아닐까 먼저 생각하게 되니 말입니다. 어린아이일 때는 잦은 잔병치레로 고생하는 모습을 보면서 그런 생각하지요. 나이가 좀 더 들어 학교에 입학하고부터는 성적의 높낮이에서 만족스럽지 못할 때나 좋은 학원에 대한 정보가 부족할 때 일하는 자신을 먼저 채근하곤 합니다. 그런 생각은 아이가 진학한 대학의 간판까지 이어지게 되는 것 같습니다.

'나는 그런 것에 휘둘리지 않고 아이가 원하는 것을 하며 살게 해줄 거야'라는 생각도 해봤습니다. 그렇지만 그런 이상적인 생각은 곧 현실에 부딪히다 보면 달라지기 십상이고, 현실과 이상 사이 그 어딘가에서 방황하는 나를 발견하기도 합니다. 나 역시도 워킹맘으로 아이들을 키우면서 직장과 육아 사이에서 내적 갈등이 많았고, 그 중심에 있는 죄책감을 어떻게 하면 줄일 수 있을까 많은 고민을 했습니다. 일하는 것을 누구보다 좋아했고, 일중독이라는 얘기를 들을 정도로 집에서나 회사에서나 업무에 빠져 있었지요. 업무에 많은 시간을 쏟다 보니 상대적으로 가정과 육아에 소홀하지 않을까요? 맞습니다. 부인할 수 없는 것이 내게 주어진 시간과 체력은 한정적인데 그 안에서 해야 할 일이 두 가지 세 가지로 늘어난다면, 또는 균형을 잃고 어느 한쪽에 더 많은 자원을 투입한다면 어쩔 수 없는 일이겠지요.

되돌아보면 후회되는 시기도 있고 다른 선택을 했더라면 어땠을까 하는 아쉬움도 있습니다. '그 시절로 돌아가면 나는 다른 선택을 할까?' 하고 스스로에게 물어보기도 합니다. 그러나 내 답은 '아니다'입니다. 나는 거의 같은 선택을 할 것입니다. 왜냐하면, 그게 나니까요. 다만, 그 시절의 나로 되돌아간다면 해주고 싶은 얘기가 있긴 합니다.

첫째, '나로 인해 아이들이 잘못되고 있거나 다른 가족이 피해를 보는 것은 아닐까'라는 질문과 고민을 덜 해도 된다는 것입니다. 과정을 채워감에 있어 내가 선택한 결과에 책임을 진다는 생각과 콩을 심어 놓고 팥이 나기를 기대하는 것이 아닌지 성찰하고 조금씩 성숙해가며 아이와 함께 성장하시길 바랍니다.

둘째, 지금 하고 있는 당신의 방법과 선택이 어떤 결과를 가져올지 알 수는 없습니다. 하지만 스스로 옳다고 선택한 방향이라면 자신을 믿고 나아가십시오. 어차피 정답은 없을 테니까요.

셋째, 당신이 지나고 있는 어둡고 답답한 터널은 곧 끝이 납니다. 그 터널의 끝에 비치는 밝은 빛은 터널의 길이가 길고 어두울수록 더 빛날 것입니다. 그 고뇌의 깊이가 깊을수록 당신은 더 성장하고 있으니 힘들어하기보다 기꺼이 행복해하며 사랑하십시오. 그럼, 지금부터 이 세 가지 얘기를 조금 더 자세히 들여다보겠습니다.

지나친 책임감은 No!
콩을 심어 놓고 팥이 나기를 기대하지 말자

•

책임감이 강했던 나에게 아이가 태어난 것은 큰 기쁨이기도 했지만 한 사람이 인생을 잘 살아갈 수 있도록 잘 키워야 한다는 의무감과 책임감이 부여되는 이벤트이기도 했습니다. 아이가 잠자는 모습을 옆에서 지켜보다가 '내가 이 아이를 잘 키울 수 있을까?' 잠시지만 깊은 어둠과 함께 찾아온 질문은 무거운 책임감으로 나를 짓눌렀고, 결국 산후우울증을 겪게 되었습니다. 산후우울증은 내색하기 힘든 상황이 되자 환경에 적응하기 위해 자연스레 사라졌던 것 같습니다. 이 또한 책임감과 의무감 때문이겠지요.

2001년 당시만 해도 출산휴가는 휴일을 포함하여 60일이었습니다. 내 담당 업무가 회계 분야이다 보니 복귀 시기가 연말 즈음이라 회사에서는 하루라도 먼저 출근하기를 바라는 눈치였지요. 출산 후였지만 티 나지 않게 보이고 싶어 정장을 갖추어 입고 새벽같이 출근했던 복귀 첫날의 기억이 새록새록 떠오릅니다. 출근은 했지만, 연초 결산으로 계속되는 야근은 상당히 힘들었습니다. 이미 출산으로 자리를 비웠던 미안함도 있고, 내 몸이 힘들어도 힘들다는 생각과 내색을 할 줄 몰랐던 나는 그냥 받아들였는데 나중에 생각해 보니 나는 힘든 상태였고 그냥 참아내었다는 것을 깨달았습니다.

육아휴직을 사용하면 되지 않느냐고 생각할 수도 있겠습니다. 하지만 당시는 육아휴직이 있어도 그림의 떡이었습니다. 출산휴가가 휴일 포함 60일인 것만 생각해 봐도 당시 육아휴직 제도가 꽤 열악했다는 것을 알 수 있지요. 요즘은 산전후 휴가 90일에 자동 육아휴직 연계 제도를 운영하는 등 특별한 사정이 없는 한 일정 기간은 육아휴직까지 주어지고 있어서 과거보다 환경이 개선되어 다행이라 생각합니다.

직장생활을 하면서 육아를 한다는 것은 어떤 면에서는 매일매일이 전투와 같습니다. 다행히 말을 잘 들어주었던 큰아이와 아직 잠에서 깨지 않은 둘째를 데리고 카풀의 도움을 받아 어린이집에 데려다주고 출근했습니다. 다른 아이들보다 조금 이른 시간임에도 선생님께서는 밝은 웃음으로 맞이해 주셔서 참 고마웠지요. 퇴근 시간이 되면 하던 일도 마쳐야겠고 아이들도 데리러 가야 하는 상황이라 고민이 될 법도 한데, 나는 하던 일을 먼저 마치고 좀 늦더라도 아이들을 데리러 갔습니다.

조금 일찍 데리러 가는 날이면 아직 어린이집에 남아 있던 몇몇 아이들이 문 열리는 소리만 들려도 달려 나오는데 우리 아이들은 보이지 않았습니다. 안에 들어가 보면 책을 보거나 장난감을 가지고 놀고 있더군요. 우리 엄마는 평소 늦게 데리러 오니 굳이 문 열리는 것에 반응하지 않았던 게 아닐까 싶어 마음이 짠했습니다. 그런 생활은 아이들이 한 해 한 해 커갈수록 나아졌고, 큰아이가 초등학교 입학할 때 내게 첫 자유가 주어졌다는 생각이 들었던 것 같습니다.

이런 전투 같은 하루하루였지만, 아이가 자라면서 주는 행복은 말로 다 표현할 수 없습니다. '아이들은 자라면서 모든 효도를 한다' 하지 않던가요. 아이들을 다 키우고 보니 어린 시절 매일매일이 새롭고, 그런 과정에서 아이에게서 받는 사랑과 소소한 행복을 두고 하는 말이라는 것을 알겠습니다. 부모가 아이에게 많은 사랑을 주는 것 같지만 사실은 아이가 부모에게 더 많은 사랑을 주고 있었음을 나이가 들어갈수록 깨닫게 됩니다.

나는 살면서 깨달음을 얻었던 몇몇 속담을 좋아하는데, 그중에서도 '콩 심은 데 콩 나고 팥 심은 데 팥 난다'는 속담을 의미 있게 생각합니다. 내가 뿌린 씨앗에 비해 너무 큰 것을 기대하지 않는 마음처럼 지금 순간순간을 열심히 살아가는 것은 씨앗을 뿌리는 일이고, 어떤 씨앗을 뿌리는지에 따라 어떤 결실로 돌아올지 결정될 것이라는 생각으로 직장생활도 육아도 한 걸음 한 걸음씩 나아가 보는 것은 어떨까요? 지금부터는 어떤 마음과 어떤 방법으로 육아와 일을 병행했는지 좀 더 자세히 얘기해 볼게요.

어차피 정답은 없다, 자신을 믿고 나아가라
●

'아이를 어떻게 키울 것인가'로 산후우울증까지 겪다 보니 전투 같은 일상에서도 방법을 고민하고 실천하고 싶어졌습니다. '어떤 직업'을 가진 아이로 키우겠다는 계획보다 '어떤 사람'으로 성장했으면 좋을지를 계속 고민했습니다. 막연했지만 '사회에 기여할 수 있는 좋은 사람'이 되면 좋겠다는 생각을 많이 했습니다. 큰 틀에서 방향을 그렇게 잡고 나니 해야 할 일들을 생각할 수 있었습니다. 요약하면 '기부', '독서', '충분한 학업 역량'이라고 정리할 수 있겠네요.

먼저, 아이들 이름으로 국제구호단체에 기부를 시작했습니다. 아주 작은 액수였습니다. 2024년 초에 '동행 20년' 기념품을 받았는데 아마 20년이 되었던 모양입니다. 살다 보면 무엇과도 바꿀 수 없는 것이 있다는 것을 알게 되는데, 그중 하나가 바로 '시간'이라고 생각합니다. 특히, 무엇을 해서 '쌓아 온 시간'이라는 것은 단기간에 할 수 있는 것과 다른 가치가 있겠지요.

다음은 가장 중요하게 강조하며 시켰던 것이 독서였습니다. 큰 아이가 두 돌쯤 되었을 때 처음으로 전집을 샀고, 시간이 지날수록 거실 한 면이 책장으로 채워지기 시작했습니다. 책이 장식용이 되지 않으려면 부모가 노력을 좀 해야 합니다. 잠자기 전 아이들에게 매일 세 권씩 읽어 주려고 노력했습니다. 그림책을 보여주면서 상상력이 없던 나는 난감해하면서도 스토리를 짜내려고 애썼고, 그러다 아이에게 질문하는 방법을 터득하면서 좀 편안하게 책을 읽히기도 했습니다. 전래동화를 읽어 줄 때는 없는 연기력을 발휘하느라 애쓰기도 했습니다.

단계가 올라갈수록 글자가 있는 책을 읽어 줄 땐 손가락으로 짚어가며 읽어 주고, 시장에서 간판을 보며 단어를 익히게 했더니 한글을 자연스럽게 떼었습니다. 그래서인지 서너 살 때부터 책을 혼자 읽게 되더군요. 너무 좋았습니다. 그렇게 단계별로 전집을 읽히고 나서 글자를 쓰게 된 후부터는 하루하루 독후 활동을 하게 했습니다. 책을 읽고 느낀 점 쓰기, 책에 나오는 인물에게 편지 쓰기, 한 줄 요약 등 하루 세 권씩 꾸준히 하게 했지요. 초등학교 고학년부터 중학교에 올라간 후까지는 논어, 명심보감 등 기본 고전을 필사하게 했고요.

다행인 점은 아이들도 그런 활동을 좋아했다는 겁니다. 학교에서 독후 활동을 하면서 필사한 고전을 인용하기도 했고, 한문 과목을 공부할 땐 이미 익숙한 고전이라 쉽게 받아들이기도 해서 많은 도움이 되었습니다. 이후 만화 인문학 50선을 읽게 했지요. 우리가 익히 알고 있는 동서양 철학자들의 사상을 어린이 위인전을 통해 가볍게 읽었다면 좀 더 깊이 있게, 그러나 너무 힘들지 않게 만화로 접하게 해주었습니다. 나는 아이들을 인문학적인 소양을 갖춘 사람으로 키우고 싶었고, 어떤 판단을 함에 있어 순간의 이익이나 나의 이익이 아니라 사회와 우리를 생각하는 사람으로 키우고 싶었던 바람이 반영된 것이었습니다.

마지막으로 충분한 학업 역량은 말 그대로 공부할 수 있는 기반입니다. 이는 독서와도 연결되는 부분이 있습니다. 공부를 잘하라고 강요하지는 않았지만, 아이의 의지에 따라 공부를 하고 싶을 때 밑바탕을 미리 준비해 주고 싶었습니다. 시켜서 하는 공부보다 필요성을 느껴서 스스로 했으면 좋겠다는 바람도 있었고요.

그래서 학원을 보내기보다 집에서 반복 학습과 많은 책의 내용을 접할 수 있는 시간을 만들어 주었습니다. 초등학교 방과 후 영어 수업만으로 중학교 이상의 수준까지 영어 실력을 키울 수 있었고, 방과 후 컴퓨터 수업을 통해 6학년 때는 OA마스터가 되기도 했습니다. 남는 시간에는 독서 숙제를 하고, 그러고도 남는 시간은 놀게 했지요. 단, 스마트폰은 고3 수능이 끝난 후 사주었고 게임은 정해진 요일과 시간을 지킬 수 있도록 했습니다. 어찌 보면 철저한 계획과 관리, 부모와의 신뢰 관계에 기반한 수용성 높은 아이들이었기에 가능한 일이기도 했습니다.

기꺼이 행복하고 기뻐하며 지내자
길고 어두운 터널일수록 그 끝은 더 밝게 빛날 것이다

•

이렇게 아이들이 따라와 준 것이 고마운 일인데 그렇게 하기 위해서 부모의 노력이 없었던 것이 아닙니다. 일관된 모습을 보여주기 위해 엄마와 아빠는 안 좋은 감정을 드러내는 데 특히 주의를 기울였습니다. 육아 및 교육에 대한 역할 분담에 있어서도 각자의 역할에 충실하려고 했고요. 카드 게임 등 아이들이 좋아하는 것이라면 못 하게 하기보다 함께 해주고, 어떻게 하면 그것이 꿈으로 이어질 수 있을지 함께 고민하기도 했습니다. '매직: 더 개더링Magic: The Gathering'[1] 이라는 카드 게임이 있는데, 어린이부터 어른까지 참여하는 세계 대회가 있을 정도로 전 세계적으로 많은 팬을 보유하고 있는 게임입니다. 우리는 주말이면 아이들과 함께 게임을 했고, 보드게임카페에 가서 어른들과 게임을 하면서 예절을 익혔습니다. 외국인 연구원과 영어로 카드 게임을 하면서 게임을 통한 전략적 마인드와 언어 소통력을 접목시키기도 했습니다.

아이들을 하나의 독립된 인격체라고 생각하면서 스스로 결정하고 책임질 수 있도록 했고, 비록 부모이지만 아이들과 신뢰를 깰 만한 행동을 했을 땐 직접 미안하다고 사과를 했습니다. 이런 과정은 부모와 자식 간의 신뢰를 돈독하게 했고, 엄마나 아빠가 아이들에게 제안하는 것이 있다면 거부감 없이 받아들이는 데 많은 역할을 했다고 생각합니다. 사춘기도 무난히 지나가고 학교에서 어려운 일이 있으면 화두를 던져 줘서 얘기를 나누고 위기를 기회로 바꾸기도 했습니다.

특히 워킹맘은 조직생활을 통해 아이들이 성장하는 과정에서 직접 도움을 줄 부분들이 꽤 있다는 걸 알게 되었습니다. 과제가 있을 때 대신해 주기보다 어떻게 해야 하는지 방법을 알려 주는, 즉 물고기 잡는 방법을 알려 주는 식이었죠. 일테면 자기소개서는 어떻게 써야 하는지부터 동아리 면접은 어떻게 준비해야 하는지 등에 대해 구체적인 팁을 주는 겁니다. 학교부터 사회생활의 시작이라고 보고 학생회 구성부터 학교의 운영 체계 등이 있음을 알려

---

[1] 세계 최초의 트레이딩 카드 게임. 이 게임은 2인이 플레이하며, 카드를 수집하고 덱을 구성하는데 다양한 종류의 카드를 모으고 조합하여 자신만의 전략을 구사할 수 있다. 11개의 언어로 출시되어 70개국 이상의 국가에서 즐기고 있다.

주기도 했고요. 고등학교 전교 학생회장을 할 때에는 리더의 역할이 무엇인지, 리더십을 발휘하는 데 어려움은 무엇이고 어떻게 하면 좋을지 등 작은 사회생활을 연습하고 준비하는 과정을 함께 고민했습니다. 이런 이야기 물꼬를 터놓게 되면 밥상머리에서나 차를 타고 이동할 때 등 언제든지 아이들과 다양한 분야의 얘기를 할 수 있는 좋은 점이 있습니다.

육아와 직장 사이에서 숨 가쁘게 지나오던 중, 내 나이가 사십 대 초반 무렵의 어느 날, 문득 내가 긴 터널에서 빠져나왔다는 생각이 들더군요. 그때의 느낌은 서해안고속도로에 있는 비인터널을 빠져나왔을 때 봤던 밝은 빛을 본 것과 같았습니다.

명절 때면 고향 가는 길이 대략 8시간가량 걸립니다. 얼마나 막히는지 상상이 가시나요? 서울부터 계속 막히던 고속도로가 비인터널을 빠져나오는 순간, 세상 가장 밝은 빛과 함께 뚫리기 시작합니다. 교통체증은 터널을 빠져나오기 전에 이유 없이 더 심하다고 합니다. 정말 아무 이유 없이 막히고, 터널을 지나면 뚫리는 신기한 그 상황을 몇 번씩 경험한 나로선 내 인생에서도 그 터널을 지나왔다고 생각하니 좋기도 하면서 한편으론 허무하기도 하더군요. 어차피 끝이 있는 터널이었는데, 난 그 어둠이 계속될 것 같아 발을 동동거리고 불안해했나 싶었기 때문이었습니다. 그걸 미리 알았더라면 좀 더 여유를 갖고 그 시간을 즐기며 행복할 수 있지 않았을까요?

아…, 뭔가 무척 억울했습니다. 누구도 알려 주지 않았던 인생의 터널…. 이걸 깨달은 이후 난 후배들에게 그들이 지나고 있을 터널에 대해 얘기해 주고 있습니다. 특히, 육아를 하고 있는 남녀 후배들에게 터널에 대해 이야기해 주고, 그 터널은 끝이 있으니 힘들다고 생각하기보다 '지금' 아이들과 더 행복하게 지내라고 말이지요.

그대에게 띄우는 편지 04
김경하

쫄지 마

J에게

안녕, J!
우리가 함께 근무한 게 엊그제 같은데 벌써 이렇게 시간이 흘렀구나! 네가 신입사원 시절 바로 옆 부서에서 보았는데 '일 좀 하는 괜찮은 후배'라고 생각을 했지. 그런데 어느새 결혼을 하고 아이도 생기고 차장으로 근무하고 있는 너를 마주하는구나.

신입 차장인 너를 우리 부서로 배치하기 위해 내 의견을 물었을 때 나는 주저 없이 '좋다'고 했지. 주변에서는 일곱 살 아이가 있어서 육아휴직이나 육아시간 등 육아에 대한 부담으로 업무에 집중하는 데 어려움이 있을지 모른다고 우려하더라. 상황에 맞춰 운영하는 것이 관리자의 역할이라는 생각도 있었지만 내가 이미 육아와 지금의 업무를 병행해 봤기 때문에 최적의 멘토가 되어 줄 수 있을 것 같다는 생각에 오히려 기대도 되었단다.

함께 있어 보니 현재와 미래를 고민하고 걱정하며 불안해하는 네 모습은 나의 옛 시절과 똑같아서 마치 과거의 나를 보는 것 같았어. '업무는 이렇게 해도 되는 것인지, 사람들과의 관계는 어떻게 해야 하는지, 차장으로서 내가 고민해야 하는 것은 무엇인지, 아이는 어떻게 키워야 하는지…'. 누구에게 물을 수도 없었던 내 힘든 시간이 누군가에게 똑같이 발생하지 않기를 바라는 마음에 한 가지라도 더 알려 주고 싶은 마음도 생기더라고.

특히 내가 긴 시간 동안 쌓아 온 전문성을 '신임관리자'를 대상으로 직무교육^{OJT}을 할 수 있는 기회가 주어진 것 같아서 더 기뻤어. 문제의 본질을 찾아 대응하고 미리 대비해서 다른 문제가 파생되지 않도록 과거 실수에 대한 다양한 직간접 경험을 공유하면서 짚어야 할 포인트를 알려 주는 것, 주로 사후에 알게 되는 부서 특성상 주어진 결과를 통해 과정을 인식하고 사전예방을 위해 우리는 무엇을 해야 하는지 등등.

이런 내용을 이야기할 때면 눈을 반짝이며 몸을 앞으로 기울이고 꼬리에 꼬리를 물며 나오는 너의 질문에 답하면서 '소통이란 무엇인가', 조직에서 '잘 되는 소통이란 어떤 것일까?'에 대한 깊이 있는 고민과 새로운 경험을 쌓아가는 것 같아서 루틴한 일상에 행복 도파민 뿜뿜이기도 했지. 하하하.

한편으로 내가 너에게 언급하는 다양한 이야기들이 지금 당장은 소화하기 어려울 수도 있을 것 같아. 하지만 일단 그냥 들어 두길 바라. 사람마다 다를 수는 있는데, 내 경우 당시 부장님이 얘기해 주실 땐 몰랐는데 막상 부장이 되고 보니, 어떤 상황에 닥쳤을 때 그 말씀이 문득 떠오르고 의미를 깨닫게 되면서 '그 말씀이셨구나!' 하며 뒤늦게 이해하는 경험을 종종 하게 되더라고.

육아와 직장생활을 병행했던 나의 지난 시간을 뒤돌아보면 어둡고 컴컴한 터널 같고 복작복작, 티격태격 부대끼며 살아온 날 들인데, 지금은 힘들게 산을 오르다 중턱에서 잠시 쉬며 평화로운 마을을 바라보는 것 같아. 이런 말이 아직 와닿지 않는다는 네 말처럼, 아직은 과정에 있기 때문에 상상하기 어려운 모습일 것 같아. 나도 그땐 모르고 지나왔고 주변에서 얘기를 해줬더라도 그리 와닿지 않을 것 같거든.

그런데, 확실한 건 우리는 점이 아니라 선 위에 있다는 거야. 오늘이 끝이 아니라는 것을 알고 있듯, 그 안에는 살아 있는 한 내가 만들어가야 하는, 또는 만들어 놓은 어떤 모습이 선으로 남는다는 것을 알고 있으니까.

요즘 본격적으로 차장 역할을 하면서 타부서와 업무 협의도 하고, 보고서도 작성하는데 가끔 실수하는 것 때문에 난처해하고 소심해지는 것 같더라. 너무 위축되지 말았으면 좋겠다. 괜찮아. 다 그러면서 배우고 성장하는 것이거든. 다만, 안 좋은 상황이 일상이 되지 않기를 바라고, 너라면 잘 해낼 것이라 믿는다. 내가 차장일 때 부장님께서 해주셨던 한마디가 힘들 때 나를 버티게 하는 힘이 되었고, 지금도 마음 한켠에 품고 있는 그 말을 해주면서 마치려고 해.

"쫄지 마!"

J를 응원하는 선배로부터

아이 키우기에 지친 몸과 마음을 회복할 수 있을까요?

김영희 마음향기연구소 소장

삼십 대 중반의 4년 차 직장인 김 대리입니다. 맞벌이를 하는 터라 매일 아침 다섯 살 된 사내아이를 어린이집에 보내고 출근합니다. 어린이집에 다니는 아이가 열이 나거나 아플 때면 마치 엄마인 제가 잘 돌보지 않아서 그런 게 아닌가 죄책감이 들기도 합니다. 아이가 자라면서 신체와 정서 발달, 학습 능력이 동년배들에 비해 더딘 것 같기도 하고, 그렇게 느낄 때마다 지금 제가 직장에 다니는 것이 제 욕심 때문인 것 같아 두렵습니다. 일과 육아 모두를 완벽하게 해내고 싶은데, 이런 죄책감이 제 안에서 점점 자라나 늘 불안하고 스스로 비난하게 됩니다. 이젠 몸과 마음까지 모두 피폐해졌습니다. 어떻게 해야 할까요?

좋은 엄마도 좋은 직원도 아니라고 느낄 때

"엄마, 학교 행사 못 오지? 내가 알아서 동그라미에 표시할게."
아이는 아무렇지 않게 말했습니다. 그러고는 가정통신문을 펼치고 그 안에 적힌 질문에 대한 답, '예 ○ / 아니오 ○' 앞에서 아이의 손이 '아니오'에 자연스럽게 연필을 가져다 대더군요. 바로 그 순간, 나는 그 눈앞의 장면이 아주 천천히 재생되는 것처럼 느껴졌습니다.

"엄마는 안 되잖아." 아이는 단지 사실을 말했지만, 그 말은 돌멩이처럼 날아와 가슴 한복판에 꽂혔습니다. 그렇게 날아와 꽂힌 돌멩이에서 끊임없이 질문이 솟아나는 듯했어요. 그날 밤, 저는 잠든 아이의 등을 바라보며 스스로에게 묻고 또 물었습니다. '나는 좋은 엄마인가?', '지금의 이 선택이 정말 괜찮은 걸까?', '나는 정말 잘하고 있는 걸까?' 하고요.

이런 질문은 불쑥 찾아옵니다. 잘 해내고 있다고 믿었던 순간에도, 아이의 말 한마디나 가족의 반응, 학교 알림장 하나에 마음은 순식간에 흔들립니다. 그리고 그 마음의 흔들림은 자존감의 뿌리를 조금씩 흔들기 시작합니다. 자존감이 흔들릴 때마다 마음은 이렇게 말합니다. "나는 아이에게 좋은 엄마도 아니고, 직장에서도 좋은 직원이 아닌 것 같아."

자녀를 둔 워킹맘들에게 이런 상황은 자주 찾아옵니다. 하지만 이런 생각은 잘못이 아닙니다. 오히려 우리 안의 감정 에너지가 고갈되고 있다는 신호입니다. 이때 멈춰서 돌아볼 것은 내 성과나 일정이 아니라, 내 마음의 여유가 얼마나 남아 있는지였습니다. 마치 주행 중에 주황색 유류 부족 경고등이 켜진 것과 같은 것이지요. 그러니 그 신호가 오면 일단 멈춰서 부족한 연료를 채우는 일이 먼저입니다. 가야 할 목표지점이나 해야 할 일은 그 다음이지요.

멈춰서 내 마음의 여유를 돌아봐야 할 때

•

"아이 앞에서 작아진 나를 회복하고 싶어요."
상담실을 찾은 과장님은 삼십 대 중반의 워킹맘이었습니다. 그녀는 회사에서는 교육팀을 이끄는 리더였지만, 집에 돌아오면 늘 자신이 작아지는 느낌이라고 말했습니다. "아이가 '엄마는 늘 회의 중'이라고 말할 때, 나는 그것이 고맙기도 했고, 동시에 미안했어요. 그 말 한마디에 며칠씩 마음이 아팠어요."

나에게도 그 말이 낯설지 않았습니다. 그래서 나의 이야기를 들려주었어요. 저 역시 교육을 진행하거나 회의에 몰두하느라 아이와 마주 앉아 대화할 수 없는 날들이 많았거든요. 그래서 제가 선택한 방법은 냉장고에 색색의 포스트잇을 붙이는 것이었어요. 아이가 하고 싶은 말이나 궁금한 걸 적어 두면 제가 답을 달고, 그 옆에 또 아이가 새로운 말을 붙이고…. 그렇게 하루하루 쌓여가는 색색깔의 포스트잇들이 참 예뻤고, 그 색만큼 우리의 마음도 닿아 있다는 걸 느낄 수 있었죠.

그때 느꼈어요. '대화는 꼭 시간을 내서 마주 앉아야만 할 수 있는 게 아니구나. 짧은 글 한 줄, 색 하나로도 우리는 서로를 기다리고, 만나고, 위로할 수 있구나' 하고요. 혹시 지금 이 글을 읽고 있는 워킹맘이라면, 당신도 한번 다양한 색깔의 포스트잇을 꺼내 보세요. 노랑은 궁금한 것, 초록은 고마운 것, 파랑은 미안한 것…. 그렇게 정해 놓고 아이와 작은 메모를 주고받아 보세요. 바쁜 하루 중에도 우리는 여전히 서로의 마음에 닿아 있다는 걸 느낄 수 있을 거예요.

고갈된 나를 회복하는 방법

•

그녀가 조금씩 회복된 건 '아이 앞에서 잘하려는 엄마'가 아니라, '진심을 보여주는 엄마'가 되겠다고 결심한 이후였습니다. "나는 너를 사랑해. 엄마는 오늘 힘든 하루였지만, 그래도 네 얘기를 듣고 싶어." 바로 이런 진솔한 마음을 담은 한마디로 아이는 마음을 열었고, 그녀도 스스로를 조금 더 받아들이게 되었습니다. 그렇다면 고갈된 나를 회복할 방법은 무엇일까요? 장담컨대 그 방법은 대단히 어렵거나 멀리 있지 않습니다.

 하나, 하루에 한 번, 잠시 조용해지는 시간을 만들어 보세요.

 온종일 말하고 움직이며 살아가다 보면 내 안의 감정이 쉴 틈이 없습니다. 집안일, 업무, 아이와의 대화…, 누구의 소리도 없는 시간 5분, 의도적으로 아무것도 하지 않고 가만히 있어 보는 겁니다. 그 순간, 불안한 생각들이 아니라 '나는 참 열심히 살고 있다'라는 나의 마음의 이야기를 찾아봅니다. 그 시간이 내게는 감정의 공간을 열어 주는 쉼표가 되었습니다.

둘, 거울 앞에서, 나를 향한 말을 바꾸어 봅니다.

습관처럼 "나는 부족해"라고 말하던 저에게 하루에 한 번, 의식적으로 이렇게 말했습니다.

"나는 잘하고 있어."

"나는 이미 충분한 사람이야."

처음엔 어색했지만, 그 말이 내 마음의 태도를 조금씩 바꿔 주었습니다.

셋, '지금 나는 무엇을 가장 바라고 있는가'를 물었습니다. 내가 아이에게 주고 싶은 것, 나 자신에게 바라는 것, 내 삶에 대해 기대하는 것들을 하나하나 마음속으로 떠올려 보았습니다. 그 안에 '나도 나를 돌보고 싶다' 하는 목소리가 있었습니다. 그 작은 바람을 외면하지 않기로 했습니다. 그 무렵, 딸아이가 내게 조심스럽게 말을 꺼낸 적이 있어요.

"엄마, 향기 이야기할 때 제일 눈이 반짝여. 조향사 한번 해보는 건 어때?"

처음엔 웃으며 넘겼지만, 그 말이 마음에 오래 남더군요. 그리고 정말, 작은 조향 도구 하나 사서 다시 향기를 배우기 시작했답니다. 퇴직 후에 나는 누군가의 '엄마'로만 남을 줄 알았는데, 이제는 향기로 마음을 돌보는 조향사로 두 번째 인생을 살고 있어요. 그 길은 낯설었지만, 분명히 오롯한 '나'로 사는 길이기도 했습니다.

넷, 혼자 견디지 않기로 했습니다.

감정은 쌓아 두면 무겁습니다. 말하지 않으면 더 오래 갑니다. 그럴 때 저는 믿을 수 있는 한 사람에게 털어놓습니다. "오늘 마음이 좀 무겁다"라고. 그 말 한마디만으로 내 마음이 안전하게 놓일 수 있는 공간이 생깁니다. 지금 이 글을 읽고 있는 여러분도, 혹시 오늘 누군가의 말 한마디에 마음이 흔들렸다면, 그건 약해서가 아니라, 그만큼 사랑하며 살고 있기 때문입니다.

우리는 누구보다도 열심히 살아가고 있고, 이제는 나에게 조금 더 다정해져야 할 시간입니다.

행복한 엄마, 나를 살아내는 엄마

●

"나는 잘 살아왔습니다. 나는 지금도 잘하고 있습니다."
이 고백 하나면 충분합니다. 당신은 이미 잘하고 있고, 앞으로도 그렇게 계속 나아갈 수 있습니다. 나의 마음에 잘하고 있는지에 이제는 동그라미를 쳐 주세요.

성장기의 아이를 두고
계속 직장에 다녀도 될까요?

정선미 제이코칭리더십 대표

사십 대 초반의 10년 차 직장인 김 과장입니다. 큰아이는 이제 초등학교 5학년에 접어들었고, 작은아이는 초등학교 2학년입니다. 두 아이 모두 초등학교에 다니니 어린이집에 보낼 때보다 더 신경이 쓰입니다. 수업은 잘 따라가는지, 친구들과 모나지 않게 잘 어울리는지 늘 궁금합니다. 두 아이 모두 별다른 투정은 없지만, 전업주부들처럼 충분히 함께 보내는 시간도 없고, 다른 엄마들과의 소통도 뜸하니 늘 불안하기만 합니다. 특히 다른 엄마들에 비해 교육 정보에 어두워서 아이가 뒤처지지는 않는지, 엄마가 일하느라 살뜰히 살피지 못해 주눅 들거나 따돌림을 당하는지는 않는지 마음이 무겁기만 합니다. 학년이 올라갈수록 이런 불안감이 심해지니 직장을 계속 다니는 게 맞는지도 확신이 서지 않습니다. 일과 육아에서 모두 잘해낼 수 있다고 생각했는데, 그런 생각이 오만한 것일까요?

당신이 느끼는 불안감은 충분히 훌륭한 엄마라는 증거

•

열심히 일하는 당신이 아이를 떠올릴 때 그만큼 마음이 무겁다면, 그것은 역설적으로 충분히 훌륭한 엄마라는 증거입니다. 이때의 죄책감은 자신이 저지른 특정한 잘못에 대한 책임감에서 비롯된 감정이 아닙니다. 오히려 '나는 직장에서는 물론 아이에 대해서도 내가 맡은 중요한 역할을 모두 잘 해내고 싶다'는 바람에서 비롯된 감정이기 때문입니다.

긍정적으로 보면 이런 마음은 아이에게 좋은 엄마가 되고 싶고, 아이를 위해서 무엇을 하면 좋을지를 고민하는 데서 비롯합니다. 그래서 아이와 보내는 시간 동안 좀 더 질적으로 나은 경험을 하기 위해 애쓰게 됩니다. 부정적으로 보면 일과 아이에 대한 역할을 완벽하게 해내려다가 스스로 번아웃 증후군이 오거나 건강을 해칠 수도 있습니다. 지나친 스트레스는 일과 육아 모두에 부정적인 영향을 줄 수 있다는 점을 우리는 쉽게 예상할 수 있습니다. 또한 그러한 결과, 일에 몰입하지 못하거나 아이를 과보호하여 버릇없이 키우는 경우는 주변에서 흔히 볼 수 있습니다.

잘못한 것이 아니라 잘하고 싶은 것!

•

내 경험을 들려 드릴까요. 한번은 집에 두고 온 회의자료를 가지러 오후 3시경에 잠시 집에 들렀습니다. 현관을 열고 들어가니 아들 녀석이 모든 방에 불을 켜 두고 있더군요. 생각지도 못한 상황을 마주하고는 아들에게 다짜고짜 화를 냈습니다.

"아니, 대낮에 이렇게 온 방에 불을 켜 두고 있으면 어떡하니?"

그때 엄마의 성난 목소리에 주눅이 든 아들이 기어들어가는 목소리로 이렇게 얘기하더군요.

"불을 켜 두면 무섭지 않거든 그래서 켜 둔 거야."

그때 당혹해하던 아이의 대답이 내 가슴을 먹먹하게 했던 기억이 지금도 선명합니다. 초등학교 3학년 남자아이 혼자 집에 있다는 것이 어떨까에 대해 미처 공감하지 못한 내가 너무나 원망스러웠던 거지요. 중요한 것은 아이와의 교감을 통해 마음을 알아주는 것이었는데, 나는 아이가 제법 컸으니 혼자서도 괜찮을 거라고 멋대로 판단했던 거지요. 나에게 교훈이 된 첫 번째 죄책감이었습니다. 이때 일을 계기로 아이의 감정을 알아주는 제대로 된 소통을 하기로 마음먹었지요. 그리고 혼자 있는 아이를 위해 또래 친구와 함께하는 시간을 더 많이 가질 수 있는 방법을 찾기도 했답니다.

아이와 잘 어울리는 친구들이 누군지 주의 깊게 살펴보고 주말에 집으로 초대했습니다. 그렇게 하고부터 내가 몰랐던 아이들만의 관심사와 선호하는 활동들이 조금씩 보이기 시작하더군요. 아들이 친구와 같은 운동을 하는데, 그 시간대가 서로 달라 함께하지 못하는 걸 알게 되었지요. 그래서 선생님께 말씀드려 시간을 조정하여 친구와 함께할 수 있도록 옮겨 주었습니다. 그렇게 주 3일 오후 시간은 친구들과 함께 좋아하는 축구를 배우는 일정으로 조정하고 나니, 아이 혼자 있는 시간을 줄일 수 있었습니다. 나의 죄책감이 만들어낸 관심과 관찰이 아이의 마음과 만나는 순간이었지요.

또 한번은 이런 일도 있었어요. 대다수의 워킹맘이 그렇듯이, 나는 일이 끝나면 늘 집으로 곧장 달려가곤 했습니다. 아이가 어릴 때는 걸어서 출퇴근할 수 있는 거리에 살았는데, 그때도 나의 퇴근길은 늘 경보 선수처럼 뛰다시피 걸었지요. 아이가 중고등학교 다닐 때는 회사가 멀어서 직접 운전을 해서 퇴근을 했어요. 그때도 늘 마음이 급했습니다. 가끔 지하철이나 버스를 탈 때도 퇴근길은 서두르고 조급하기만 했습니다. 아이가 아프다는 얘기를 듣고 퇴근할 때는 신호위반을 한 적도 있었지요. 근데, 이런 나의 습관이 큰 사고가 되어 돌아왔습니다.

여느 때와 다름없는 퇴근길, 택시에서 내려서 집으로 달려가던 나는 빙판길에 미끄러져 무릎이 골절되고 말았습니다. 그 일로 두 차례나 수술을 해야 하는 힘든 시간을 겪게 되었지요. 병원에 누워 나 자신을 원망하면서 도대체 왜 이런 일이 생긴 걸까 되돌아보니, 20년 이상의 직장생활, 나도 모르게 마음속에 늘 가족과의 시간을 많이 못 보낸다는 죄책감이 자리 잡고 있었다는 것을 깨닫게 되더군요. 그런데 반전이 있었습니다. 병문안 온 남편과 아들의 말에서 새로운 깨달음을 얻게 되었거든요.

"왜 그렇게 살아, 늘 급하게 정신없이 자신을 돌보지도 않고…."
"어쩌면 사고가 날 수밖에 없었던 것 같아요. 엄마는 늘 급하잖아요."

그 순간 '아, 나를 이렇게 만든 건 다름 아닌 나 자신이었구나'라는 생각을 지울 수 없었답니다.

　죄책감은 해결해야 할 '문제'가 아니라 감지해야 할 '신호'입니다. 나의 생각과 말과 행동에 어떤 우선순위가 있는지를 알게 해 주는 신호. 그래서 죄책감으로 힘든 마음이 생긴다면 내가 정말로 원하는 것을 알려 주는 성장의 시그널로 받아들이십시오. 죄책감이 지속되면 심리적 부담을 키우고 자기 존중감이 떨어지며 좋지 않은 습관을 키워 일과 가정에 모두 부정적인 영향을 미칠 수 있습니다. 그러나 다행히 많은 연구에서 이러한 죄책감을 덜어 주는 워킹맘 영향에 대한 흥미로운 결과가 있습니다. 이러한 연구 결과는 충분히 힘이 됩니다.

'워킹맘 효과'를 기억하자!

하버드 비즈니스 스쿨 캐슬린 맥긴 교수 연구진이 29개국 10만 명의 성인 남녀를 대상으로 조사한 결과[1]에 따르면, 일하는 엄마의 딸이 전업주부의 딸보다 취업 가능성이 1.21배 높다고 합니다. 직장에서 관리자로 승진할 가능성도 1.29배 높으며, 수입도 미국의 경우 연 1,880달러를 더 벌었다고 합니다. 아들의 경우는 다른

---

[1] "Learning from Mum: Cross-National Evidence Linking Maternal Employment and Adult Children's Outcomes", Kathleen L. McGinn, Mayra Ruiz Castro, Elizabeth Long Lingo (2019)

방식의 차이가 발견되었는데, 일하는 여성의 아들은 전업주부의 아들보다 일하는 여성과 결혼하는 경향이 있다고 합니다. 게다가 직장에서는 좀 더 성평등적인 태도를 취하고, 매주 가족을 돌보는 시간도 50분을 더 할애하는 것으로 나타났습니다. 엄마가 딸에게 강력한 역할 모델이 되어 일-가정 양립에 대한 자신감을 심어 준다고 전문가들은 분석한 것이지요.

더 흥미로운 결과는 딸 아들 모두 일하는 엄마의 자녀들이 삶의 만족도가 더 높고, 전업주부 엄마의 자녀보다 훨씬 더 많은 교육을 받은 것으로 나타났습니다. 워킹맘의 효과는 아이에게 취업, 승진, 수입 그리고 결혼생활까지 긍정적인 영향을 미칠 수 있으니 적어도 일하는 엄마가 부정적인 영향이 더 크다는 생각을 떨쳐버리는 게 좋겠지요.

이외에도 미국 조기탁아 연구네트워크가 국립아동보건 및 인간발달연구소의 후원으로 일하는 여성과 전업주부의 육아 영향력을 연구한 결과[2]가 있습니다. 이 연구에서 15년 이상 1,000명 이상의 아동을 추적하여 인지기술, 언어능력, 사회행동을 반복적으로 평가하여 내린 결론입니다. 모든 면에서 전업주부와 워킹맘 자녀들의 발달 정도는 차이가 없다고 합니다. 더 이상 일하기 때문에 아이가 잘못될 것이라는 걱정을 버리고, 주변의 도움과 긍정적인 태도로 자신을 돌보기 바랍니다. 이렇듯 워킹맘이 자녀들에게 경제적, 교육적, 그리고 사회적 혜택을 준다는 연구 결과는 수없이 많습니다.

영국의 아동정신과 전문의 위니콧 박사에 따르면, 아이에게 필요한 것은 '완벽한 엄마'가 아니라 '적당히 좋은 엄마good enough mother'라고 합니다[3]. 아이가 요구하기 전에 미리 욕구를 채워 주고 사소한 요구까지 들어줘서 아이의 자립심을 해치는 과잉 엄마가 아니라, 지나치지도 모자라지도 않은 적당한 만족감과 실망감을 안겨 주는 엄마 말입니다. 이는 아이가 살아가면서 겪을 수밖에 없는 실망감이 아이에게 현실을 대처하며 인격을 쌓아가는 데 도움이 된다는 것으로 이해할 수 있습니다. 위니콧 박사는 적당히 좋은 엄마는 자신에 대해 고민하며 아이를 관찰하고 아이의 반응에 귀 기울이며 계속 자신의 생각과 행동을 수정해나가는 엄마라고 합니다. 적당히 좋은 엄마, 왠지 가벼워지는 느낌이 들지 않나요? 적당히 좋은 엄마, 하지만 아이에게는 자신만의 특별한 엄마가 된다는 사실을 기억하세요.

우리의 김 과장님도 매 순간 선택의 시간을 보낼 테지요. 잊지 마세요, 행복한 엄마가 행복한 아이로 키울 수 있습니다. 완벽주의 엄마의 죄책감은 떨쳐버리고 지속적으로 자신을 수정해나가는 지혜로운 당신을 응원합니다.

---

[2] "Early Child Care and Children's Development Prior to School Entry" *American Educational Research Journal*, NICHD Early Child Care Research Network (2002)

[3] "The theory of the parent-infant relationship." *International Journal of Psycho-Analysis*, 41, 585-595. Winnicott, D. W. (1960).

커리어와 육아 사이, 현명한 선택은 무엇일까요?

이경숙 HHCI 대표

초등학교 1학년 아이를 키우는 직장 7년 차 김 과장입니다. 직급이 올라가면서 회사에서의 업무량이 점점 많아지네요. 그래서인지 과장으로 승진한 지 얼마 되지도 않았는데, 아침마다 아이와 전쟁을 벌입니다. 아이도 엄마의 손이 가장 많이 필요하다는 초등학교 1학년입니다. 주변에서 '대학은 초등학교 5학년 성적이 결정한다'고 하는데, 이런 말을 들으면 아이의 미래를 결정할 제일 중요한 시기에 엄마인 제가 직장을 다니는 게 옳은 일인지 회의가 들곤 합니다. 요즘은 나를 인정해 주는 이 직장을 계속 다녀야 하는지, 직장을 그만두고 아이에게 전념해야 하는지, 그것도 아니면 일이 적은 일자리로 이직해야 하는지 고민입니다. 커리어와 육아 사이에서 고민이 많습니다. 어떻게 해야 후회가 없을까요?

미련함과 노련함은 한끗 차이!

●

아이를 키우는 워킹맘이라면 누구나가 한 번쯤 퇴직이나 휴직을 고민하는 순간이 옵니다. 그때가 바로 초등학교 입학할 즈음입니다. 그전까지는 주변의 도움을 받아 아이를 여기저기 맡기면서도 '건강하고 튼튼하게만 자라다오'라는 마음으로 잘 먹이고 잘 놀아주면 대부분은 큰 어려움 없이 자라게 마련입니다.

그런데 아이가 학교에 들어가면서 새로운 국면을 맞이하게 됩니다. 본격적으로 '공부'라는 걸 시작하게 되니까요. 누구보다 창의적이고, 간혹 영재 아닌가 싶을 만큼 신통했던 아이가 학교에 다니면서 그간 부모의 눈에 씌었던 콩깍지가 벗겨지기 때문입니다. 그러던 어느 날 아이가 빨간 색연필로 동그라미가 아닌 사선이 더 많은 시험지를 받아 들고 해맑게 웃으며 내밀 때면 더욱 혼란스럽습니다. 이쯤 되면 그동안 머릿속으로만 했던 고민, 즉 '엄마로서 무언가 결정을 해야 하는 거 아닌가'라는 문제로 바뀝니다. '전업주부로 직장에 다니지 않고 집에서 아이만 보살폈다면 동그라미 가득한 백 점짜리 답안지를 매번 가져오지 않았을까?', '아이가 영재 소리를 들으며 탄탄대로를 걷지 않을까' 하는 환상에 잠시 빠지는 시기이기도 하면서요.

한번은 '정말 직장을 그만두어야 하나?' 싶어 어느 여성 멘토링 그룹모임에서 고민을 토로한 적이 있었습니다. 그때 모 글로벌 기업의 여성 임원께 어떻게 그 시기를 건디셨는지 진지하게 여쭤 보았지요. 아직도 그분의 표정과 몸짓이 기억날 정도로 카리스마 넘치는 분이셨는데, 그 답은 의외로 간단했습니다.

"뭘 그리 심각하게 생각해요? 그냥 '엄마가 돈을 안 벌면 너 학원도 못 가고, 맛난 것도 못 사 먹고, 놀이공원도 못 간다. 그래도 좋겠냐? 엄마가 하루에 얼마나 버는지 알아?'라고 이야기해 주세요." 그러면서 "길고 장황하게 설명해 봐야 아이는 못 알아들을 테고 직관적으로 이야기하는 게 훨씬 잘 알아들을 거예요"라고 덧붙이시더군요. 그러다 보면 시간이 흐르고 아이가 스스로 이해하는 순간이 올 것이고, 언제부턴가는 아이가 일하는 엄마를 더 자랑스럽게 여길 거라면서요. 적어도 그 상무님의 사례는 그랬다며, 아이의 눈높이에 맞추어 설명해 주라고 아주 간단하게 정리해 주셨어요. 그때 무릎을 쳤습니다. 나름 올바른 해법이라고 생각했던 거지요.

일하는 엄마를 자랑스러워할 날이 올 거야

●

그날 저녁, 난 바로 그 상무님의 가르침을 실천에 옮겼습니다. 초등학교 1학년 아이를 앞에 두고 "엄마가 하루에 일당 20만 원을 받아. 엄마가 그 돈을 벌어야 네가 학원도 다니고, 게임도 하고, 원하는 것을 할 수 있단다. 그러니 엄마 일하는 데 잘 협조해 줘. 그런 의미에서 너도 네 일은 스스로 알아서 잘 좀 챙기고…"라고 당부했습니다. 아이는 안쓰럽게 보는 건지 대단하다고 생각하는 건지 알 수 없는 눈빛으로 듣는 둥 마는 둥 알겠다며 고개를 끄덕이더군요. 그날 이후 '간단하게 이야기하는 건 꽤 쓸 만하군' 하는 나만의 위안과 함께, 늘 바쁘다는 핑계를 댈 때마다 나의 하루 일당을 이야기를 하곤 했습니다.

그러던 어느 날이었어요. 학급 반장 엄마한테서 급한 연락을 받았습니다. 며칠 뒤 녹색어머니회 등교지도 봉사를 해주실 수 있냐고요. 이유인즉 그날 당번을 맡기로 한 어머니가 갑작스런 사정으로 참여할 수 없어 한 자리가 빈다는 것이었습니다. 나는 물론 가능하다고 이야기했고, 그날 연차를 내어 그 일을 맡기로 했습니다. '일하는 엄마로서 학교 행사에 정기적으로 참여하기는 어려워도 미리 이야기만 해주시면 언제든지 시간을 조정하여 참여하겠노라'고 선언했으니까요. 그것은 워킹맘이라 왕따를 당하지 않을까 하는 나의 우려에 대한 나름의 전략이었습니다.

봉사 당일 이른 아침부터 횡단보도를 건너는 아이들이 어찌나 인사성이 바르고 씩씩하던지요. 그 예쁜 모습을 바라보며 오랜만에 엄마의 역할을 아주 성실히 한 것 같은 뿌듯한 마음으로 봉사를 마쳤답니다. 그날 저녁, 반장 엄마한테 전화가 왔습니다.

"안녕하세요. 지원이 어머님, 저 반장 지영이 엄마예요."

"네, 안녕하세요."

"오늘 너무 수고 많으셨어요. 근데 앞으로는 어머님께 이런 부탁 안 드리도록 조심할게요. 미리 말씀해 주셨으면 다른 분께 연락을 드렸을 텐데요. 죄송해요."

뭔가 이상하기는 했지만, 나는 그냥 인사치레인가 싶어 아무렇지 않게 대답했지요.

"아휴, 아니에요. 저도 덕분에 아이들 보면서 너무 즐거웠어요. 잠깐만 시간 내면 되는 건데요, 뭐. 늘 수고가 많으세요. 고맙게 생각하고 있습니다."

그러나 이어지는 말을 듣고는 웃어야 할지 울어야 할지 난감하기만 했습니다.

"네. 근데 오늘 학교에서 지원이가 지영이를 복도로 불러내서 한참 이야기를 했대요. '우리 엄마 일당이 얼마인지 아냐, 20만 원이다. 오늘 하루 회사 안 가서 20만 원 못 벌게 되었다'고, '앞으로 우리 엄마한테 그런 사소한 일로 전화하지 마시라고 너희 어머니께 꼭 전해라'라고 하면서…. 죄송해요. 앞으로 전화 드리기 전에 좀 더 심사숙고할게요."

전화를 끊고 딸아이한테 물어보니 전부 사실이라고 하더군요. 나름 아이는 스스로의 방법으로 문제 해결을 했던 걸 텐데…. 그날 이후 난 아이 학원비를 위해 일당 20만 원을 버는 불쌍한 일용직 엄마가 되었고, 우리 집은 엄마가 돈을 벌어야 먹고사는 집이 되었답니다. 물론 좋은 점도 있었지요. 반장 어머니의 배려로 녹색어머니회 봉사는 면제받았고, 아주 중요한 일이 아니면 학교 행사에서 자연스럽게 열외가 되었으니까요. 완전히 틀린 말도 아니고, 구체적으로 사실관계를 밝힐 필요도 없고 해서 그냥 그렇게 시간이 흘러가게 내버려두었답니다. 그렇게 저학년이 지나고 더 이상 엄마가 왜 일을 하는지 설명이 필요 없게 되는 순간이 그 상무님의 말처럼 진짜로 다가오더군요.

우리 엄마 멋지다

대학 입시 때 목표하던 대학에서 떨어지고 재수는 절대 싫다며 다른 대학에 들어간 딸에게 어느 날 물었습니다.

"지원아, 만약에 엄마가 너 초등학교 때 일 그만두고 다른 엄마들처럼 학원 오갈 때 차로 데려다주고 옆에서 밥도 잘 챙겨 줬으면 네가 그렇게 가고 싶어 하던 그 대학에 갈 수 있지 않았을까? 조금 아쉽지 않아?"

그러자 딸아이는 이렇게 대답하며 웃더군요.

"아냐, 엄마. 만약에 엄마가 일 그만두고 맨날 잔소리하고 그랬으면 내가 집을 나갔을지도 몰라."

대답을 듣고 잠시 멍해졌지만, 그럴 수도 있었겠더군요. 아이는 늘 나의 희망대로 커 주지 않는다는 불변의 진리를 한 번 더 깨닫는 순간이었습니다.

나중에 알고 보니 회사 일로 바쁜 엄마 덕분에 아이는 가기 싫은 학원은 안 가고 하고 싶은 게임도 맘대로 했던, 그야말로 본인이 하고 싶은 것을 다 하며 자유로운 어린 시절을 보냈던 모양입니다. 그걸 들키지 않으려고 얼마나 고생했는지 최근에서야 그 고난(?)의 과정을 털어놓더라고요. 예를 들어 늘 귀가 시간을 묻는 전화는 게임을 언제 끝내야 하는지 가늠하기 위한 것이었고, 퇴근길에 배고프다며 야식거리를 사다 달라고 하는 전화는 좀 더 게임을 할 수 있는 시간을 벌려는 전략이었던 것이었지요. 새벽부터 나가 열심히 벌어 대주었던 학원비의 대부분은 덧없이 허공에 뿌려지고 있었다는 사실은 지금 생각해도 억울할 따름입니다.

그러던 아이가 딱 한 번 내게 도움을 청한 적이 있습니다. 고3 때였어요. 자기가 열심히 할 테니 딱 1년만 도와달라고 하더군요. 다른 엄마들처럼 라이드도 해주고 도시락도 싸달라고요. 새벽 6시에 집을 나선 아이는 밤 11시가 되어서야 학원에서 집으로 귀가했고, 나는 회사를 그만둔 채 기꺼이 그동안 못했던 뒷바라지를 1년간 몰아서 했답니다.

그렇게 1년을 보낸 아이는 무사히 대학에 들어갔고, 재수는 절대 하고 싶지 않다고 해서 나의 수험생 엄마 노릇도 끝났습니다. 졸업 후 자기가 하고 싶은 것을 찾아 엄마보다 더 열심히 살아 보겠다는 다짐과 함께 그렇게 좋아하는 게임 회사에 들어갔고, 어느덧 직장 5년 차의 어른으로 자랐으니 대견할 따름입니다. 문득 전화해 "엄마는 어떻게 견디고 살았어? 그때 쓸데없이 엄마한테 전화했던 거 미안해!"라는 말도 할 만큼 성장했습니다. 기분 좋을 때는 자기네 회사 본부장님 보면서 엄마 생각난다며 "우리 엄마 멋지다"고 칭찬을 하기까지 한답니다.

아이 때문에 일을 그만두고 싶을 때는 이런 생각을

•

아이 때문에 일을 그만두고 싶을 때 한 번쯤 이런 생각을 해보세요.

첫째, 일을 그만두고 싶은 마음이 든다면 혹시 그게 나의 문제는 아닌지 다시 한번 생각해 보세요. 아이 때문이라는 게 핑계는 아닌지…. 회사 내에서의 갈등이나 혹은 다른 문제를 회피하기 위해 '아이를 위해 희생하겠다'는 허울 좋은 핑계를 대는 건 아닌지 한 번쯤 냉정하게 돌아볼 필요가 있습니다.

둘째, 문제를 분리해서 보세요. 아이의 성적이 안 오르는 것이 정녕 나의 문제인가, 아니면 아이의 공부 방법의 문제인가. 무엇이 문제인가를 명확하게 분리해 보면 해법도 명쾌하게 찾을 수 있을 테니까요. 아이가 공부하는 방법의 문제는 내가 직장을 그만둔다고 해서 해결되는 경우가 많지 않기 때문입니다. 아이의 문제를 해결하는 방법을 찾아보세요. 돈을 쓰는 것 말고도 의외로 묘수가 많을 수 있기 때문입니다.

셋째, 잠시 미래를 그려 보세요. 3년 뒤, 5년 뒤, 10년 뒤의 나와 아이의 모습을 말이죠. 초등학교 때 아이를 끼고돌며 라이드와 밥을 해주는 대신 성인이 되었을 때 좀 더 현실적으로 아이에게 도움을 줄 수 있는 능력을 키우는 게 나을 수 있습니다. 그게 경제적인 부분이 될 수도 있고, 사회적인 인적 네트워크로 도움을 줄 수도 있으니 말입니다. 어려서 밥 한 번 더 해주는 것보다 아이가 필요할 때 결정적으로 도움을 줄 수 있는 엄마도 나쁘지 않을 테니까요.

나의 인생, 나의 일을 사랑하라

　아이와 함께한 시간이 부족하다고 아쉬워하는 건 당연할 수 있습니다. 한 번뿐인 그 시절 그 순간을 일하느라 못 보고 지나가는 건 아무리 생각해도 아쉽고 속상하죠. 그러나 그만큼 나의 인생, 나의 일도 중요하다는 걸 잊지 마십시오. 아이 뒷바라지를 1년간 해봤는데 그 스트레스도 만만치 않았습니다. 하지만 집중해서 할 수 있으니 평생을 했던 사람보다 조금은 즐기면서 할 수 있었을 테지요.

　육아를 못 하면서 가졌던 아쉬운 점도 보상받을 기회가 옵니다. 나의 아이가 결혼 후 아이를 낳았을 때 즉 손주가 생기면 '육아 총량의 법칙'에 따라 그동안 못했던 아쉬움을 충만하게 채우며 느끼는 기회가 있을 테니 너무 마음에 두지 마세요. 그렇게 생각하시고 당장 나의 일을 그만두는 것보다 아이와 함께 잘 견뎌 보시길 권합니다. 자신의 커리어를 육아 때문에 잃고 혼자 스트레스를 받아서 우울한 엄마로 지내는 것보다 훨씬 나을 수 있을 테니까요. "우린 둘 다 잘하고 있는 거야. 앞으로도 잘 할 수 있어!"라고 마법의 주문을 외우면서 말입니다.

그대에게 띄우는 편지 05
이경숙

결혼을 앞둔 5년 차 직장인 딸에게
보내는 편지

사랑하는 지원에게

결혼 준비는 잘 되어가고 있니? 네가 결혼을 하겠다 했을 때 기쁘면서도 당혹했던 그 순간이 지금도 생생하다. 아직도 아기 같고 마냥 귀여운 소녀 같은데 어느새 성인이 되었고, 직장 5년 차라는 것도 놀라운데 결혼이라는 새로운 인생의 관문에 들어선다고 하니 엄마로서, 인생을 먼저 살아온 직장인 선배로서 몇 가지 해주고 싶은 이야기가 있단다.

결혼은 하는 그 당시에는 잘 모르지만, 인생에서 가장 큰 변화를 가져오는 기적적인 사건이란다. 결혼 전까지는 네 인생의 주인공은 너였고, 네가 결정하는 대로 책임을 지면 되었지. 하지만 결혼과 동시에 주변에 새로운 가족이 생기고 그만큼 행복도 고민도 1+1 같이 원하지 않아도 함께 따라온단다.

그럴 때마다 잊지 말아야 할 것이 있다. 둘 다 처음이라 조금은 모자랄 수 있고 서투를 수 있다는 것을 인정하는 일이야.

일할 때는 그 서투름을 반드시 수정해야 하고 완벽한 마무리를 위해 고민하고 따지고 짚고 넘어가야 하지만, 결혼생활에서는 너의 다른 모습인 '부케'가 필요하단다. 서툰 둘이 모여 슬기로운 한 쌍이 되어가는 노력이 요구된다는 말이야. 항상 같이 고민하고 같이 해결하면서 예상치 못한 일이 생기더라도 '뭐 그럴 수도 있지' 하면서 앞에 펼쳐진 상황을 있는 그대로 받아들이는 내공을 쌓으렴. 그럴 땐 직장에서 쌓은 내공이 결혼생활에 도움이 될 때가 있더구나.

훗날 아이를 낳아 기를 때도 마찬가지란다. 완벽한 엄마가 되기보다는 서툴지만 최선을 다하는 엄마가 되면 좋겠다. 꼭 1등 아이, 1등 엄마로 살기보다는 오히려 아이와 네가 공유하는 행복한 순간을 있는 그대로 즐기면서 행복을 만끽하는 지혜로운 엄마가 되길, 그 과정을 즐기기를 너의 엄마는 바란다.

두 번째는 네 인생의 우선순위를 정해 두길 바란다. 그게 직장 내 성공일 수도 있고, 경제적인 독립일 수도 있고, 아니면 때론 배우자와 함께하는 행복이 될 수도 있겠지. 그건 너와 이제 새로운 가족이 되는 너의 배우자가 함께 의논하여 결정하면 좋겠다. 함께 사는 사람과 같은 목표를 가지고 사는 건 참으로 중요하단다. 그러면 어떤 결정의 순간이 왔을 때 고민하느라 사용하는 에너지를 줄일 수 있고 마음의 안정을 위한 근거가 되기도 한단다.

셋째는 비워낼 줄 알아야 한다는 것이다. 아직은 청춘, 채우기에 급급한 시기일 테지. 하지만 그게 마음이든, 일이든, 인간관계이든⋯ 채우기보다 비우기가 더 중요하단다. 그리고 그 비움이 긴 인생의 마라톤을 완주하는 데 상당히 도움이 된단다. 한 번쯤은 잠시 쉬어 가며 지금 내가 어디에 있는지, 잘 가고 있는지, 자신을 돌보는 시간을 가져야 한단다. 안 쓰는 물건을 버리고 정리하듯 마음속의 쌓아 둔 감정과 생각도 정리하면서 살아가야 새로운 것을 담을 수 있단다.

그러기 위해선 평소에 네 자신에게 늘 관심을 가져야 하지. 무슨 생각을 하고 사는지, 어떤 희망과 꿈이 있는지, 너만 알 수 있는 너의 목소리에 항상 귀 기울여야 한단다. 물론 함께하는 사람에 대한 관심도 잊지 말아야 하고.

내가 너에게 들은 말 중에 속상하면서도 뿌듯한 문구가 있단다. 특히 회사에서 시간 가는 줄 모르고 야근 후 퇴근길에 전화하면서 하는 말, "엄마, 나 엄마 닮았나 봐."

속상한 건 그게 얼마나 힘들고 애써야 하는 일인지 알기 때문이고 뿌듯한 건 그래도 내가 우리 딸한테 열심히 살아온 엄마의 모습을 보여준 것 같아서란다.

"잘 할 수 있어 우리 딸, 행복하렴."

언제든지 너의 수다 친구가 되어 줄 준비가 된
너의 1호팬 엄마가

사회와 가정, 커리어와 양육 둘 다 성공할 수 있을까요?

하정미 한국폴리텍대학 교수

대학병원 3교대 근무 중인 삼십 대 초반의 간호사입니다. 남편은 중소기업 엔지니어로 야근과 해외 출장이 잦습니다. 양가 부모님은 부산에 거주하시고 있어요. 남편과 저는 모두 아이를 좋아하여 일찍 결혼하여 아이 갖기를 원했지만, 경제적인 부분과 커리어를 고려하면 쉽게 결정을 하기가 어렵습니다. 특히, 아이를 낳으면 제 커리어가 단절되어 다시는 자신의 일을 가질 수 없는 건 아닌가 두렵습니다. 왜 자꾸 육아가 커리어의 걸림돌로 느껴질까요? 사회와 가정, 커리어와 양육 둘 다 성공할 수는 없을까요?

가 보지 않은 길 앞에서의 두려움

●

아직 가 보지 않은 길에 접어들 때면 언제나, 누구든 걱정이 앞서기 마련입니다. 정말 잘 해낼 수 있을지, 커리어의 흐름에서 이탈되면 다시 돌아올 수 있을지, 아파트 대출금은 다 갚을 수 있을지, 직장생활과 육아 모두 건강하게 잘 감당할 수 있을지…. 부딪히기도 전에 수많은 걱정과 가정이 가슴을 답답하게 만듭니다.

3교대 근무에 지친 몸으로 퇴근길 지하철에서, 해외 출장 중 호텔 방에서, 우리는 같은 고민을 반복하기 십상입니다. '과연 지금이 맞는 시기일까?' 하고요. 특히나 오늘날과 같이 급속한 기술 변화로 미래를 예측하기 힘들 때는 더욱 고민스러울 테지요. 하지만 먼저 이 길을 걸어간 선배로서 저는 분명하게 말씀드릴 수 있습니다. "커리어는 멈추지 않는다. 잠시 쉬어 갈 뿐이다!"라고요. 환경이 빠르게 변하면 그에 따라 우리도 각자의 길을 변화에 따라 개척할 수 있습니다. 그러니 현재를 기준으로 미래를 미리 고민하지 마십시오.

100세 시대, 우리의 성장은 지속된다

●

100세 시대를 살아가는 지금, 우리가 마음먹기에 따라 우리는 지속적으로 성장할 수 있으며, 지금의 시간은 앞으로 당신이 써나갈 수많은 챕터 중 하나에 불과합니다. 잠시 멈추었다가 더 단단하게, 더 넓은 시야로, 더 지속 가능하게 성장할 수 있으리라 믿습니다.

나 역시 삼십 대 초반에는 커리어와 육아 모두를 해내려고 하니 두려움에 망설이기도 했습니다. 특히, 박사학위 수료 후 마지막 논문 준비가 길어지면서 점점 지쳐가고 있었습니다. 처음에는 '학위 취득 후', '조교수 승진 후' 하면서 미루었지만 임신과 출산 역시 시기가 있기에 육아, 논문 준비, 직장 모두를 함께해 보기로 결심했답니다.

돌이켜 생각해 보면 망설이던 그때 아이를 낳아 키우면서 커리어를 이어가기로 한 건 정말 잘한 결정이었다고 생각해요. 그때 조언해 준 선배들께도 감사하고요. 자녀는 건강하게 잘 자라 주었고, 남편 역시 부모로서의 역할을 잘해 주었답니다. 시간이 날 때마다 자녀와 함께하는 여행은 여전히 내 삶의 활력소가 되고 있답니다.

두려움을 벗어나서 현실을 보라

•

새로운 도전이나 환경을 접할 때 늘 나에게 용기를 주기 위해 하는 말이 있습니다. "두려움은 자연스러운 감정이다. 하지만 두려움이 결정을 대신하게 해선 안 된다." 경력 단절에 대한 걱정은 직장을 다니는 모든 이, 특히 일하는 여성에게는 두려움의 대상입니다. 하지만 법 제도와 조직 문화의 변화로 출산과 육아는 이제

'공백'이 아닌 '흐름'으로 받아들여지고 있습니다. 동료들도 서로의 삶을 이해하려 하고, 시스템이 육아휴직을 어느 정도 감당해냅니다.

요즘은 우리 주변에서 육아휴직 중인 직원들을 어렵지 않게 만날 수 있습니다. 두 가지 사례만 들어 보겠습니다. 공공기관에 근무하는 홍 대리는 3년 전 출산 직전에 대리로 승진했지요. 승진 후 얼마 안 지나 출산하여 출산휴가와 육아휴직을 유연하게 이어서 사용하며 2년 동안 몸을 추스르고 차분하게 육아를 하다 복귀하였습니다. 휴직하는 동안 대체 인력이 그 공백을 감당했기에 육아에 전념할 수 있었고, 복귀 후 그는 더 깊은 이해력과 조직에 대한 충성심으로 업무를 이어가고 있습니다.

병원에서 근무하는 김 간호사도 마찬가지 경우입니다. 3교대 근무의 피로감에 지쳐 있던 그녀는 육아휴직을 통해 재충전의 시간을 가졌습니다. 복귀 후에는 육아 경험을 바탕으로 소아과 전문 간호사로 자신의 커리어를 발전시킨 경우였답니다.

대부분의 조직은 시스템이 일하기 때문에 우리의 우려와는 달리 큰 어려움은 없습니다. 오히려 출산과 육아를 비롯하여 엄마의 역할이 절실할 때는 조직의 양해를 구할 수 있다는 은근한 기대감 속에서 더 열심히 일에 몰두할 수 있다고 합니다. 그러니 아이를 낳고 2, 3년 쉬어 가는 것도 나쁘지 않습니다. 육아가 커리어에 치명적인 영향을 미칠 거라는 생각은 구시대적인 사고에 불과할 뿐입니다.

여전한 현실의 어려움들

•

물론, 아직 모든 조직이 완벽한 것은 아닙니다. 구시대적 시선과 민폐론은 여전히 남아 있습니다. 2025년 1월, 청주의 한 중학교에서 육아시간을 신청한 여성 교사들이 '민폐 교사'라는 시선에 시달린다는 내용이 한 언론에 보도되기도 했습니다. 「"육아시간 쓰면 민폐 교사?"…'엄마 선생님' 거리 나선 이유」라는 이 기사에서는 청주의 한 중학교 엄마 교사들의 항변 내용을 다루고 있었습니다. 교사는 모성보호 시간이나 육아시간을 신청했는데, 관리자는 지각·조퇴·연차를 사용하라는 회신이 돌아온 것에 대해 '엄마 선생님'들이 거리로 나섰다는 이야기였습니다.

국가에서 정한 「남녀고용평등과 일·가정 양립지원에 관한 법률」은 공무원, 공공기관, 대기업에서 솔선수범하여 지키는 줄 알았는데, 이 기사에 따르면, 학교에서조차 쉽지 않은 게 현실이구나 하고 느낄 수 있습니다. 하지만 실망할 필요는 없습니다. 언론은 종종 극단적인 사례를 조명하는 데 더 익숙하기 때문입니다.

문제는 학교라서, 중소기업이라서 이런 문제가 불거지는 것이 아닙니다. 시대가 바뀌었는데도 구시대적인 관리자가 우리 주변에 아직 남아 있기 때문에 빚어지는 것입니다. 지금은 과도기를 지나고 있습니다. 사회의 변화에 발맞춰 조금 더 현명하게 극복할 수 있으리라 믿습니다. 이러한 변화는 우리가 만들어가는 중이니까요.

가족에게서 받는 행복감은 그 어떤 것보다 크다

•

옛말에 "제 먹을 것은 타고 난다"는 말이 있습니다. 아이가 태어나면 그 아이가 살아가는 데 필요한 자원이나 복을 함께 가지고 태어난다는 뜻입니다. 요즘에는 이 말을 믿지 않는 분들이 많은 듯합니다. 하지만 나는 이 말을 경험으로부터 확신합니다. 아이가 태어나는 순간부터 그 아이의 인생에 필요한 것들이 자연스럽게 채워질 것이라는 믿음을 가지고 어떤 상황에서도 긍정적으로 생각해 왔습니다.

나의 경우 양가 부모님은 300킬로미터 이상 떨어진 곳에 사셨고, 연세가 많으셔서 아이를 키우는 데 전혀 도움을 받지 못했습니다. 그래도 주변 지인들의 도움으로 건강하고 행복한 아이로 잘 자라 주었지요. 초등 1학년 1학기까지 베이비시터의 도움을 받았습니다. 그후로는 학교, 학원을 스스로 가면서, 엄마 아빠 퇴근 시간까지 집에서 강아지와 어울려 놀면서 잘 자라 주었습니다. 중간중간 힘든 시간도 있었지만, 부부가 적절히 연차를 활용하면서 아이의 성장을 잘 지킬 수 있었지요.

2024년 주민등록 출산 등록 수가 24만2천여 명으로 부모 세대의 출산 등록 수의 3분의 1 수준이 되었다고 합니다. 그만큼 학교생활, 사회생활에서의 경쟁이 덜 치열할 수 있다는 방증이기도 합니다. 치열한 경쟁사회에 밀어 넣지 말고 아이들을 행복하게 키우겠다는 마음만 가진다면 육아에 그렇게 많은 비용을 지불할 필요가 없다고 믿습니다. 무엇보다 직장생활로 지친 몸과 마음에 육아는 새로운 활력이 될 수 있다고 확신합니다.

'무자식이 상팔자'에 동의하시나요? 아니면 '저다 버릴지언정 자식이 좋다'에 동의하시나요? 자녀가 있거나 없거나 어느 쪽이 '훨씬 더 좋다'고 단정 지을 수는 없을 테지요. 각자의 가치관에 따라 선택은 달라질 수 있을 테니까요. 그러나 자녀를 원하지만 다른 조건 때문에 망설이고 있다면 원하는 것을 먼저 가져 보라고 권하고 싶네요. 특히 투자의 관점에서요.

많은 이들이 육아를 '투자'로 보지 않습니다. 나와 함께 한번 곰곰이 따져 보시지요. 내 경험에 비추면 육아의 어려움은 7~8세면 어느 정도 해결됩니다. 삼십 대 초반에 아이를 낳아 기른다면, 삼십 대 후반이나 사십 대 초반부터 100세까지 거의 60년간 아름다운 여행을 함께할 가장 좋은 친구가 생기는 셈입니다. 대략 10년을 투자해 60년을 함께할 수 있다면, 그것은 너무나 명확한 장기 가치투자가 아닐까요.

이를 위해 2, 3년 정도 나의 커리어에 '잠깐 멈춤'을 적용해 보는 겁니다. 그 시간으로 부족하면 배우자의 커리어도 '잠깐 멈춤'을 해보십시오. 커리어의 흐름을 잠시 멈춘다 해도, 그것은 '종료'가 아닌 '전환'일 뿐입니다. 삶의 축이 약간 이동할 뿐, 중심이 사라지는 것은 아니라는 뜻이지요. 그리고 그 전환을 통해 더 단단해진 자신을 만나게 되는 겁니다. 이를 위한 완벽한 조건은 없습니다. 하지만 사랑하는 마음만 있다면 충분하다고 믿습니다.

육아는 커리어의 적이 아니라 더 크게 성장할 기회다

•

커리어와 육아 사이에서 고민하는 모든 이에게 전하는, 진심 어린 응원을 보냅니다. 누구나 한 번은 멈춰야 하는 순간이 있습니다. 중요한 건 그 멈춤이 '포기'가 아니라는 것을 분명히 아는 것입니다.

"육아는 커리어의 적이 아니다. 삶을 더 넓게 보고, 더 크게 성장할 기회다." 저는 가끔 기회가 될 때마다 후배들에게 이 말을 합니다. 이 문장을 믿어도 좋습니다. 그리고 한 가지 더, 당신은 혼자가 아닙니다. 이 길을 먼저 걸어간 선배들이 응원하고 있습니다. 삼십 대 초반, 아직 시간은 충분합니다. 두려움보다는 설렘을, 걱정보다는 기대를 선택해 보세요. 당신이 만들어갈 새로운 인생 이야기가 기대됩니다.

워킹맘의 경력 단절을
피하려면 어떡해야 할까요?

김남주 축산물품질평가원 처장

37세 외국계 제약회사 과장입니다. 여러 번의 이직을 통해 정말 원했던 글로벌 회사에 들어갈 수 있었어요. 안정적인 직장을 가진 남편과 결혼 2년 만에 임신해서 지금 육아휴직 중이에요. 이번 겨울에 복직 예정인데, 본사에서 대규모 구조조정 소식이 있어서 복직해도 회사 상황이 좋지 않을 게 뻔히 보여요. 휴직을 좀 더 연장해서 이 파도를 피해야 할까요? 아니면 복직에 대비해서 지금 아기 자는 동안 뭔가 준비를 해야 할까요? 육아휴직 후 경력 단절을 피하려면 어떡해야 할까요?

두렵고 불안하기만 한 경력 단절

●

육아휴직 이후를 걱정하시는 마음 충분히 이해합니다. 회사에서 자리를 잡고 이제 경쟁을 뚫고 더 잘할 수 있을 것 같은 시기에 갖는 육아휴직은 마치 경력 단절의 깊은 심연에 빠져드는 것만 같으실 거예요. 사회생활을 하면서 꾸준히 길을 닦아 오신 분에게는 이 시간이 더욱 낯설고 불안할 수 있습니다.

경력 단절에 대한 두려움은 많은 여성이 공통으로 느끼는 감정입니다. 빠르게 변화하는 업계에서 뒤처질까 하는 걱정, 복귀했을 때 다시 자리를 잡을 수 있을까 하는 불안감….

한국의 경력 단절 여성에 대한 이야기는 단순한 통계를 넘어서 우리 사회의 중요한 구조적 현상을 보여주고 있습니다. 한국여성정책연구원의 최근 연구 데이터를 보면, 매년 37.5%의 여성이 결혼, 임신, 출산, 육아로 인해 직장을 떠납니다. 이게 결코 적은 숫자가 아니죠. 제 주변에도 재능 있는 동료, 후배들이 출산, 육아로 경력 단절이 된 경우가 많았답니다.

하지만 더 중요한 건 이런 분들 가운데 절반에 가까운 48.3%가 다시 일터로 못 돌아왔다는 점입니다. 재취업의 여정이 쉽지는 않다는 방증이죠. 경력 단절 여성의 경우 재취업까지는 평균 2.3년에서 3.5년의 시간이 소요됩니다. 더군다나 재취업에 성공한 여성의 대다수가 기존 직종에서 완전히 다른 분야로 전환한다고 합니다.

하지만 두려운 이 시기를 다르게 생각해 볼 수 있습니다. 육아휴직으로 인한 경력의 멈춤이 끝이 아니라 새로운 시작이 될 수 있습니다. 개인의 의지와 꾸준한 노력이 있다면 언제든 다시 일어설 수 있어요.

나는 출산과 육아로 회사를 그만두려는 후배에게 퇴사보다는 먼저 휴직을 권합니다. 그리고 회사로 다시 돌아올 수 있는 기회를 열어 두고, 어렵더라도 제발 돌아오라고 합니다. 그들이 돌아오려는 노력은 무엇이든 결실을 맺을 거라 믿어요.

경력 단절은 새로운 관점을 얻을 기회

●

존경하는 모 신문사 대표님은 여성으로서 방송사 기자에서 신문사 대표까지 오르신 정말 대단한 분이십니다. 아들을 키우면서 워킹맘으로 수십여 년 일하셨고, 수많은 후배와 직원들의 출산과 육아 과정을 지켜보셨던 분이거든요. 그분이 제일 좋아하시는 직원들이 출산하고 돌아온 반짝반짝한 후배들이라고 하시더라고요. 미혼일 때보다 아기를 낳고 쉬면서 자기 일을 더 갈망하며 기다렸고, 책임감도 강해져서 돌아와서 더 열심히 노력하고 잘 해내려고 하는 모습이 참 기특하고 회사 내에서 소중하다고 하셨어요. 많은 후배 기자들이 복직 후 오히려 더 전략적이고 효율적으로 일하고 주요 성과를 만들어냈다고 하시면서, 육아휴직은 경력의 단절이 아니라 책임감이 생기고, 새로운 관점을 얻는 시간이라는 점을 말씀하셨습니다.

나도 어느 날 후배들을 보니, 복직을 하고는 좀 더 현명하게 의사 결정을 하고, 전과 다른 시각을 가진 사람으로 변해서 후배의 성장을 느끼기도 합니다. 이렇듯 육아휴직은 단순한 경력 중단이 아니라 개인의 성장과 새로운 관점을 얻는 정말 귀한 기회입니다. 하버드 비즈니스 리뷰의 최근 연구를 보면, 육아 경험이 직장 내 감정 지능과 리더십 역량을 실질적으로 향상시킨다고 해요.

2023년 하버드 비즈니스 리뷰의 조직 행동 연구팀이 "육아 경험과 전문성 재정립"이라는 논문에서 주목할 만한 결과를 발표했습니다. 육아휴직 후 여성 관리자들의 전략적 사고능력이 29% 향상되고, 다중 상황 대처 능력과 감정 조절 역량이 통계적으로 유의미하게 증가했다고 해요. 육아 경험이 리더십 민첩성에 긍정적 영향을 준다는 내용이었어요. 특히 연구팀에서는 전통적 업무 환경에서는 측정되지 않던 '감정 지능'과 '상황 대처 능력'이 육아를 통해 근본적으로 강화된다는 점을 강조하였습니다. 이 연구에서는 육아휴직을 단순한 경력 중단이 아니라, 개인의 핵심 역량을 재구축하는 중요한 성장 기간으로 정의했어요.

끊임없이 움직이는 아이를 통해 배우는 인내와 창의성, 위기 대처 능력은 어떤 리더십 교육보다 강력합니다. 또한 일과 삶의 균형, 시간 관리, 감정 조절 능력은 직장 내 성과로 직접 연결될 수 있는 중요한 역량입니다. 주목할 만한 점은 이런 능력들이 단순히 육아로 인해 자연스럽게 습득되는 게 아니라, 의식적인 성찰과 학습을 통해 전문성으로 전환된다는 거예요. 육아휴직은 경력의 공백이 아니라 잠재력을 확장하는 중요한 성장의 시기인 거죠.

나 자신과 아이에게 집중하는 시간

•

육아휴직 기간은 아이와 애착 형성에 전념할 수 있는 정말 소중한 시간입니다. 엄마와 아이가 서로의 눈을 맞추고, 스킨십을 나누며, 함께 웃고 우는 과정을 통해 견고한 신뢰 관계가 형성됩니다. 단순한 정서적 유대를 넘어서 아이의 뇌 발달과 스트레스 대응 능력에도 직접적인 영향을 미쳐요. 그리고 일하는 엄마로서 충분한 질적 교감을 가지면서 다시 일터로 돌아가는 힘을 주기도 합니다.

 나도 길지는 않지만 3개월 동안 큰아이를 위해 육아휴직을 가졌습니다. 엄마로서 아이와 많은 시간을 보내고 싶어서 결정했지만, 뒤처질 수 있다는 생각에 두렵기도 했었거든요. 하지만 그 시기에 많이 교감하면서 엄마로서의 나에 대해 생각도 깊이 해보고, 일하는 사람으로서 다시 일터로 돌아가서 경력을 어떻게 꾸려갈지 고민도 많이 하게 됐어요.

 나는 큰아이를 낳고는 회사 분위기도 포용적이지 못했고, 나 자신도 자신이 없어서 선뜻 육아휴직을 쓰지 못했습니다. 그러던 중 둘째는 낳고, 큰아이 초등학교 때 육아휴직을 했습니다. 좀 더 함께 시간을 보내고 싶기도 했고, 나에게도 쉼이 필요했습니다. 짧은 기간이었지만, 아이가 원했던 대로 학교 등굣길에 손을 잡고 가기도 하고, 하교하면 간식을 만들어 주기도 하고, 학교생활을 시작한 아이와 이런저런 경험을 많이 하였답니다. 그때 일에 대한 고민도 하던 터라, 회사 다니는 동안 못했던 진로에 대한 고민, 나 스스로에 대한 성찰을 더 깊게 했었습니다.

물론 복귀 후에 일정 기간 힘들었습니다. 나 역시 팀장이었던 시기에 3개월 휴직을 한 터라, 복직하니 상사가 바뀌어 휴직 자체를 이해해 주지 못했고, 본사 사무직 첫 번째 육아휴직자이다 보니, 포용적인 환경이 아니어서 꽤 고생을 했습니다. 하지만 한참이 지난 지금에 돌이켜 보면 그때 그 결정을 하고 아이들과 보낸 시간과 일하면서 한 번 쉼표를 가진 시간을 후회하지 않아요. 그래서 후배들이 의견을 물어보면 계속 일하고 싶다면 육아휴직은 하라고 권합니다.

휴직 기간에 업무에서 너무 멀어지는 것에 부담이 있으시다면, 프로로서 전문성을 유지하기 위해 가벼운 접근을 고려해 보세요. 관심 분야 최신 트렌드를 월 1~2회 정도 확인하고, 핵심 네트워크와 느슨하게 네트워킹을 유지하고, 일하는 동안 놓쳤던 관심 분야를 조금 더 탐색해 보는 접근이 현실적으로 도움이 될 거예요. 포인트는 '가볍고 느슨하게' 하시는 거예요.

특별한 순간임을 기억하세요

●

지금 인생에서 가장 특별한 순간을 살고 계세요. 경력이 중단된 게 아니라, 오히려 삶에 깊이를 더하는 귀중한 시간을 보내고 계신 거예요. 눈앞의 작은 생명이 하루하루 자라나는 모습을 지켜보면서, 함께 성장하고 계신다는 점 잊지 마세요.

이 시간은 결코 공백이 아니고, 오히려 미래를 위한 가장 값진 투자입니다. 숨 가쁘게 달려온 지난 시간을 돌아보고, 새로운 시각으로 세상을 바라볼 수 있는 소중한 기회로 생각하세요. 아이와 함께하는 매 순간이 더 풍요롭고 단단한 사람으로 만들어가고 있거든요. 그리고 아이의 성장과 함께 나의 성장도 함께해야 한다는 걸 더 절실히 느끼게 되고요.

지금까지의 여정, 이 모든 것들이 지금을 만들었어요. 복귀 후 다시 열심히 달리실 테니까 지금은 조금 여유를 가지셔도 됩니다. 그리고 인생의 동반자인 남편에게도 육아휴직의 기회가 이제는 많이 열렸으니까 함께 동참해서 긴 육아와 경력의 길에 함께 하시길 추천합니다.

결혼과 출산이
커리어의 장애가 될까요?

주현영 법무법인 세종 변호사

저는 삼십 대 초반의 여성 변호사입니다. 아직 결혼은 하지 않았고요. 남자친구와 연애는 하고 있지만, 몰아치는 이메일과 전화 등으로 바쁘거나, 주말에도 일을 해야 할 때면 '과연 결혼을 하고, 육아를 하게 되면 이 일을 감당할 수 있을까? 결혼과 육아의 공백으로 경력 계발에 문제가 발생하지 않을까?' 고민이 되어 결혼이 망설여집니다. 특히 아이를 낳는 것은 더욱더 망설여집니다. 결혼과 출산이 여성의 커리어에 장애가 되는 건 아닐까요?

세상에는 다양한 사람들이 각자의 상황에 따라 살아가요

•

직장생활을 한 지 어느덧 22년이 되었고, 이제 나이도 사십 대 후반이 되었네요. 비혼주의자는 아닌데 이런저런 사정으로 결혼 적령기가 지나가고, '어' 하다 보니 결혼을 하지 않은 상태로 사십 대 후반을 맞이하게 되었습니다.

보통 "결혼과 육아가 여성의 커리어에 장애가 되는 건 아닌가요?"라는 질문에 대한 대답은 결혼과 육아를 모두 경험한 분이 답하시는 것이 일반적이고, 더 정확할 수도 있을 듯합니다. 하지만 미혼의 사십 대 후반에 이른 직장인이 바라보는 '결혼, 육아까지 병행하고 있는 슈퍼우먼인 여성 선후배, 동료들'에 대한 솔직한 심정을 말해 볼까 합니다. 어쩌면 좀 더 객관적인 시선으로 볼 수도 있을 테니까요.

결혼하지 않는 여성도 늘어나고, 결혼이 전반적으로 늦어지는 추세라고는 하지만, 내 주변에는 직장을 다니는 기혼 여성이 여전히 많습니다. 그중에는 아이가 없는 분도 있고, 육아와 일을 함께 하느라 늘 지쳐 있는 분도 있고, 이제 자식을 대학교에까지 입학시킨 분도 있습니다. 이런 다양한 분들이 저마다 아이가 몇 명인지, 아이가 몇 살인지, 양가 부모님이 아이를 돌봐 줄 수 있는 상황인지, 남편의 경제적 능력이 어느 정도인지 등 각자의 입장에 따라 제각각 고민도 대응 방안도 모두 다른 것 같더군요. 어쩌면 그런 다양한 대응 방안이 생기는 게 정상일 테지요. 삶의 조건이 다른데 답이 하나일 수는 없을 테니까요.

결혼과 육아가 커리어에 장애가 된다고? 과연 그럴까?

질문으로 다시 돌아가서, '결혼과 육아가 여성의 커리어에 장애가 되는 건 아닌가요'라는 질문에 대한 나의 답변은 '장애가 되지 않는다'입니다. 웃기면서도 슬픈 상황이지만, 결혼과 육아를 하지 않은 내가 그들보다 더 나은 커리어를 가지고 있지 않습니다. 결혼과 육아가 커리어에 진정한 장애였다면 내가 그들보다 커리어에 있어서 훨씬 우위를 점해야 할 텐데, 그렇지 않은 게 현실입니다. 개인적으로 너무 아쉽지만, 나는 내가 다니고 있는 로펌의 결혼한 여자 변호사들보다 연봉도 명성도 더 높지 않습니다. 그리고 결혼과 육아를 하지 않는다고 하여도 인간이라면 누구나 고민과 고충은 있기 마련이므로, 그들보다 더 행복한 삶을 살고 있지도 않다는 게 현실입니다. 그래서 나는 결혼과 육아가 커리어에 장애가 될 것이라고 막연히 걱정하는 분들에게 "결코 장애가 아니다"라고 이야기하고 싶습니다.

당연히 가 보지 못한 길이니 알 수야 없지?

그러면 여기에서 일부 독자들의 반발이 들어올 수도 있을 테지요. 당신이 결혼, 육아를 했다면 현재 그 수준에도 이르지 못했을 것이라고요. 결국 결혼, 육아를 하지 않아서 현재 수준이라도 유지하고 있는 것이라고 말입니다. 물론 그럴 수도 있고, 아닐 수도 있겠지요. 가 보지 못한 길이고, 다양한 변수가 있는 게 인생이니 이러한 반발도 틀린 것은 아닐 겁니다. 결국 정답은 없는 문제이니 다양한 생각이 존재할 수 있다고 생각합니다. 그러나 나는 다음과 같은 점은 분명히 말하고 싶습니다. 결혼생활과 커리어를 모두 잘 가꾼 여성이 세상에는 참 많다고요.

나의 직장생활을 돌이켜 보면, 나는 결혼, 육아를 하는 여자 동료 때문에 업무적으로 어려움이나 불편함을 경험해서 그들과 업무를 하고 싶지 않았던 적은 없었습니다. 물론 맘에 들지 않는 여자도 있었지만, 단언컨대 그것은 그의 개인적인 성향이나 업무 스타일 때문이지 육아를 하는 상황 때문은 아니었습니다.

때로 귀찮은 경우가 전혀 없지는 않았습니다. 업무를 같이 해 오던 동료나 후배 변호사가 출산, 육아 등으로 장기 휴가를 내는 경우에는 같이 하던 업무를 오롯이 혼자 감당해야 해서 귀찮은 적이 있었던 것은 사실입니다. 그렇다고 그러한 불편함이 같이 업무를 하고 싶지 않다거나 향후 업무에서 배제하고 싶어질 만큼의 불편함은 아니었습니다.

대부분의 여자들은 자신이 맡은 업무를 주어진 상황에서 최선을 다해서 수행하더군요. 물론 그분들이 그렇게 해내기 위하여 보이지 않는 곳에서 얼마나 애쓰고 많은 에너지를 사용하였는지는 내가 상상하기는 어렵겠지요. 그렇지만 내 주위의 많은 여자분들은 자신만의 방식으로 이 문제를 해결했고, 앞으로도 해결하리라 믿습니다.

여기서 결혼 안 한 여자로서 내가 가끔 짜증 나는 포인트는 오히려 다른 곳에 있습니다. 가끔 육아에 지친 여자들이 나에게 와서는 "아이들을 케어하는 것 자체가 너무 힘들다. 혼자만의 시간을 가지기도 힘들고, 그래서 결혼을 하지 않은 네가 너무 부럽다", "일에 더 몰입할 수 있으면 좋겠다"라고 어려움을 토로하는 경우입니다. 그들은 알까요? 사실 그들은 어려움을 토로하는 와중에도, 나에게 은근히 남편 자랑, 아이 자랑을 늘어놓으면서 내 염장을 지르는 경우가 훨씬 많다는 것을 말입니다. 아이들이 얼마나 자기를 좋아하고 따르는지, 그래서 아이들이 얼마나 예쁜지 등 결국 내 입장에서는 자랑질에 가까운 경우가 많았는데, 그것이 짜증이 났던 것이지요.

결혼을 안 했다고, 아이가 없다고, 더 커리어에 집중하는 것은 아니에요

•

앞에서도 이야기했지만, 내가 결혼을 안 했다고, 아이가 없다고 그들보다 더 업무에 집중하는 것은 아닙니다. 나는 결혼도 안 하고 아이도 없으면서 일에도 몰입하지 않는 게으른 사람인 걸까요? 물론 사십 대 후반이 된 요즘에는 가정도 없고, 업무적으로도 그저 그래서 내가 살면서 이루어 놓은 것이 아무것도 없는 것 같아 왠지 우울해질 때도 있습니다. 가끔 기혼자 위주의 일상생활에서 사람들이 아이들 이야기, 배우자 이야기를 하게 되면 나 스스로는 할 말이 없어지기도 하고, '아이들이 없어서 돈 쓸 데가 없지 않냐'고 할 때면 '아이들 없어도 돈 쓸 데는 많은데…'라며 속으로 중얼대곤 합니다. 또한 아직도 '결혼을 하지 않은 사람은 어른이 아니다'라는 생각, '결혼을 하지 않은 데에는 나름의 이유가 있을 것이다'라는 편견으로 나를 제대로 철들지 못한 사람으로 보는 시선 때문에 힘들기도 하고요.

여러분, 내가 너무 징얼댔나요? 물론, 나는 여기서 결혼을 못한 여자로서 힘든 점에 대하여 어리광을 부리려는 것은 아닙니다. 그저 결혼과 육아를 하는 것과 커리어와는 상관이 없다는 점, 커리어만이 삶의 목표는 아니라는 점, 그리고 결혼과 육아를 하지 않고 자유롭게 산다고 하여 마냥 편한 것은 아니라는 점을 내 입장에서 솔직하게 이야기하는 것입니다.

그렇다면, 결혼을 못한 나는 루저인가요? 나는 그렇게 생각하지 않습니다. 그냥 각자의 상황에 맞는, 각자의 삶의 방식에 대한 선택일 뿐이니까요. 사람들은 각자의 삶의 방식에서 주어진 조건 하에 최선을 다하여 살고, 그러다 보면 최선의 방식을 찾을 수도 있고 영영 못 찾을 수도 있습니다.

현재 직장을 다니면서 커리어 때문에 결혼과 육아를 고민하는 후배들에게 이야기하고 싶습니다. 경력을 쌓는 것과 육아를 병행하기가 쉽지는 않겠지만, 다 자신의 상황에 맞게 해결책이 생기고 인간은 적응할 수 있으므로 커리어 관련하여 결혼과 육아를 겁낼 필요는 없다고요. 이 책에 등장하는 많은 선배들이 그 방법을 알려 줄 거라고. 그리고 점점 세상은 바뀌어서 더 많은 해결책이 존재할 것이라고 말입니다.

마지막으로, 나에게도 다짐합니다. 내 남은 인생에서도 좋은 대학 간 자식 자랑, 이쁜 손자·손녀 자랑, 화목한 가족 여행 자랑 등 기혼 여성들의 자랑질과 독거노인과 외로움에 대한 염려에 마음의 단련이 필요하겠지만, 나 또한 나만의 방식으로 행복하게 잘 살겠다고 말입니다.

대체 불가능한 사람

지속적으로 성장하려면
어떻게 해야 할까요?

이서연 한국자기경영연구소 대표

저는 두 딸을 키우는 삼십 대 후반의 워킹맘입니다. 이십 대에 결혼한 후 저의 경력은 자연스럽게 멈추었고, 두 아이를 연년생으로 낳으며 자연스럽게 전업주부로 살았습니다. 아이들이 학교 들어가기 전 저는 워킹맘으로 살아가기 위해 취업할 곳을 알아보았죠. 제 나이가 삼십 대 중반을 향해 가다 보니 취업도 쉽지 않았어요. 여러 번 취업 문을 두드린 결과, 다행히 아르바이트부터 시작해서 정규직으로 입사할 수 있었습니다. 취업만 하면 끝일 줄 알았는데 워킹맘으로 살아가기가 여간 어려운 게 아니더군요. 가정과 직장 모두에서 인정받으려고 나름 노력을 하고 있지만, 현실은 만만치 않았습니다. 지치지 않고 지속적으로 성장할 힘과 일하는 여성으로 인정받고 싶은데 어떻게 해야 할까요? 특히 우리 조직은 여성이 성장하기 어려운데 이곳에서 과연 내가 얼마나 성장할 수 있을지 걱정입니다.

도전하라, 얻을 것이다

•

직장생활을 하면서 따로 자기계발을 하기는 쉽지 않습니다. 맡겨진 회사 업무만 하더라도 야근이나 휴무 없이 해야 하는 경우가 많을 정도니 따로 시간을 내서 자신을 위해 무언가를 하기는 심적으로나 물리적으로 어렵거든요. 그래도 시간이라는 것은 참 이상해서 무엇을 하든 하지 않든 흐르기 마련입니다. 이런 생각을 평소에 많이 하다 보니 힘들어도 일단 무언가를 시도하는 쪽입니다. 이런 성격이 나의 장점 중 하나라면 하나일 겁니다. 모든 일을 시작할 때 생각을 많이 하고 결정하는 편이지만, 결국엔 고민하던 일을 실천에 옮깁니다. 지나고 보니 핑계 대지 않고 뭔가 해보려고 도전했던 경험에서 자신감을 갖게 되었고, 그러면서 결과로도 나타났던 것 같습니다.

한번은 운전면허를 따야겠다고 다짐했습니다. 그런데 바로 그때 '과연 할 수 있을까? 정말 합격할 수 있을까? 아니 제대로 학원을 다닐 수나 있나' 스스로 의심이 들더군요. 그래도 회사 업무를 마치고 저녁반에 등록하여 힘든 몸을 이끌고 연습을 한 결과, 면허증을 손에 넣게 되었습니다. 그때 너무 기뻐서 날뛰던 기억이 지금도 생생합니다. '운전면허 취득이 뭐가 대단하냐'고 생각할 수 있겠지만, 주말에도 근무하면서 쉬는 날 없이 일하던 내가 합격할 때까지 끝내 포기하지 않고 다녔던 게 스스로도 믿기지 않을 만큼 대견해서 더 기뻤습니다.

그러다 또 공부하고 싶은 분야가 있어서 다시 학업에 도전하고 싶어지더군요. 그런데 막상 시작하려니 '잘 할 수 있을까, 마무리까지 잘 해낼 수 있을까' 등 여러 가지 고민이 또 몰려들더군요. 한동안 고민하다 용기를 내서 일단 시도해 보았습니다. 그래서 다행히 학업도 마치고 학위도 취득할 수 있었지요. 이 경험을 통해 일단 시작하고 나면 실패든 성공이든 결과가 보인다는 진리를 깨닫게 되었습니다. 그러자 그 이후로 더 많은 일에 자신감을 갖고 도전을 하게 되더군요.

작더라도 해낼 수 있다는 성취감을 맛보고 나니 자신감이 점점 커졌습니다. '내가 무엇을 하든 하지 않든 간에 시간은 변함없이 흐른다. 고로 무언가를 하게 되면 반드시 결과물은 생긴다'라는 믿음은 늘 나를 도전하게 만드는 스스로 만든 명언이 되었답니다.

대체할 수 없는 사람이 되는 일

●

조직생활을 하면서 내가 또 하나 도전했던 사례 중 하나는 교육 담당자로서의 업무를 추가로 맡게 된 일입니다. 그때 당시 맡고 있던 업무도 많이 벅차고 여유가 없었는데, 고유 업무 외에 직원들을 교육하는 업무를 추가로 떠맡게 된 것이었습니다. 다른 직원들은 '굳이 돈을 더 받는 것도 아니고 따로 인센티브가 있는 것도 아닌데 그 일을 왜 하냐고 손사례를 쳤던 일이었거든요.

사실 교육 담당자 역할은 쉽지 않았습니다. 교육 프로그램도 구성해야 하고, 강의도 해야 합니다. 그러기 위해 스스로 공부도

해야 하는 이중 삼중의 추가 업무였던 거죠. 그런데 그때 나는 무슨 생각을 했던 걸까요? 당연히 힘들 거라는 예상을 하면서도 왜 자원했을까요? 아마 나는 예측할 수 없는 미래에 대한 두려움으로 준비를 하고 싶었던 모양입니다.

회사 경영방식이 자주 바뀌고 정직원이라는 구성원 외에 용역직, 계약직, 아르바이트 등 다양한 인력 채용 방식이 도입되고, 잦은 인사이동으로 조직은 늘 어수선했습니다. 그래서 심적으로 위기의식도 많이 느끼면서 '무언가 준비를 해야겠다'라는 생각을 하고 있었던 것이죠. 주변에는 나를 걱정해 주시는 분들이 많았습니다.

하지만 나는 오히려 다른 '관점으로 생각'해서 내가 다른 분야의 업무를 익히고 배우는 성장의 기회가 될 거라고 생각했습니다. 다른 관점으로 생각해 보니 이번 기회가 교육 업무에 대해서도 배우고, 책도 많이 읽고, 그러면서 새로운 커리어도 생기는, 내가 성장할 수 있는 아주 좋은 기회로 느껴졌습니다. 그래서 "제가 해보겠습니다"라고 스스로 자신 있게 지원을 했던 것입니다.

호기롭게 시작했던 일! 예상했던 대로 생각보다 쉽지 않았습니다. 집에서는 두 아이 육아를 하고, 직장에 가면 매일 쏟아지는 업무를 감당해야 했죠. 자주 집에까지 일을 가져와서 늦게까지 일을 해야 하는 상황이 펼쳐졌습니다. 새벽마다 강의장에 일찍 나와서 100개가 넘는 의자를 혼자 세팅하느라 허리를 삐끗하기도 하고, 퇴근하고 집에 와서 교육 과정을 개발하느라 아이들과 놀아 주지 못해서 전전긍긍하기도 했습니다.

그런데도 열심히 목적을 가지고 해나가다 보니 보람도 느끼게 되었습니다. 무엇보다 이 일이 나에게 너무 잘 맞는다는 생각을 하게 되었거든요. '교육 일이 나에게 잘 맞으니 평생 이쪽 분야 일을 해봐도 좋겠다'라는 생각이 들 정도였습니다. 제2의 진로를 새로이 찾은 듯했지요. 보람을 느끼다 보니 회사 일도 더 신이 나고 활력 있게 할 수 있었습니다. 추후 이 일이 퇴사 후 나의 제2의 인생 진로가 될 줄은 그때 당시는 몰랐습니다.

그리고 회사가 급변하는 흐름에 따라 대대적인 구조조정이 매번 있었지만, 그때마다 교육을 담당하고 있었기 때문에 구조조정의 칼날을 다행히 비껴갈 수 있었습니다. 내가 하고 있는 교육 업무를 대체할 사람이 없었기 때문이었죠. 조직에서 대체할 수 없는 사람이 되는 것은 매우 중요합니다. 결국 나만이 할 수 있는 일, 내가 아니면 안 되는 나만의 역량과 강점을 갖추는 것도 조직생활에서 나를 지키는 일입니다.

기회는 언제 찾아올지 모릅니다. 그러나 분명한 건 기회는 준비된 자에게 찾아온다는 겁니다. 그런 점에서 조직에서 어느 날 문득 내 업무 외에 다른 업무를 맡게 된다면 좀 더 적극적으로 임하면서 기회로 만들어 보십시오. 그 상황을 힘들고 귀찮다고 생각하기보다 이 일로 내가 더 성장할 수 있다고 생각해 보세요. 그럼 그 새로운 업무가 다른 의미로 다가올 겁니다. 그 일이 언젠가는 나의 인생에 어떤 영향을 끼치고, 새로운 기회를 가져다줄지도 모르니까요.

여기서 한 가지 더, 개인마다 일에 대한 의미나 일을 대하는 마음가짐이 다를 수 있습니다. 하지만 똑같은 현상에 대해 나의 생각을 어떻게 바꾸느냐에 따라 받아들이는 감정과 태도가 달라지더군요. 내가 받는 어려움, 힘듦, 모든 스트레스도 조금은 덜하지 않을까 하는 생각입니다. 어차피 나에게 주어진 일은 바꿀 수 없으니까요. '어렵다, 귀찮다, 힘들다'라는 부정적인 생각을 가지기 쉽지만, 이 일로 인해 내가 새로운 영역을 알게 되고 배우게 된다면 나의 큰 자산이 될 테니까요. 오히려 '나의 커리어를 업그레이드할 수 있는 경험이 되겠지'라는 긍정적인 방향으로 조금 바꿔 보면 그래도 힘이 되지 않을까 싶습니다. "제가 하겠습니다", " 제가 한번 해보겠습니다"라며 번쩍 든 나의 손이 가끔은 후회하는 일도 있지만, 이런 나의 무모한 적극성이 나를 다른 세계로 이끌었다고 생각합니다.

자기계발은 자기 인식에서 출발

•

지금은 주 5일제가 정착되고, 주 4.5일제까지 논의되고 있지요. 물론 연차 월차를 자유롭게 사용할 수도 있고요. 내가 직장생활을 하던 그 당시에는 휴가 쓰기가 언감생심이었습니다. 그러다 보니 늘 업무에 치이고 야근도 정말 많이 했었습니다. 하루는 그만 새벽 3시까지 일을 하다가 집까지 걸어간 적도 있었습니다(그나마 걸어갈 수 있는 거리라서 얼마나 다행이던지). 그날따라 집으로 가는 길에 어찌나 서러운 마음이 들던지 나도 모르게 눈물이 왈칵 쏟아지더군요. 그때 그렇게 지독하게 일을 할 수 있었던 이유는 바로 '책임감' 때문이었습니다. 팀장으로서의 책임감, 나 아니면 아무도 이 일을 할 수 없다는 생각과 완벽하게 해야 한다는 책임감…. 그 책임감에 그렇게 일할 수밖에 없었습니다.

그러다가 문득 회사조직이 급속도로 변화하면서 일을 잘하는 방법 그리고 스스로 역량을 준비해 놓아야 한다는 위기감을 자각하기 시작했습니다. 그리고 스스로에게 자주 질문을 던졌습니다. '나는 누구를 위해서 왜 이처럼 일을 하고 있을까?' '무엇 때문에 이렇게 일을 하는 거지?' 스스로에게 이러한 질문을 계속하다 보니 목표를 찾게 되었고 방향을 잡을 수 있었습니다. 그러면서 마음의 여유를 조금씩 찾게 되더군요. 그런 다음 마음을 고쳐먹게 되었습니다.

첫째, 욕심을 내려놓고 '나 아니면 안 된다'는 생각을 내려놓자.

둘째, 작은 일부터 구성원들에게 위임을 하고, 그들에 대한 신뢰감을 갖자.

셋째, 지치지 않고 지속적으로 일하기 위해서는 즐겁게 일을 하자. 이렇게 악으로 일하다가 지쳐버릴 수 있으니 즐겁게 일하자.

이렇게 생각을 고치고 나서 개선 목록을 정하고 행동으로 옮겼습니다. 그리고 개인적인 역량을 기를 자기계발 방법에 대해 고민하고 하나씩 실천해 보았습니다.

회사생활에 여유를 찾으면서 취미생활에 대한 열망을 갖게 되더군요. 내가 회사 다니면서 스트레스도 풀고 새로운 경험을 하기 위해 도전했던 취미생활은 힙합댄스였습니다. 뭔가 내가 몰입할 취미생활을 찾던 중 지금껏 전혀 해본 적 없는 분야인 힙합댄스학원에 덜컥 등록한 것이었습니다. 그리고 꾸준히 그곳에 다녔습니다. 나와 어울릴 것 같지 않은 생소한 분야라서 더 호기심을 갖고 열심히 참석했고, 나와 어울릴 것 같지 않은 분야라서 더 흥미롭게 다녔던 모양입니다.

확실히 새로운 취미생활은 그동안의 회사생활에서 쌓인 스트레스를 날려 주었고, 그동안 내가 몰랐던 나를 발견하게 되었습니다. 자신감도 올라가고 내가 모르는 나의 흥미도 알게 되었죠. 비트 있는 음악과 평소에 잘 하지 않던 껄렁껄렁한 제스처는 뭔가 모를 카타르시스를 느끼게 해주었습니다. 4년 동안 정말 열심히 다녔지요. 세상 몸치였던 내가 오히려 몸치를 탈출하려고 집에서 미리 연습해 가고, 시간을 연장해서까지 배우는 과정을 통해 '연습하면 안 되는 것이 없구나'라는 흔한 진리도 깨닫게 되었답니다. 이것을 통해 회사 장기자랑도 나가 보고, 동네 지역대회도 나가 보며 지금까지 경험해 보지 못했던 새로운 세상을 만나면서 나는 직장생활의 어려움을 조금씩 잊을 수 있었습니다.

'세상의 모든 지식은 연결된다'는 말이 있습니다. 내가 경험하는 것들, 내가 도전해 보는 모든 경험이 내가 다니고 있는 직장생활에 하나의 활력소가 되기도 하고, 후에 나의 긴 인생의 과정에서 새로운 자양분이 되기도 합니다. 이 또한 나의 소중한 경험이 되고 추억이 되어 나의 인생 어디쯤에 하나의 점으로, 그 점은 또 선으로 자리 잡지 않을까 생각합니다.

경험은 나의 자산이 되고 성장의 밑거름이 되고

•

현재 나는 12년째 기업강의를 하고 있습니다. 1인기업가로 활동하면서 특히나 나는 지속적인 배움을 실천하려고 노력합니다. 이는 최근 빠르게 변화하는 시대적 흐름 속에서 나 자신을 변화시키기 위해서이기도 하고, 더 단단한 나로 발전하는 데 도움이 되리라는 생각 때문이기도 합니다.

이런 경향은 나뿐이 아닙니다. 내 주변의 지인들을 돌아보면 항상 바쁘게 살아갑니다. 다들 '시간이 없다'는 말을 입버릇처럼 할 정도로요. 회사 일도 바쁘지만, 이것저것 배우는 것도 많고 모임도 한두 개가 아닙니다. 영어 공부, 독서 모임, 골프 모임, 심지어 보드게임을 배우는 사람도 있습니다. 그래서 모임 일정을 정하기가 쉽지 않을 정도입니다. 그만큼 요즘 시대는 새롭게 배워야 할 것들이 차고 넘칩니다. 그러니 평생학습, 자기계발을 미래에 필요한 필수 역량이라고 하는 것일 테죠.

얼마 전 TV 방송에서 은퇴 관련 이슈를 심도 있게 다룬 프로그램을 보았습니다. 한창 일할 나이인 사십 대부터 '희망퇴직', '명예퇴직'이라는 이름으로 조직에서 빠져나오고 있더군요. 그러다 보니 조직에 있는 사람들도 빠르게 다가오는 퇴직의 그림자를 의식하지 않을 수 없을 테고요. 그런 불안감에 나만의 역량을 기르고 준비해야 한다는 생각이 점점 자리 잡고 있습니다. 그래서 자기계발, 경력 계발을 하지 않을 수 없고, 너도나도 모두 여유로운 삶보다는 새로운 것을 배우고 채워야 하는 시대라는 것을 담담히 받아들이고 있습니다.

실제로 내가 강의를 나가는 기업이나 공공기관에서 은퇴자를 위한 전직·이직 관련 교육을 많이 의뢰해 옵니다. 재직자 대상으로도 생애설계 관점으로 미리 은퇴 후의 삶에 대한 준비를 해주고 있고요. 이미 잘 아시겠지만 'VUCA 시대'라는 말이 있습니다. 불안정성^{Volatility}, 불확실성^{Uncertainty}, 복잡성^{Complexity}, 모호성^{Ambiguity}의 영문 머리글자를 따서 만든 신조어입니다. 이렇듯 변동성이 심하여 모든 것이 불확실하며 복잡하고, 또 모호한 '예측 불가능한 시대'에는 평생학습이 필수입니다. 시대의 흐름에 따라 우리는 변화에 적응해야 하고 변화를 받아들여야 하기 때문입니다. 일례로 요즘은 기술의 발달로 인해서 AI기술과 새로운 디지털 역량을 배우고 익혀야 하겠죠. 그러니 정말 배울 것도 많고, 할 일도 많은 것이 요즘 시대입니다.

전문가들은 또 요즘을 '프로티언 커리어$^{Protean\ Career}$'의 시대이며, 그에 맞게 유연한 자기계발과 자기역량을 준비해야 한다고 하죠. 마치 그리스 신화에 나오는 변신의 명수 프로테우스처럼 말이죠. 신화에 따르면 프로테우스는 성격이 내성적인 신이라서 사람들과 만나는 것보다는 조용히 혼자 있는 시간을 즐겼다고 합니다. 그런데 그에게는 남다른 능력이 있었는데 그것은 바로 뛰어난 예지력이었다고 합니다. 그러니 주변에 있는 신들이 자기 앞날의 모습을 미리 알려달라고 많이들 찾아왔었겠죠. 이에 프로테우스는 남들 눈에 띄지 않고 숨어서 도망다니기 위해 여러 가지 다른 모습으로 변신을 할 수밖에 없었다고 해요. 그래서 지금 이 시대를 프로테우스처럼 언제 어느 때든 유연하게 자신의 능력을 변화시키고 주도적으로 내 삶을 경영해 나가는 다중경력의 시대, 즉 프로티언 커리어의 시대라고 부릅니다.

돌이켜 보니 나는 지난 조직생활 15년 동안에도 늘 회사의 변화와 조직의 변화에 적응하며 일하느라 정신없이 앞만 보고 달렸던 것 같습니다. 조직은 엄청난 변화의 소용돌이를 지나왔고, 그 안에서 어떻게든 살아남아야 하는 환경이 나를 더 그렇게 만들었는지 모릅니다. 그때 당시 내가 경험하고 선택했던 모든 것들이 미숙하고 후회도 남지만, 나로서는 최선이었습니다. 그때 포기하지 않고 견디며 얻은 작은 성취들이 있기에 그 누군가에게 이런저런 경험을 이야기할 수 있는 것일 테지요.

그리고 지금 1인기업가로서 활동하면서 그런 경험들이 오히려 나를 훈련시키고 나를 더 단단하게 성장시킬 수 있었던 밑거름이 되었다고 생각하곤 합니다. 우리가 한 번 예방주사를 맞으면 그 다음 질병에 걸리더라도 너끈하게 이겨낼 수 있듯이 성장할 수 있는 밑거름이 된 것같이 말입니다. 1인기업을 하는 것이 보통 어려운 일이 아니기 때문입니다. 안전하게 조직에서 지내는 것과는 완전히 다르고, 스스로 모든 것을 해나가야 하기에 더 어려운 점이 많습니다. 그때는 몰랐으나 그러한 경험과 어려움을 이겨낸 기억들이 지금의 나로 만든 것이 분명하다고 믿습니다.

조직생활을 마무리하고 내가 가장 먼저 했던 일은 강연을 들으러 달려간 겁니다. 왜 그랬는지 이유는 명확히 기억나지 않지만, 나는 멈춰 있는 것 자체를 스스로 허용할 수 없는 사람인 모양입니다. 그래서 여행이나 잠시 쉼을 택하지 않고 배움의 현장 속으로 뛰어들었습니다. 마치 기다렸던 사람처럼 자유롭게 '내가 배우고 싶은 것, 하고 싶었던 일을 모두 찾아서 흡수하겠다'라는 심정으로 뭐라도 듣고 자극받고 싶어했던 거지요. 그러지 않으면 뒤처질 것만 같은 불안감에 마음이 편하지 않았던 탓입니다. 그래서 또 내가 접하지 못한 새로운 세상을 향해 적극적으로 달려나간 것이기도 하고요. 그때 처음 들었던 강연은 한 은행에서 주최한 여성 리더십 프로그램이었습니다.

리더십 프로그램은 재직 시절에도 회사 자체적으로 많은 교육이 있어서 들어본 적이 있었습니다. 그런데 퇴직하고 나서 듣는 리더십 교육은 나에게 다른 의미로 더 강하게 다가오더군요. 사실 직장생활을 하는 동안 '내가 이 나이에 다른 일을 시작한다는 건 생각할 수 없는 일이야'라거나 '여기 말고 다른 곳으로 이직한다는 것은 너무 어려운 일이지'라고 여기면서 독립은 아예 생각조차 하지 못했습니다. '숲속에서는 숲 전체를 보지 못하고 나무만 볼 수 있다'는 말처럼, 나의 생각과 식견도 그 안에 머물러 있었더라고요. 내가 퇴직하고 리더십 강연을 들으면서 '와~ 이런 세상도 있구나'라는 생각을 했었습니다. 늘 회사, 집, 육아, 회사, 집, 육아… 쳇바퀴 돌듯 맴돌며 살았던 내가 다른 환경에서 다른 경험을 해보니 색다른 생각이 들었고 용기도 생겼던 기억이 납니다.

그로부터 지금까지 1인기업 프리랜서로 일을 하고 있는데, 특히 1인기업가로 일을 하다 보니 더 많이 배우고 끊임없이 자기계발과 경력 계발을 하지 않으면 안 되는 직업임을 점점 강하게 느끼게 되더군요. 주변에서 누군가는 '너무 열심히 하지 마라'라든가 '이제는 건강을 더 생각해야 하는 때이니 적당히 하라'는 충고의 말도 많이 합니다.

하지만 변화의 파도가 휘몰아치는 VUCA 시대와 프로티언 커리어 시대를 살아가는 나로서는 미래를 준비하고 변화에 맞는 공부를 해야 하는 것은 당연하다고 생각합니다. 우리는 현실을 살아가야 하는 사람이고, 미래를 준비해야 더 나은 삶으로 업그레이드할 수 있습니다. 그동안 경험했던 시행착오나 성공했던 경험, 실패했던 경험, 힘들고 좌절했던 모든 경험이 결국 더 성숙한 나를 만든다고 생각합니다. 그래서 조직에서 경험했던 여러 가지 경험과 도전이 지금의 나에게 많은 자양분이 되었다는 것은 틀림없는 사실입니다.

그대에게 띄우는 편지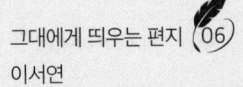
이서연

치열하게 이 시대를 살아가는
MZ세대 딸에게

사랑하는 딸에게

요즘 딸은 무슨 생각을 가장 많이 하니? 그래도 요즘 가장 편안하고 안정되어 보여서 다행이야. 물론 가장 활발한 사회생활을 하고 있는 삼십 대를 치열하게 고민하며 살아가고 있다는 것을 알고 있지만 편안하게 지내는 모습을 보여주어서 고마워.

나의 삼십 대와는 완전 다르게 보내고 있는 딸에게 늘 응원과 기도로 함께 하고 있다는 건 알고 있는지. 요즘 흔히 말하는 MZ세대는 간섭이나 지나친 잔소리는 싫어한다고 해서 내심 많이 자제하려고 하고 있어. 그럼에도 불구하고 문득문득 이야기해 주고 싶은 것들과 조언하고 싶은 것들이 불쑥불쑥 생각나서 가끔은 역으로 잔소리를 당하기도 하지.

내가 알고 느끼는 시대적 변화와 앞으로 무엇을 준비하고 자기계발을 지속해야 살아남을 수 있을지 듣고 본 것들이 많다 보니 잔소리 하고 싶고, 충고하고 싶어 안달이 나지. 내가 살던 시대는 그저 조직에서 어느 정도 성실하게 튀지 않게 잘 지내면 크게 문제 될 것도 없고, 내가 원하면 일할 수 있는 만큼 일을 할 수 있는 시대였어.

그런데 지금 시대는 너무나 빠르게 변하고 심지어 예측하기도 어려운 게 현실이야. 그래서 늘 변화의 트렌드를 살펴보고 관찰해야 하는 것이 기본이야. 배울 것도 알아야 할 것도 많은 시대가 되어 버렸어. 특히 요즘은 AI 기술은 조직에서 일잘러가 되기 위해서는 꼭 갖추어야 할 필수 기술이 되어 버렸어. 경쟁도 치열하지. 취업을 하기 위한 스펙과 자격증 경력 등 한때 딸이 취업 준비를 위해 이것저것 준비하는 것을 보고 깜짝 놀란 적이 있어. 외국어는 기본적으로 두세 가지는 마스터하고 있고, 내심 외국어를 자유롭게 구사하는 것을 보고 부러움을 느낀 적도 있어. 한때 외국에 워킹홀리데이를 위해 떠나는 딸을 보고 '굳이 외국까지 나가서 가족과 떨어져 지내야 하나'라는 질문을 해보기도 했지만, 거침없이 자기 자신의 삶을 위해 주도적으로 도전하는 모습은 한편으로는 참 멋졌어.

이제 앞으로 세상은 더 달라지겠지? 사회가 정해 놓은 성공의 잣대나 직업의 개념이 이제 달라지겠지. 프리랜서이건 N잡러이건 조직 구성원이 되건 나는 더 이상 간섭하거나 이래라저래라하지 않을 거야. 충분히 주도적으로 자신의 삶을 결정하며 살아가고 있다고 믿으니까. 기술이 발달할수록 어쩌면 정보의 과잉으로 어떤 것이 옳은지 진짜인지 혼란스러울 수도 있을 것 같아. 잘나가는 사람들과의 비교나 미디어의 과잉 마케팅으로 스스로 비교하지 않도록, 늘 단단한 사람으로 스스로를 무장하는 진정한 자기 경영자가 되기를 바라.

내가 좋아하고 잘하는 일을 찾고 이왕이면 삼십 대라는 나이에 열정을 다해 그 시간을 몰입하길 바라. 후회나 미련이 남지 않도록 독서, 여행, 예술 즐기기 등 하고 싶은 일도 마음껏 하며 너의 인생을 다채롭고 풍요롭게 살기를 바라. 시간의 축적은 반드시 결과물을 만들어 선물해 주거든.

그럼 늘 응원하고 무한 애정을 보내는 엄마가

팀원들과 잘 소통하기 위한 효과적인 방법이 있을까요?

정선미 제이코칭리더십 대표

최근에 과장 승진을 한 대기업 7년 차 황 과장입니다. 승진의 기쁨은 잠시, 바로 위 고참 과장 선배가 타 부서로 이동하면서 제가 팀 내 '넘버2'가 되었습니다. 내심 늘어나게 될 업무에 대한 부담으로 불안해하고 있었는데, 설상가상 팀장님은 제가 승진도 했으니 앞으로 팀원들과의 원활한 소통과 협력을 통해 성과를 낼 수 있기를 기대한다고 공식적인 자리에서 이야기까지 하십니다. 저를 포함하여 팀원이 모두 6명인데 평소 수줍은 성격에 말이 없고 타인과의 만남에 자신감이 부족한 저에게 '소통과 협력'이라는 큰 숙제가 무겁게 느껴집니다. 팀원들과 잘 소통하려면 어떤 방법이 효과적일까요?

뭔가를 보여주기보다 변화의 방향을 생각하라

●

조직에서 환경이 바뀌거나 승진으로 역할에 변화가 있을 때 우리의 책임감도 함께 커집니다. 팀 조직은 다양한 성격, 배경과 능력을 지닌 사람들의 조합입니다. 그렇다 보니 그들의 마음을 모아 협력을 이끌어내는 일은 결코 쉽지 않습니다. 특히 갓 승진한 시기에는 자신과 팀 모두에게 새로운 기대감을 갖게 하지요.

하지만 그동안 보여 왔던 나의 모습과 전혀 다른 무언가를 보여주려 한다면 오히려 거부감과 불편함을 줄 수 있습니다. 무엇보다 오래 가지 못할 겁니다. 이럴 땐 부푼 마음을 잠시 내려두고 생각을 정리해 보는 편이 좋습니다. 어떻게 하면 타인과의 관계를 좋게 하고 소통 능력을 높일 수 있을까요? 그리고 그것이 팀 성과를 높일 수 있는 중요한 나의 역량이 될 수 있을까요?

시작은 나 자신에 대한 이해부터

●

인간관계에 어려움을 겪어 보지 않은 사람은 없을 겁니다. 왜 그럴까요? 나는 관계의 본질은 외로움이라고 봅니다. 왜냐하면 나 스스로도 자신을 이해하기 어려울 때가 있고, 사랑하는 가족도 친구도 완전히 이해하는 것은 불가능하다는 결론에 쉽게 이를 수 있기 때문입니다. 외로움은 다름에서 올 수 있고, 그 다름이 우리 모두에게 노력을 요구합니다. 자신을 이해하고 타인을 이해하며 관계를 이해하려는 노력 말입니다.

   시작은 나 자신을 이해하는 것에서 출발해야 합니다. 나는 어떤 생각과 말과 행동을 하는 사람인지, 좋아하는 것은 무엇이고 감정 표현은 어떤 방식으로 하는지 등등 나를 알아보는 방법은 아주 다양합니다. 많이 알려진 MBTI, BIG5, 애니어그램, 버크만 진단과 같은 성격유형 진단과 DISC, HOGAN 평가 등의 행동유형 진단, 강점을 알려 주는 Gallup StrengthsFinder, 심리 건강과 스트레스를 알려 주는 MMPI, TCI 등이 참고할 수 있는 툴입니다.

   기업에서 오랫동안 HRD 업무를 하다 보니 이런저런 방법으로 나를 진단해 볼 기회가 많았습니다. 감성 리더십, 서번트 리더십과 같은 리더십 스타일을 알아볼 수 있는 설문들도 쉽게 찾아볼 수 있습니다. 말 그대로 연구방법론의 수만큼 자신을 발견할 방법도 다양한 셈입니다. 명확하지는 않지만 나는 어렴풋이 나를 이해하고 있다고 생각합니다. 그런데 이런 진단 결과를 아는 것이 중요한 것이 아닙니다. 정작 중요한 것은 내가 아는 나의 모습을 통해 '내가 되고 싶은 나를 그려 보는 것'입니다.

   내가 내향적이고 계획적이라는 것은 나의 어떤 모습으로 나타나고, 되고 싶은 나에게는 어떤 영향을 주고 있는가? '발상과 수집'이라는 강점이 있는 나를 통해 내가 이루고자 하는 바는 어떤 모습인가? 내가 아는 내가 타인에게는 어떻게 비칠까? 이러한 나에 대한 이해는 타인을 대할 때 더 빛을 발하게 됩니다. 타인을 바라볼 때 내가 나를 바라보는 것처럼 귀하게 생각한다면 그것이 바로 존중이 아닐까요?

문제가 아니라 사람을 주목하자

나 자신에 대해 이해하기 시작했다면, 다음은 나의 관점을 점검해 볼 차례입니다. 내가 주목하는 것이 문제인지 사람인지 구분해야 합니다. 문제가 아니라 사람에 주목해야 합니다. 오랜 조직생활을 돌아볼 때 가장 안타까운 것 중 하나가 사람보다는 문제에 집중했던 순간들입니다. 일과 해결해야 하는 문제의 핵심은 사람인데 그것을 잊고 달성해야 하는 목표와 방법에만 초점을 맞춘다면 그 일을 하는 사람을 수단으로 볼 수 있습니다. 자칫 이러한 실수를 범해서는 안 됩니다. 그 결과 관계는 나빠지고 서운함과 원망, 미움의 감정이 생겨나기 쉽습니다. 사람에 주목한다는 것은 그 사람에게 관심과 애정을 가지고 다가간다는 것입니다. 그 사람의 말에 귀를 기울이며, 있는 그대로 인정해 줄 수 있다는 것을 의미합니다.

팀장들의 리더십 교육 과정에서 있었던 일입니다. 팀원들의 이름을 모두 쓰고, 그 사람에 대한 아는 것을 편안하게 적어 보는 실습시간이 있었습니다. 다들 약간은 겸연쩍어하면서도 이것저것 써 내려갈 때 한 팀장의 얼굴이 붉어지면서 한 글자도 쓰지 못하고 쩔쩔매는 모습을 본 적 있습니다. 그는 팀원이 좋아하는 점심 메뉴처럼 아주 사소한 것도 모르겠다고 하더군요. 무관심은 프라이버시를 지켜 주는 것과는 다릅니다. 관계는 사람과의 연결을 의미하고, 그 연결은 관심과 존중에서 비롯됩니다.

친절한 황 과장님은 경청의 달인

타인과의 소통을 위한 훈련법을 딱 한 가지만 뽑으라고 한다면 나는 무조건 '경청' 훈련을 뽑을 겁니다. 나의 기준에서 경청이 제일 어려웠고, 실제로 잘하지 못했기 때문입니다. 사람은 누구나 자신의 말을 더 많이 하고 싶어 합니다. 상대의 이야기를 귀 기울여 잘 듣고 적절하게 반응과 호응을 하며 대화를 이어나가는 능력이 있다면, 그는 이미 호감형 소통가입니다. 여기서 한발 더 나아가 상대에게 공감하고 상대 입장에서 듣는 것은 더더욱 어렵습니다. 이러한 적극적 경청은 내 마음대로 판단하지 않고, 쉽게 충고하지 않으며, 가벼운 조언을 삼갈 수 있는 기초가 됩니다.

세계적인 영화감독으로 거장의 반열에 오른 박찬욱 감독이 배우와 스태프들과 함께 나누는 대화법이 화제가 된 적이 있습니다. 그는 내향적인 성격이지만 영화에 대한 열정으로 촬영 현장을 하나로 묶어내는 힘이 있다는 평을 받는 감독인데요, 특히 배우와 스태프들에게 역질문을 하고 배우들의 이야기에 귀 기울이며, 영화 대사 한마디, 장면 하나하나에 디테일을 섬세하게 조율해나갔다고 합니다. 상대의 생각에 귀 기울이고 질문을 통해 함께 창조하는 협력의 가치를 실천한 사례가 아닐까 생각해 봅니다.

평소 말수가 적은 우리 황 과장님이 팀원들의 이야기를 잘 들어 주려 노력하는 모습을 보인다면, 팀원 간에 신뢰를 더해 줄 것이라 확신합니다. 밝은 표정으로 상대와 눈을 맞추고 진실한 태도로 대하는 사람은 한마디의 말과 문자로도 그 향기를 전할 수 있습니다. 우리의 감각은 핸드폰 문자 메시지와 SNS에 올리는 글 하나로도 그 사람의 친절함을 충분히 감지할 수 있으니까요.

상사에게 존중받으려면
어떻게 소통해야 할까요?

이에스더 아리랑국제방송 국장

콘텐츠 제작사 기획 PD 5년 차인 삼십 대 초반 김 대리입니다. 해외 플랫폼 진출 사업에 도전하고 싶어서 글로벌마케팅팀으로 자리를 옮겼습니다. 그런데 사십 대 남성 팀장은 저에게 해외 진출 업무를 주지 않고 커뮤니케이션 업무를 맡기며, 도전적인 해외 시장 조사 업무는 3년 차 남자 후배에게 맡기네요. 매일 아침 회의실에서 모닝커피를 마시는 팀장과 그 후배를 보며, 대학 동문인 후배를 팀장이 특별 대우하는 건 아닌지 마음이 몹시 불편합니다. 팀장과의 관계를 헤치지 않으면서도, 내 의견을 존중받으려면 어떻게 소통해야 할까요?

용기와 여유를 가지고 자신의 목소리를 들려 줘

•

직장에서 의견 차이는 언제나 존재합니다. 마치 공기처럼요. 더구나 후배의 아이디어를 진심으로 지지하고 범사에 존중해 주는 상사를 만나기란 '로또 맞기'만큼이나 드문 일입니다. 이런 환경에서 상사와 손발을 맞춰 원활하게 일하려면, 자신의 의견을 명확히 전달하고 공동 목표를 찾는 센스가 필요하죠. 자기 존중을 바탕으로 상사와의 대화를 통해 타협점을 찾아가는 과정이야말로 직장 내 성장의 핵심입니다. 상사와 소통할 때 자신의 목소리를 존중받으려면, 먼저 스스로를 믿고 요구하는 용기와 상대를 이해하는 여유를 동시에 갖춰야 합니다.

'내'가 아니라 '내 의견'을 거절하는 것

•

자신의 의견을 존중받고 싶은 건 인간의 기본적인 욕구입니다. 하지만 직장에서는 '오, 좋은 생각이군!' 같은 긍정적인 피드백보다는 '글쎄, 이건 안 될 것 같은데…', '보류하는 게 어때?', '다음에 다시 논의하지'와 같은 부정적인 피드백이 훨씬 더 자주 돌아오지요. 이때 중요한 건, 자신의 의견이 거절당했을 때 그걸 곧바로 자신에 대한 반감이나 거부로 받아들이지 말라는 겁니다.

'Don't take it personally'라는 표현이 있다는 것을 알고 계실 거예요. 맞아요, '개인적으로 받아들이지 말라'는 뜻이죠. 필자가 미국에서 저널리즘 교수에게 대학원 추천서를 부탁했다가 거절당하며 처음 들었던 말입니다. 그 당시 '너의 작문 실력이 아직 대학원에 진학하기에 부족하다'는 조언과 함께 돌아온 거절에 몹시 당황했었지요. 하지만 '나'라는 사람을 거부한 게 아니라는 이 표현 덕분에 좌절감을 조금은 이겨낼 수 있었답니다.

직장에서 자신의 의견을 존중받으려면, 의견이나 제안과 자신이라는 사람을 분리해서 보는 스킬을 익혀야 합니다. 상사가 자신의 의견이나 제안을 거절했다고 해서, 제안한 사람 그 자체를 거부한 건 아니라는 걸 스스로에게 계속 상기시켜야 합니다. 그저 '이번 의견'이 통하지 않았을 뿐이라고요.

당신에게 업무를 지시하고 성과를 평가하는 팀장은 당신과 살아온 방식, 성격, 취향, MBTI, 세계관까지 완전히 다른 사람이라는 걸 먼저 인정합시다. '나와 같은 생각이겠지'라거나 '이 정도면 알아들었겠지' 같은 생각은 금물! 한 시간 동안 한 회의실에서 회의를 해도 나중엔 서로 다른 얘기를 하는 경우가 허다합니다. 그래서 회의록을 정리하고 서명까지 받아가며 확인하는 거 아닐까요? 팀장과 당신의 생각이 다르다는 것을 디폴트 값으로 여기십시오. 그런 다음 당신의 의견이 존중되는 지점을 최대치로 상정하고 꾸준히 수치를 높여가야 합니다. 물 부어 놓고 3분 만 기다리면 먹을 수 있는 컵라면이 아니라 수제 맥주처럼 발효시키는 시간이 필요합니다.

그러려면 팀장과의 관계에 앞서, 무엇보다 '내'가 '나'를 존중하는 멘탈을 먼저 단단히 다져야 합니다. 나를 믿고 나의 가치를 스스로 인정하는 게 시작인 셈이죠. 당신의 의견이 거절당했을 때, '팀장이 날 싫어하나?', '왜 나만 배제하지?', '차별하는 거 아냐?', '내가 믿음직스럽지 못한가?' 같은 부정적인 생각에 휩쓸리지 않도록 경계선을 확실히 그어야 합니다. 이렇게 얘기할 수 있는 건, 나 자신이 직장생활 초기에 자기 확신이 부족하여 스스로 내적 갈등을 많이 겪었기 때문입니다. 내 의견이 배제당하는 느낌을 받을 때마다 부정적인 감정에 휩싸이곤 했었죠. 이는 결국 내 능력과 성과에 대한 스스로의 불안이 외부로 투영된 결과였습니다.

29년 전, 내가 처음 직장생활을 시작했을 당시의 업무 환경은 지금과 사뭇 달랐습니다. 영화 〈삼진그룹 영어토익반〉에 잘 드러나 있듯, 고졸 여직원이 커피를 타 주고, 남자 동료들은 사무실에서 담배를 피우던 시대였으니까요. 2000년도에 우리 회사는 한국 최초로 24시간 영어 위성방송을 중남미 시장에 론칭해야 하는 도전적인 과제에 직면해 있었습니다. 당시 한국 방송은 세계로 퍼져 있지 않았고, 중남미는 더욱 낯선 시장이었죠.

나는 PD로 입사할 때부터 스페인어 전공을 살려 중남미 출장을 다니고 싶었지만, 대기업에서 위성방송 사업을 경험한 경력직들을 채용해 해외 사업을 주도하는 상황에서 큰 프로젝트에 참여할 기회를 얻지 못했습니다. 위성방송팀에 자원해 부서를 옮겼지만, 중남미 진출 사업에서는 마땅한 역할이 주어지지 않고, 홍보자료 만드는 일을 맡게 되었지요. '내가 여자라고 나에게 기회조차 주지 않는 건가?', '스페인어를 전공한 남자 직원이었다면 이렇게 무시당했을까?' 하는 억울함과 분노가 밀려왔지만, 고민을 털어놓을 여자 선배 하나 없는 상황이었습니다. 외롭고 힘든 시간이었지요. 그때 'Don't take it personally'라고 말해 주는 선배가 있었다면 얼마나 좋았을까요. '나'란 존재를 거절한 게 아니고, 그 직무에 아직 준비되어 있지 않은 '내 의견'을 거절한 것이라고 말이죠.

원하는 것을 분명하게 요구하라

•

직장생활을 하다 보면 상사에게 자신의 의견을 분명히 표현하지 않고 속으로 끙끙거리는 경우가 많습니다. 나도 그런 사람 중 하나였지요. 그런데 29년 직장생활에서 얻은 결론은 내 의견을 적절하게 요구하고 표현하는 근력을 키워야 한다는 것입니다. 상사의 반응이 처음부터 'Yes'일 거라고 기대하지 마십시오. 'No'라는 반응이 돌아올 때 두려워하지 말고 구체적인 이유를 물어봅시다. 자신의 의견을 거절하는 이유에 귀를 기울이며 상사의 입장을 이해하려는 태도가 필요합니다. 상대방 입장에서 자신의 주장이나 요구가 어떻게 보이는지 '역지사지易地思之'하고 의견 차이를 좁히려는 시도가 필요하다는 뜻입니다.

25년 전의 나는 이런 접근법을 전혀 몰랐습니다. 그뿐만 아니라 알려 주는 사람도 없었습니다. 그저 팀장에게 중남미 진출 사업에 참여하고 싶다고 단 한 번 얘기하고 '경험 부족'을 이유로 거절당했을 때, 좌절감에 빠져 내 안의 분노만 키웠습니다. '조용히 비수를 갈며 은자의 숨은 실력을 보여주리라!' 결심하고, 퇴근 후 스페인어 학습에 매진했습니다. 학원을 다니고 단어장을 만들고, 회화책을 암기하며 열정적으로 준비했습니다.

그러던 3개월 후, 예상치 못한 기회가 찾아왔습니다. 아리랑TV의 중남미 위성방송 송출을 위해 현지 재전송 플랫폼이 필요해진 상황이었습니다. 상황이 다급해지자 본부장이 담당 차장에게 중남미 케이블TV 전시회 참가를 지시했고, 그 차장은 내 손을 덥석 잡으며 "같이 파나마 가자!"고 말하더군요. 그 순간 내 심장은 두근두근. '내가 적임자다'라는 확신을 가지고 준비했더니 드디어 기회가 찾아온 것이었습니다. 한 달간의 집중적인 준비 기간 동안, 스페인어 부로슈어 제작부터 파나마 대사관과 현지 법인에 협조 요청, 중남미 케이블TV 협회와의 미팅 일정 조율까지, 모든 과정에 열정을 쏟아부었지요. 이는 단순한 업무가 아닌, 내 꿈을 향한 도전이었습니다.

공동의 목표 찾기

•

상사와의 관계를 원만히 유지하면서 자신의 의견을 관철시키는 핵심은 '공동의 목표'를 발견하는 데 있습니다. 자신의 관점을 상대방의 시각으로 재해석하고, 의견 차이를 좁히기 위한 접점을 모색하다 보면 양측의 필요가 만나는 지점에 도달할 수 있습니다. 내 경우, 중남미 시장 진출이라는 새로운 영역에 도전하고 싶었던 개인적 열망과 팀장의 초기 성과 창출 욕구가 맞물렸던 셈이었지요. 물론 해외 시장 진출 경험이 전무했던 나에 대한 팀장의 의구심은 분명했습니다. '경험 부족'과 '여성'이라는 이중의 편견이 작용했음을 부인할 수 없습니다. 그러나 '중남미 케이블TV 수신 가구 확보'라는 구체적인 목표가 설정되자, 내가 그동안 준비해 온 역량이 빛을 발할 수 있었답니다. 결과적으로 부서 이동 후 4개월 만에 숙원이던 기회를 잡을 수 있었습니다. 이는 개인의 열정과 조직의 필요가 만나 시너지를 낸 사례라고 할 수 있지요.

성과로 보여주자

•

파나마 출장을 코앞에 두고 본부장과의 대화는 예상치 못한 방향으로 흘러갔습니다. "출장 가면 남편 밥은 누가 해주나?"라는 질문에 순간 당혹스러움을 감출 수 없었습니다. 회사의 중남미 진출이라는 중대한 미션을 앞둔 상황에서, 오십 대 후반 상사의 관심사가 고작 내 남편의 밥이라니. 이 상황을 어떻게 받아들여야 할지 고민하며 애매한 미소로 넘겼습니다.

파나마에 도착한 후, 나는 온 열정을 쏟아부었습니다. 멕시코, 파나마, 페루의 방송사 관계자들을 만나 아리랑TV를 소개하고 채널 재전송 계약을 체결했지요. 라틴 특유의 활기 넘치는 분위기 속에서 하루 종일 대화를 나누고, 저녁 파티에서는 빈속에 데킬라를 마시며 살사를 추는 등 현지 문화에 완전히 젖어 들었습니다.

이러한 노력 끝에 값진 계약을 따낼 수 있었답니다.

귀국 후 임원 회의에서 실적을 보고했을 때, 박수갈채와 함께 중남미 진출의 성공을 축하받았습니다. 그 순간 깨달았습니다. "이것이 바로 내가 꿈꿔 온 글로벌 진출이구나." 이 성공을 기점으로 상황이 극적으로 변하더군요. 더 이상 경험 부족을 이유로 마케팅 역량을 의심받지 않았고, 나의 동남아시아 시장 진출 제안이 즉시 수용되었습니다. 이를 통해 본격적인 글로벌 마케팅 커리어를 쌓기 시작했고, 이는 곧 나의 대표 브랜드가 되었답니다.

자신의 의견을 관철시키고 존중받는 과정에는 절대적인 시간이 필요합니다. 하지만 객관적인 성과를 통해 신뢰를 쌓으면, 점차 자신의 의견이 받아들여질 가능성이 높아지지요. 행동으로 증명하는 것, 그것이 바로 직장에서의 성공적인 소통의 핵심입니다.

자기 존중을 기반으로 대화와 타협을!

•

다시 강조하지만, 직장에서 의견 충돌은 불가피한 현실입니다. 자신의 아이디어를 온전히 지지해 주는 상사를 만나는 건 더욱 흔치 않은 일이고요. 이런 도전적 상황에서 성공적으로 협업하기 위해서는 두 가지 핵심 역량이 요구됩니다. 첫째, 상호 존중을 바탕으로 의견을 명확하게 전달하는 능력입니다. 둘째, 공동의 목표를 식별하고 추구하는 전략적 사고입니다. 이 두 가지를 조화롭게 구사할 때 비로소 효과적인 소통이 가능해집니다. 더불어, 상사와의 대화에서 자신의 목소리에 힘을 실으려면 자기 확신과 공감 능력의 균형이 필수입니다. 스스로를 믿고 주장할 수 있는 용기, 그리고 상대방의 입장을 이해하려는 유연성을 동시에 갖추어야 합니다. 궁극적으로 직장 내 성장의 핵심은 '자기 존중을 기반으로 한 대화와 타협의 과정'에 있습니다. 이는 단순한 업무 능력을 넘어서는, 진정한 프로페셔널의 자질이라 믿습니다.

남초 집단에서 나의 장점을 어떻게 어필해야 하나요?

하정미 한국폴리텍대학 교수

늘 최초라는 꼬리표를 달고 유리천장을 깨며 승승장구하던 사십 대 후반 김 실장입니다. 저는 3년마다 기관장이 외부에서 새로 부임되는 조직에 재직 중입니다. 그러나 새로운 기관장이 임명될 때면 서로의 네트워킹을 활용하여 좀 더 나은 보직을 받기 위해 모두들 분주히 움직입니다. 나에겐 그간 이끌어 주신 선배님들과 나의 진정성 있는 노력과 실력뿐이고요. 모두가 경쟁 대상인 이곳에서 계속 살아남을 수 있을까요? 나의 어떤 장점을 어필하고 어떻게 인맥을 관리해야 할까요?

정직함이 무기라는 걸 잊지 마세요.

•

"정정당당하게, 그러나 전략은 있어야지."
"요즘 시대에 정직해서 살아남겠어?"
이런 말들이 아무렇지도 않게 횡행합니다. 하지만 과거의 나처럼 유리천장 아래서 힘겹게 버티고 있는 누군가를 위해, 누군가의 밤이 너무 길지 않기를 바라는 마음으로, 함께 이 길을 걸어온 선배로서 진심을 담아 전합니다. 누가 뭐래도, 시대가 달라졌대도 정직함은 무기일 수 있습니다. 이 사실을 잊지 마세요.

현실은 냉정합니다. 새로운 기관장이 부임하면 바람처럼 사람도, 분위기도 바뀝니다. 전임 기관장과의 거리 두기, 실적 부풀리기, 필요 이상의 자기 포장도 자주 보게 됩니다. 우리 모두에게 낯설지 않은 풍경이죠. 하지만 나는 다르게 행동했습니다. 전임 기관장을 존경했고, 그분과 함께 조직을 위해 열심히 일했다고 당당하게 말했습니다. 가식으로 나를 포장하기보다, 내가 진심으로 해낸 일과 앞으로 펼칠 아이디어로 승부하고 싶었습니다.

이번 인사에서 밀리더라도, 그것이 내 커리어를 부끄럽게 하지는 않을 거라는 확신으로 당당하게 임했습니다. 조금 돌아갈 수는 있습니다. 다만 내 양심만은 버리지 말자고요. 그 용기가 나를 다시 살게 만들고, 그 신념이 누군가에겐 감동으로 기억될 거라 믿습니다.

아첨 대신 진정성, 줄서기보다 실력

●

"세상 사람들은 나보다 나은 사람을 싫어하고, 나에게 아첨하는 자를 좋아한다."

《소학》에 담긴 이 말을 처음 들었을 땐 고개를 끄덕였고, 가끔은 뼈저리게 실감합니다. 조직에서는 아첨이 통하고, 줄이 작용하는 일이 아직도 비일비재하니까요.

나 역시 상사의 부당한 지시를 거절한 뒤 괴롭힘을 겪기도 했습니다. 조직에 대한 배신감, 주변 사람들에 대한 실망감으로 잠시 마음고생을 했지만, 한직에서의 삶은 오히려 세상을 바라보는 시각을 넓혀 주었습니다. 모두가 유리천장을 깨고 가야 하는 것도 아니고, 누군가에게 반드시 인정을 받아야 하는 것도 아닙니다. 내가 나로 존재할 수 있는 방식으로, 나에게 충실한 사람으로 살아가면 됩니다.

그러나 기억하세요. 실력 없는 승진은 언젠가 무너집니다. 실력과 인성이 함께할 때 진짜 신뢰가 생깁니다. 나를 몰라주는 조직이라면, 그때는 준비된 내가 다른 곳으로 날아가면 됩니다. 나의 몸값을 높이는 것도 전략입니다.

진짜 인맥은 후배에게서 시작된다

●

우리는 종종 상사에게 어떻게 나를 어필할지를 고민합니다. 인맥

관리 또한 나보다 높은 직급에 있는 사람들과의 관계 형성에 주목하게 됩니다. 하지만 시간이 지나며 깨닫게 됩니다. 진짜 인맥은 후배에게서 시작된다는 것을.

후배를 위해 싸워 주고, 아픔을 챙기고, 그들의 성장을 돕는 선배의 모습이 필요합니다. 칭찬받을 일은 후배에게, 책임은 내가 지는 모습이 조직에서 가장 좋은 인맥 관리 방법입니다. 후배들은 나를 좋은 사람으로, 믿을 수 있는 사람으로 기억하게 됩니다. 그렇게 쌓인 신뢰는 내가 힘들 때 든든한 기반이 됩니다. 위만 바라보지 마세요. 옆 동료와 후배들에게도 따뜻한 눈길을 주세요.

제가 중요 보직에서 한발 물러났을 때, 후배들이 자발적으로 제 프로젝트를 이어가 주고, 자문을 요청했던 순간을 잊을 수 없습니다. "선배 덕분에 여기까지 왔어요"라는 말 한마디, 그들이 성장하면서 새롭게 저를 추천했다는 소식에 눈물이 날 만큼 고마웠습니다.

나와 소통하는 시간, 세상을 넓히는 길

•

나를 사랑하고 돌보는 것이 먼저입니다. 조직이 첫 번째가 아니라 나를 첫 번째로 두세요. 그래야 스트레스 받지 않고 직장과 가정 모두에 충실할 수 있습니다.

나는 극심한 불안과 스트레스로 '감사 일기 쓰기'를 억지로 시작했습니다. 하루 다섯 가지 감사한 일을 억지로라도 찾다 보니 어느새 내가 달라졌습니다. 나를 칭찬하고, 반성하고, 격려하는 시간이 나를 더욱 단단하게, 긍정적으로 만들었습니다. 오늘 하루를 돌아보세요. 누구를 만났나요? 어떤 말을 주고받았나요? 혹시 자극 없는 일상이 반복되고 있진 않나요?

새로운 세상은 늘 다른 사람과의 관계 속에서 만들어집니다. 책 모임, 운동, 동호회, 투자 공부까지…. 세상은 넓은데 우리는 본인이 만든 좁은 프레임 속에 갇혀 있답니다. 여러분의 좁은 프레임을 넓혀 보세요. 새로운 운동 모임, 취미활동, 공연장, 박람회장, 강연장을 방문하면서 점점 세상을 넓혀가세요. 새롭게 만나는 사람들을 통해 큰 자극과 위로를 받으며, 큰 문제라고 여겼던 것들이 사실은 별 게 아니었음을, 나보다 훨씬 스마트한 사람이 많다는 것을, 세상의 다양성을 인정하게 됩니다.

작은 일에도 정성을 담는다는 것

•

《중용》23장, 내가 늘 외우고 있는 문장 하나를 소개합니다.
"작은 일도 무시하지 않고 최선을 다해야 한다. 작은 일에도 최선을 다하면 정성스럽게 된다. 정성스럽게 되면 겉에 배어나고, 겉에 배어나면 드러나고, 겉으로 드러나면 이내 밝아지고, 밝아지면 남을 감동시키고, 남을 감동시키면 이내 변하고, 변하면 생육된다. 그러니 오직 세상에서 지극히 정성을 다하는 사람만이 나와 세상을 변하게 할 수 있는 것이다."

나는 이 문장을 자주 되새깁니다. 상사의 눈에 띄기 위해서가 아니라, 내가 내 일에 떳떳하기 위해서입니다. 작은 일에 담은 정성은 결국 나의 평판이 됩니다. 성실은 오래 기억되니까요.

세상에 사소하고 가치 없는 일은 하나도 없습니다. 그 사소한 일들이 모여 큰 프로젝트가 완성되는 것입니다. 회의 자료를 만들고, 수치를 분석하고, 프레젠테이션을 하는 매 순간에도 정성을 다하세요. 그 진심은 누구보다 내 손을 거쳐 간 동료들이 잘 알게 됩니다.

최선만이 능사는 아니다

●

여러분의 고민은 나도 수없이 많이 한 고민입니다. 늘 최선을 다하는 삶을 살아왔지만, 최선보다 중요한 건 '최적의 해법'이라는 것을요. 지금 이 자리, 이 순간이 내게 어떤 의미인지 고민해 보세요. 때로는 잠시 멈추는 것도 전략입니다.

가끔은 왜곡된 평가와 억울한 인사로 인해 마음이 무너지기도 합니다. '나만 너무 애쓰는 게 아닌가' 싶은 회의감도 들지만, 그렇게 내 안에서 무너지는 대신 내 안에 또 다른 나를 키우며 나의 긴 인생 여정 속의 해법을 찾아가는 것입니다.

남들의 인정보다 스스로에게 당당한 삶

•

승진, 좋은 보직, 높은 자리도 중요합니다. 하지만, 그보다 더 중요한 건 자신을 얼마나 사랑하고 있는가입니다. 제3자의 눈으로 자신을 살펴보세요. 남들의 인정보다, 스스로에게 당당한 삶을 선택하세요. 당신은 지금도 충분히 잘하고 있고, 당신을 응원하는 선배와 후배가 많다는 것을 기억해요. 당신은 혼자가 아닙니다. 먼저 그 길을 지나온, 또 하나의 여성 리더가 전합니다.

"함께 일한 사람들의 단점을 이야기하지 않는다."

이것은 내 인생 철학 중 하나입니다. 여러분도 실행해 보면 큰 도움이 될 것입니다. 한 부서에서 일한 의리로 단점보다는 장점을 말하는 것, 그 사람은 평생 여러분의 든든한 후원자가 될 것입니다.

그대에게 띄우는 편지 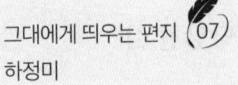 여성이라는 유리천장 앞에 선 후배에게
하정미

김 실장님!

오늘은 무사히 하루 보내셨기를 바라며, 늘 마음으로 응원하고 있습니다. 제가 걸어왔던 길과 비슷한 고민을 하고 계실 거라는 생각에 조심스레 몇 자 적어 봅니다. 감히 선배로서 드리는 진심 어린 조언이니, 부디 마음의 소리에 귀 기울여 보시기 바랍니다.

열심히 앞만 보고 달릴 때는 자신의 상처를 알아차리기 어렵습니다. 문득 멈춰 서게 되거나 예기치 않은 큰 어려움에 부딪혔을 때 비로소 우리는 자기 내면을 들여다보게 되죠. 저 역시 늘 처음 보직을 맡았을 때, '최초'라는 수식어와 함께 '홍일점'이라는 부담스러운 시선 속에 놓였던 기억이 생생합니다. '얼마나 버티나 보자'는 시험대 같은 긴장된 시간의 연속이었죠. 실장님도 비슷한 압박 속에 계실 듯하여 걱정됩니다.

하지만 기억하세요. 그 무게는 실장님이 부족해서가 아니

라, 실장님이 중요한 자리에 서 있기 때문에 감당하게 되신 겁니다. 만약 그 무게를 감당할 수 있다면, 그 힘으로 더 높고 단단한 유리천장을 뚫고 나가세요. 중요한 것은 자리를 지키는 것이 아니라, 내 마음을 어떻게 지켜내는가입니다. 남들이 원하는 모습이 아니라, 내가 나답게 살아가는 방식 말입니다.

김 실장님의 실력은 이미 충분합니다. 그래서 저는 오늘, 성과나 능력이 아닌 조금 다른 이야기를 드리고 싶습니다. 우리는 일에 몰두하다 보면, 정작 가장 소중한 몸과 마음은 제일 뒤로 미루곤 하지요. 성취의 기쁨이 지나간 자리에는 깊은 피로와 공허함만 남게 되지요. 우리는 이제 100세 시대를 살아갑니다. 직장생활은 길어야 60세 전후로 끝나지만, 우리의 삶은 훨씬 길죠. 한 단계 더 오르는 것도 좋지만, 정년 이후의 삶을 준비하며 지금의 삶을 균형 있게 살아가는 것 역시 충분히 값진 선택입니다.

스스로에게 물어보세요. "나는 무엇을 위해 이 길을 가고 있는가? 승진인가? 나다운 삶인가?" 정답은 없습니다. 중요한 것은 내면의 소리가 갈등 없이 행복하게 내 마음을 지켜 준다면, 계속 도전하는 것도, 잠시 멈추는 것도 다 옳습니다. 어떤 길을 선택하든, 마음이 시키는 대로 하세요.

마지막으로 꼭 드리고 싶은 말이 있습니다. 충분히 잘하고 있고, 김 실장님 곁에는 항상 응원하는 후배와 선배가 있다는 사실을 잊지 마세요. 혼자가 아니니 너무 외로워하지 마세요. 저 역시 정년이 멀지 않은 지금도, '조직과 내 삶의 균형' 사이에서 고민하고 있습니다. 인생은 늘 계획대로 흘러가지 않기에, 하루하루 정성을 다하며 살아가고 있습니다. 자신을 먼저 사랑하고 돌본다면, 그 힘으로 우린 더 높이 자유롭게 날아갈 수 있을 것입니다.

언제나 실장님의 길을 응원하는 선배 드림

갈등을 대면할 때
어떻게 감정을 다스려야 할까요?

김영희 마음향기연구소 소장

유통업계에서 15년째 일하고 있는 김 과장입니다. 현재 고객 서비스 부서 팀장을 맡고 있고, 주된 업무는 내부고객과 외부고객의 불만^{complaint}을 중재하는 일입니다. 제품 불량부터 배송 지연, 응대 태도까지, 팀원들이 정신적으로 무너지지 않도록 중간에서 완충 역할을 하다 보니, 정작 제 감정은 돌볼 틈이 없습니다. 저의 감정을 조절하고 스스로 건강하게 근무를 하고 싶은데, 이런 상황에서는 어떻게 해야 할까요?

내 안의 회복 자원

•

일하다 보면 누구에게나 그런 날이 있습니다. 아침부터 일이 꼬이고, 중요한 회의에서는 말을 엉키고, 기대했던 결과는 돌아오지 않는 날이요. 어디서부터 잘못됐는지 모르겠는데, 마음과 일이 동시에 꼬이는 그런 날 말입니다. 그럴 땐 나도 모르게 속으로 중얼거리게 됩니다.

"나만 왜 이러지?"

"왜 이렇게까지 힘들지?"

이런 날엔 마블 시네마틱 유니버스 장편 영화 〈어벤져스〉 시리즈에 등장하는 슈퍼히어로처럼, 누군가가 불쑥 나타나서 이 상황을 멋지게 정리해 줬으면 싶어집니다. 하지만 현실은 어림도 없지요. 갈등을 해결하는 것도, 마음을 추스르는 것도, 결국은 나의 몫입니다. 순간순간 당혹스럽지만 그런 순간을 수없이 겪으면서, 나는 조금씩 깨닫습니다. 그 힘은 이미 내 안에 존재한다는 것을요. 지금부터 내 안에 숨겨진 슈퍼히어로, 곧 내 안의 회복 자원을 하나씩 살펴볼까요.

감정의 이름 짓기

•

꼬인 하루의 시작은 대부분 '복잡한 감정'에서 비롯됩니다. 짜증, 서운함, 억울함, 위축감…. 이런 감정들이 한데 얽혀 나도 내 마음을 잘 모르는 순간이 찾아옵니다. 그럴 때는 일단 그 복잡한 감정에 이름부터 붙여 보자는 겁니다.

"나는 지금 속상해."

"실망했어."

"불안하고, 무력감을 느껴."

이름을 붙인 감정은 생각보다 다루기 쉽답니다. 마치 어두운 방에서 불을 켠 것처럼 감정이 더는 나를 지배하지 못하지요. 이름을 붙인다는 건 객관적으로 바라본다는 것이고, 객관적으로 바라보는 순간 그 대상과 적절한 거리가 생기는 것입니다. 그 객관적 거리가 생기면 그 대상이 더 이상 내 안에서 나를 쥐고 흔들 수 없게 되는 것이죠. '이건 감정이야, 내가 틀린 사람이 된 게 아니야.' 그걸 인식하는 순간부터 마음의 숨통이 트이기 시작한답니다.

멈춤의 연습

●

어떤 감정이 올라올 때, 사람은 그 감정에서 놓여나기 위해 뭔가를 '더 해야 한다'는 생각에 휘둘리기 쉽습니다. 하지만 정작 필요한 건 '멈추는 연습'입니다. 그런 날이 오면 나는 커피 한 잔을 들고 조용한 창가에 다가섭니다. 그리고 한동안 창밖을 내다보며 천천히 숨을 깊이 들이마시고 내쉬기를 반복합니다. 커피잔의 커피가 마시기 좋을 만큼 식을 때까지의 그 몇 분이 나를 다시 회복하게 합니다. 그런 다음 향과 함께 천천히 음미하는 커피 한 잔! 그 멈춤의 순간이 회복으로 접어드는 문입니다. 바쁘고 혼란스러운 순간일수록 잠깐이라도 멈추는 선택은 나를 지키는 길이 된답니다.

"지금은 멈춰도 괜찮아."

이 한마디를 당신의 마음속에 심어 두시길⋯.

내 안의 어벤져스

•

누구나 마음속에 어벤져스를 하나씩은 품고 삽니다. 갈등의 순간마다, 나는 그들을 차례로 소환한답니다. 캡틴 아메리카처럼 냉철하게 본질을 파악하는 힘, 블랙위도우처럼 흔들리지 않는 침착함, 아이언맨처럼 문제를 창의적으로 풀어내는 감각, 헐크처럼 거대한 감정을 조용히 누를 줄 아는 인내, 그리고 호크아이처럼 조용히 옆을 지키는 자존감⋯.

이 모든 슈퍼히어로는 누군가 밖에서 구해 주는 존재가 아니라 내 안에서 언제든 호출 가능한 힘입니다. 힘들 때면 이 중 하나만 꺼내 보세요. 그걸 떠올리는 순간, 당신은 스스로를 다시 일으킬 수 있을 겁니다.

관계 정리하기

•

마음이 뒤엉킨 날엔 관계도 같이 흔들리기 마련입니다. 그동안 참았던 말, 쌓인 감정, 애써 참아 넘겼던 태도가 새삼 거슬립니다. 하지만 이런 감정이 터졌을 땐 무조건 참거나 폭발하기보다 선택을 해야 합니다. 어떤 관계는 대화가 필요하고, 어떤 관계는 조용한 거리 두기가 답입니다. 모든 사람과 가까울 필요는 없습니다. 내 마음을 덜어내고 나를 지킬 수 있는 거리감, 그건 이기심이 아니라 회복의 방식입니다.

"지금 내 감정은 이 관계에서 비롯된 게 아닐까?"

한 번쯤 이렇게 스스로에게 묻고 필요한 정리를 시도해 보세요.

내일을 살아내는 힘

•

자, 이제 마지막으로 하나를 더 소환해 볼까요? 바로 나만의 '작은 승리'랍니다. 온종일 일이 꼬였고 기운이 빠졌지만 돌이켜 보면 그런 날에도 잘한 일 하나쯤은 있기 마련입니다. 어색한 분위기를 끝까지 감싸 안은 말 한마디, 누군가 대신 짐을 나눠 든 조용한 배려, 울컥할 뻔한 순간에 내뱉지 않았던 한숨…. 이런 작고 조용한 행동들이 스스로에게 줄 수 있는 최고의 응원입니다.

"그래도 나, 오늘 잘 버텼어."

"생각보다 괜찮은 선택을 했어."

이 문장을 스스로에게 들려주세요. 그 한마디가 내일을 다시 살아낼 나에게 가장 든든한 힘이 된답니다.

그리고 무엇보다, 내가 내 기여를 알고 있다는 사실 자체가 가장 큰 인정임을 잊지 마세요. 세상이 몰라도 나는 알고 있잖아요. 그 하루의 수고를, 내가 얼마나 치열하게 감당했는지를요.

다음의 이 말은 꼭 잊지 마세요.

갈등과 감정은 늘 함께 옵니다. 조직이라는 곳이 사람으로 엮인 공간인 이상, 이런 날은 반복됩니다. 하지만 그때마다 기억하세요. 감정을 알아채고, 나를 위한 선택을 할 수 있다는 것. 그건 이미 당신이 성장하고 있다는 증거입니다. 누군가는 몰라줘도 내가 나를 알아주는 연습, 그게 바로 진짜 '리더십'입니다.

도움을 구할 멘토는
어디서, 어떻게 찾아야 할까요?

김남주 축산물품질평가원 처장

저는 외국계 회사에서 차장으로 일하는 38세의 워킹우먼입니다. 결혼한 지 5년 됐고, 일에 대한 욕심이 많은 ESTJ 성격이에요. 지금까지는 업무 실적으로 인정받으며 잘 살아왔는데, 이제 마흔을 앞두니까 출산과 승진 사이에서 정말 고민이 많아지더라고요. 그럴 때 편하게 이야기 나눌 멘토가 있었으면 하는데, 찾기가 어렵네요. 이제 중간관리자로 승진을 앞두고 있는데, 아이를 낳으면 지금처럼 일에 집중할 수 있을까, 제 경력에 문제가 생기지 않을까 걱정이 돼요. 멘토나 전문가를 만날 기회, 어디서, 어떻게 찾아야 할까요?

구하라, 그러면 얻을 것이다

•

멘토는 경험이 많은 분이고, 멘티는 배우고 싶어하는 사람이죠. 하지만 진정한 멘토링은 한쪽에서만 가르치는 게 아니라 서로 함께 성장해가는 거라고 생각합니다. 내가 일하면서 누군가의 멘토가 되기도 하고 멘티가 되기도 하면서 깨달은 게 있어요. 멘토는 그냥 기다린다고 저절로 나타나지 않더라고요. 용기를 내고 먼저 다가가야 합니다. 혼자 힘들어하고 계신 분들께 꼭 말씀드리고 싶어요. 마음에 드는 배울 점이 있는 사람을 발견하면 먼저 다가가세요. 거절당할까 봐 무서워서 시도하지 않으면, 언제까지나 혼자일 수밖에 없지요. 적극적으로 다가서세요.

내가 이직을 고민하던 때였어요. 성공적으로 이직해서 경력을 잘 쌓아가고 계신 선배님이 계셨는데, 나와는 연락이 끊어졌었죠. 중간에 아는 후배를 통해 연락처를 받아서 용기를 내어 먼저 연락드렸어요. 그러자 그 선배님은 정말 친절하게 사무실로 불러 주시고, 그날 현 회사에서 이직의 장단점부터 현재 업계 시장 상황까지 현실적인 조언을 많이 해주셨어요. 그 인연 이후 그 멘토 분도 나도 몇 번의 이직을 하면서 지금도 믿고 의지하며 계속 연락하고 지낸답니다. 내가 먼저 다가가지 않았다면 이런 좋은 기회는 없었을 거예요. 그분의 값진 경험을 얻으려면 먼저 다가서는 노력을 해야지요.

다시 한번 강조하지만, 멘토링은 서로 주고받는 거예요. 멘토를 찾고 멘티와 연결되는 건 일방통행이 아닙니다. 멘티도 멘토에게 새로운 시각과 에너지를 줍니다. 성공한 리더들이 자주 하는 말이 "젊은 세대와 대화하면서 나도 많이 배운다"예요. 그러니 무엇을 줄 수 있을지 너무 걱정하지 마세요!

내가 미국 본사 인턴이었던 미국 대학생 한 명을 멘토링 하던 때였어요. 마케팅을 전공하는 열정 넘치는 대학생이었지요. 평소 내가 자주 듣던 질문이 아니라 정말 신선한 질문을 던지더군요. 그 학생의 신선한 질문 덕분에 한국에서는 당연하다고 생각했던 것들, 현업에서 관성적으로 하던 것들에 대해 다시 한번 고민하게 되었습니다. 본질을 보는 새로운 시각 덕에 나에게도 큰 자극이 되었죠. 여러분도 분명 멘토에게 줄 수 있는 게 있습니다. 그게 바로 멘토가 여러분을 선택할 중요한 이유가 되는 거죠.

처음 연락하는 메일의 힘을 믿어 보세요

•

많은 분들이 잘 모르는 사람에게 먼저 메일 보내는 걸 부담스러워하시는데, 생각보다 괜찮은 방법입니다. 몇 년 전에 나는 정말 존경하는 글로벌 임원님께 용기를 내어 메일을 보낸 적이 있습니다.

"○○ 회장님께, 저는 회장님의 커리어 여정을 오랫동안 관심 있게 지켜봐 왔습니다. 특히 ○○신문 인터뷰에서 말씀하신 '여성 리더십의 진정성'에 큰 감명을 받았습니다. 늘 응원하고 있습니다."

바쁘신 글로벌 임원이라 답장은 기대하지 않았는데, 어느 날 메일함에 간단한 답변이 와 있더라고요. 고맙다고! 이듬해에 한국에 출장을 오셨고, 운 좋게 같이 대화 나눌 기회까지 가질 수 있었어요. 그분은 나의 적극성에 응답해 주셨고, 나는 그 기회를 통해 정말 많은 걸 배웠답니다. 이때 해주신 질문이 내가 경력을 계발하면서 늘 고민하는 화두입니다. "Nikki, What is your next journey(니키, 당신의 다음 행보는 무엇이죠)?" 지금에 머무르지 않고 항상 다음을 생각하는 질문, 아직도 나는 그 화두를 던지며 생각을 하게 됩니다.

물론 이런 이메일을 쓸 때 주의할 점이 있습니다. 요즘은 스팸 메일로 오해받을 수 있으니까 이메일 제목에 정확하게 회사명과 이름을 써 주시고, 메일 보내고 나서 링크드인으로 한 번 더 연락드리는 것도 좋은 방법이에요. 이메일이 부담스럽다면 가볍게 카톡이나 문자는 어떨까요? 컨퍼런스나 회의에서 얼굴 한 번 스쳐 지나간 업계 선배나 동문, 전문가들에게 안부 문자 한 통이 작은 물꼬가 되어 멘토를 찾는 길에 도움이 될 수도 있어요.

작은 팁 하나 드리자면, 컨퍼런스 당일에는 많은 사람을 만나서 복잡하니까 바로 문자 보내는 것보다는 다음 날 아침이나 그다음 주 월요일쯤 점심 이후에 "좋은 아침입니다(또는 점심 맛있게 드셨나요?). 어제 ○○ 컨퍼런스에서 인사드린 아무개입니다"라고 가볍게 연락을 시작하면 대부분 반갑게 받아 주십니다.

네트워크도 계획적으로

●

이미 직장생활에 익숙하신 분이라면 네트워크도 업무하듯이 체계적으로 접근할 수 있을 거예요. 내가 아는 리더 한 분은 매주 월요일 아침마다 신문이나 링크드인에서 리더 한 명을 선택해서 그분들의 최근 인터뷰나 기고문을 읽으신대요. 인상 깊은 문장을 메모하고, 그걸 바탕으로 메일을 쓰셨다고 해요. 한 달에 네 통의 메일을 보내다 보니 자연스럽게 멘토 리스트가 쌓였고, 그 발판으로 네트워크를 키워가셨다고 하더라고요.

개인적으로는 사외 멘토뿐 아니라 사내에도 멘토를 두시라 추천합니다. 선배 한 분은 사내 영어 모임에서 같이 공부한 타 부서 임원을 멘토로 모시면서 사내의 정보도 얻고, 다양한 각도의 피드백을 받는 좋은 경험을 하시더라구요.

남성 중심의 술자리 네트워킹이 부담스러웠던 나는 새로운 방식을 만들어 봤어요. 점심시간을 활용한 '런치 앤 런Lunch&Learn' 미팅과 '줌 커피챗Zoom Coffee chat' 미팅이에요. 바쁜 리더들도 점심은 드셔야 하잖아요. 짧고 집중적인 만남이 오히려 대화를 더 알차게 만들더라고요. 그리고 시간 제약이 있는 분들은 줌으로 각자 샌드위치와 커피 마시면서 짧게 하는 멘토링도 정말 효과적이었어요.

멘토는 여러 명으로 거미줄 치기

•

많이 모자라다고 느꼈던 나는 멘토 한 분으로는 다 채워지기 어려웠어요. 나는 두 종류의 멘토가 필요했죠. 업계 선배인 커리어 멘토, 그리고 일과 가정의 균형을 이룬 라이프 멘토요. 각각의 멘토에게 배우는 게 달랐고, 그분들의 조언이 서로를 보완해 주더라고요.

커리어 멘토는 업계 이슈들과 그 속에서 핵심을 짚어가는 것에 도움을 주셨어요. 업계 짬 경험이 없다면 알 수 없는 것들이었죠. 라이프 멘토는 아이들 사춘기 때 방법을 몰라 해맬 때, 학원 선정부터 아이와의 관계 설정까지 큰 도움을 주셨어요.

가장 기억에 남는 멘토는 글로벌 멘토였어요. 회사의 글로벌 멘토링 프로그램에서 만난 글로벌 기업 임원이셨지요. 그분과 멘토링 하면서 영어 공부도 되고 따뜻한 위로도 받았습니다. 실무적으로도 마케팅 경험이 많은 그 멘토는 줌 회의 이후에 메일로 참고 자료와 도움 되는 내용을 보내 주셨어요. 지금도 그때의 기억이 생생해요.

한 달에 한 번씩 하는 화상 멘토링이었어요. 그때마다 나는 영어에 자신 없어서 발표 자료를 따로 준비했어요. 그래야 보고 읽을 수 있으니까요. 궁금하고 물어보고 싶은 걸 정리해서 줌 화면에 띄우면, 멘토가 다시 나에게 질문을 하시더라고요. 그런데 신기하게도 평소에 안 나오던 영어가 술술 나오더군요. 한 시간이 쏜살같이 지나가고 칭찬받은 초등학생처럼 뿌듯해져서 멘토링을 마치곤 했죠. 어설픈 내 영어를 경청하고 공감해 주셨던 그 멘토 덕분에 자신감을 얻었고, 다음 멘토링을 신나게 준비했었죠. 그러고 나선 보내 주신 자료들을 참고해서 다음번 미팅에서 다시 피드백 받고…. 그러면서 경청와 공감이 나를 일으켜세웠던 그 경험이 곧 내가 성장하는 좋은 계기가 되었답니다.

외국계 기업에서만 근무했던 내가 새롭게 공공기관에 들어와서 경력을 확장해 나가는 경험을 해볼 용기를 낼 수 있었던 것도 글로벌 멘토가 응원과 힘을 보내 주었기 때문이다.

마지막으로 여러분의 가치를 믿으세요

●

지금까지 쌓아 온 실력과 경험은 결코 헛되지 않습니다. 새로운 도전 앞에서 불안한 건 당연해요. 하지만 그 불안감이 여러분의 발걸음을 멈추게 하지는 마세요. 다음 세 가지는 꼭 기억하세요.

첫째, 여러분의 능력은 이미 충분히 증명되었어요.

둘째, 진정성 있는 소통은 언제나 길을 열어 줘요.

셋째, 완벽한 선택은 없지만, 현명한 선택은 분명 있어요.

사회인으로 우리가 가는 여정이 결코 쉽지만은 않아요. 하지만 여러분 앞에는 더 넓은 세상이 기다리고 있답니다. 지금 스마트폰을 켜고 링크드인이나 리멤버를 열어 보세요. 그리고 마음에 드는 멘토를 찾아서 지금 바로 메시지를 보내 보세요. 인생의 모든 변화는 작은 용기에서 시작된답니다.

4부

지치지 않는 단단한 마음

슬럼프의 깊은 수렁에서 벗어날 방법은 무엇일까요?

김경하 한국가스기술공사 부장

5세와 7세의 아이를 키우며 직장생활을 하는 여성 직장인입니다. 이제 입사한 지 10년 차. 나름 주어진 업무도 열심히 해내고, 일에 대한 열정도 있습니다. 그런데 이렇다 할 특징이 없는 성향이라, 육아와 직장생활에 치여 힘들면서도 미래에 대한 불안과 현재의 지지부진함 속에서 어떻게 지내야 하는지 답답하기만 합니다. 주변에서는 슬럼프가 온 게 아니냐고도 하고요. 이렇게 불안과 무기력 속에서 지내는 제가 이제는 견딜 수 없이 싫은데, 쉽게 빠져나오지 못하고 있어 더욱 답답합니다. 슬럼프에서 벗어날 방법은 없을까요?

슬럼프는 찾아오지만, 반드시 지나간다

•

1996년 1월, 공공기관에 입사한 이후 지금까지 재직 중이니 30년이 되었네요. 당시 내가 속한 조직은 근무연수에 따른 호봉제가 적용되는 곳이었습니다. 또한 일정 기간이 지나면 자동 승급이 되고, 일정 직급까지는 자동 승진이 되는 시스템이었지요. 그러다 보니 살아남기 위한 경쟁이라는 개념이 별로 없었던 것 같습니다.

돌이켜 보면 경쟁 상대인 '누구'보다 잘해야 하는 것이 아니라 '나 스스로', '어제의 나'와 경쟁해야 했습니다. '타인과의 경쟁이 없다고? 얼마나 좋을까' 하고 생각할 수도 있겠군요. 하지만 경쟁이란 형제자매가 태어나면서부터 시작된다는 말처럼, 다양한 모습으로 존재하기 때문에 '경쟁이 없다'는 말은 맞기도 하고 틀리기도 합니다. 이런 환경에서 저마다의 모습으로 직장생활을 해나갈 텐데 내 경우 매일같이 평온한 일상이 반복되는 데서 오는 지루함(?)과 이런 일상이 길어질수록 오히려 마음 한편에 불안함이 차오르더군요.

개구리도 뛰려고 할 때에는 몸을 잔뜩 움츠린다

•

다산茶山 정약용 선생의 《여유당전서與猶堂全書》 시문집 제9권에 나오는 말 중에 이런 말이 있습니다. "개구리도 뛰려고 할 때에는 몸을 잔뜩 움츠린다蛙之將躍 亦蹵而跼."

내 고향은 정읍인데 책에서 글로나 볼 수 있을 법한 '첩첩산중疊疊山中'에서 어린 시절을 보냈습니다. 말 그대로 '여러 산이 겹치고 겹친 산속'이었지요. 내가 살던 마을에는 대부분이 친인척이 살고 있었는데 무슨 일이든 함께 했던 것 같습니다. 특히, 경칩이 되면 '땅속에서 겨울잠을 자던 개구리가 깨어난다'고 하여 어른들은 그 개구리를 잡으러 다니셨습니다. 그럴 때마다 고작 대여섯 살일 때부터 나는 아빠를 따라서 그 무리에 끼어 있었습니다. 산중이라 아직 얼음이 얼어 있었는데도 해가 잘 드는 양지의 땅을 파고 개구리를 잡았지요.

잡은 개구리는 살이 제법 붙어 있는 뒷다리 부분만 떼어낸 후 요즘으로 치면 제육볶음 맛과 유사한 양념을 하여 볶아 주면 참 맛있게 먹곤 했습니다. 지금 먹으라고 하면 선뜻 손이 가지 않겠지만 어릴 때여서 개구리라는 생각보다는 먹을 것이라는 생각이 앞섰을 테니까요.

열 살이 되던 해 살고 있던 마을이 댐 건설로 수몰지구가 되어 이사를 나왔습니다. 첩천산중에서 지평선이 보이는 곡창지대로 이사를 했는데 이곳도 시골인지라 개구리가 참 많았지요, 참개구리나 청개구리가. 특히, 손톱만 한 청개구리가 예뻐 보여서 뛰는 모습을 지켜보기도 하도 손바닥 위에 올려 두고 관찰도 하곤 했습니다. 순식간이지만 뛰기 위해 몸을 웅크리는 모습, 눈을 껌뻑이는 모습, 촉촉하고 얇은 피부…. 이런 개구리에 대한 추억은 어린 시절 다른 추억과 함께 간간이 떠오르곤 합니다.

이렇게 개구리와의 특별한 인연(?) 때문이었을까요? 슬럼프라고 할 수 있는 시기에 개구리를 생각하게 된 것은…. 나중에 알게 되었지만, 다산 선생은 "개구리가 장차 높이 뛰려 한다면 '蹙踖(축국)'의 웅크림이 반드시 있어야 한다"고 강조하셨더군요. 그러고 보니 나만 개구리를 떠올린 건 아니었나 봅니다.

불안한 미래를 위해 전문성을 키우자
•

무료할 새 없이 바쁜 일상이지만, 마음 한편에서는 아무것도 하지 않고 있는 일상이 불안했습니다. 나만 뒤처지는 것 같고, 어떤 것을 해도 일상의 반복 같아 흥미가 없어지더군요. 아이들 커가는 모습에서 기쁨과 행복감을 느끼기도 했지만, 그것과는 결이 다른 무력감 같은 것이 있었던 모양입니다.

내 스스로 그 시기를 '슬럼프'라 생각했습니다. 당시 시간이 나면 짧은 일기 쓰기를 즐겨 했는데 '내가 마치 멀리 뛰기 위해 움츠린 개구리 같다. 그런데 너무 오래 움츠려서 이제는 뛰는 법을 잊어버린 것은 아닐까 싶다'는 내용을 적어 두었던 기억이 납니다. 어떨 때는 너무 오래 움츠려서 다리에 쥐가 나서 그대로 굳어버린 것은 아닐까 싶은 생각을 하기도 했던 모양입니다.

미취학 아이를 키우며 직장생활을 할 때 나는 뒤처지고 다른 주변 동료, 후배들은 달려 나가고 있는 것 같았거든요. 내 또래 다른 직원들은 상사, 선후배, 동료 직원들과 퇴근하면서 술자리를 가지며 친목을 다지는데 나는 퇴근을 하면서도 아이들 케어를 위해 집으로 출근하는 느낌이었습니다. 워크숍은 회사의 공식적인 행사이니 외박 사유가 되지만 상사의 지나친(?!) 배려로 못 참석하게 된 때도 여러 번이었습니다.

외톨이가 되는 것 같았습니다. 회사 돌아가는 사정을 다른 사람들은 알고 있는데 나만 모르는 것 같았고, 어떤 경우에는 상사가 회식 자리에서 술 잘 마시고 잘 노는 직원을 더 챙기는 것 같아 속상하기도 했지요. 업무적으로도 같은 업무를 오랫동안 하다 보니 다 아는 내용에 별다를 게 없는 것 같았습니다. 그러니 나 홀로 정체된 느낌을 받는 것도 무리는 아니었을 테지요.

매일같이 평온한 일상이 육아를 위해서는 감사할 일이라는 걸 나중에 알게 되었지만, 당시에는 감사함보다 막연한 불안감이 계속 함께했기 때문에 돌파구가 필요했습니다. 주어진 상황에서 택할 수 있는 선택지는 많지 않았습니다. 회사에서는 업무를 해야 했고, 집에서는 아이들과 함께하거나 집안일을 해야 했으니까요. 내가 낼 수 있는 시간은 점심시간과 주말 일부뿐이었기에 그 시간 동안 뭔가 해보고 싶었습니다.

운동을 할 수도 있었지만, 자격증 준비가 더 매력적으로 보이더군요. 담당 업무의 난도가 높은 것은 아니었지만 '오늘의 나는 내년의 나와 달라야 한다'는 생각과 '연차가 쌓이고 상위 업무를 잘하기 위해서는 지식을 더 쌓는 것이 필요하다'고 생각했기 때문입니다.

학업에서 손을 뗀 지 얼마 되지 않았고 좋아하는 분야라서 준비한 만큼 합격도 할 수 있었습니다. 이 과정에서 가장 좋았던 점은 자격증을 취득했다는 것보다 짬을 내서 공부해도 성취를 이룰 수 있다는 것이었어요. 덤으로, 내가 조금은 성장한 것 같았고, 시간을 허투루 보내지 않았다는 생각에 뿌듯했답니다. 그렇게 관련 분야 자격증을 단계별로 취득해갔습니다. 용기를 내서 세무사 자격증에 도전했지만, 현실의 벽을 넘기는 어려웠습니다.

그러나 도전 과정에서 남은 많은 전문지식은 업무에서 전문성을 발휘하는 데 큰 밑거름이 되었습니다. '가다가 중지하면 아니 감만 못하다'는 속담이 있는데 우리 가족은 '가다가 중지하면 간 만큼 남는다'는 말과 함께 언제나 도전을 응원합니다.

가슴에 난 구멍은 인문학으로 채울 수 있다

•

그렇게 지내던 어느 날부터 가슴 한구석에 구멍이 생긴 것 같았는데, 그것이 무엇인지는 잘 모르겠더군요. 삼십 대 후반, 뭔가 부족하단 생각이 강하게 들었습니다. 지식은 쌓이고 있는데 '이런 지식을 쌓으면 인생을 풍요롭게 살 수 있는 것일까?'라는 의문이 드는 것이었습니다. 아이를 키우면서 가장 많이 구입한 것이 책이었습니다. 반드시 인문학 서적을 읽힐 거라는 나름의 다짐이 있기도 했으니까요. 자신의 철학을 가진 단단한 사람으로 키우고 싶어서였는데, 지나고 보니 나만의 철학이 없어서 흔들리는 내가 싫어서 아이들에게 그랬던 것인지도 모르겠습니다.

책을 많이 읽지는 못했지만, 종종 읽곤 했는데 당시 인문학 서적을 읽다가 고전을 접하게 되었습니다. '오~, 유레카! 이것이구나!' 소크라테스, 플라톤, 니체…, 읽어 본 분들은 아시겠지만, 철학자가 쓴 책을 읽기는 쉽지 않더군요. 끝까지 읽기도 어렵지만 다 읽었다고 해도 무슨 내용인지 알기가 쉽지 않았습니다. 오죽하면 '세계문학전집이 책장에 꽂혀 있는 집은 많지만, 그것을 읽어 본 사람은 없다'는 우스갯소리도 있지 않습니까.

내가 이해하는 게 맞는지 알 수는 없지만, 부분부분 그들의 이야기는 재미있었습니다. 그래서 쉽게 풀이한 인문학 강의 서적을 찾아 읽기 시작했지요. 그러다 야심차게 한 달에 백 권 읽기에 도전하기도 했습니다. 물론 일 년 내내 스무 권 조금 넘게 읽는 데 그쳤지만, 평소에 일 년에 열 권도 겨우 읽을까 말까 였던 것에 비하면 큰 진전이었지요. 그렇게 인문학 고전 서적을 찾아 읽는 동안 가슴에 뚫린 구멍도 메워지고 있었던 모양입니다. 나의 삼십 대는 이렇게 저물어가고, 아니 익어가고 있었습니다.

'친절함'은 좋은 아이템이다

•

이렇게 삼십 대를 지내는 동안 회사 동료와 잘 어울리지 못하는 데서 오는 소외감, 외로움 등으로 힘들었습니다. 성격이 조용하고 차분하기 때문에 더 그런 점도 있었을 테지요. '어떻게 해야 할까…' 나름 많은 고민을 했습니다. 그런데, 나에게도 내가 모르는 장점이 있었던 모양입니다. 바로 '친절함'이 그것이었습니다. 회게나 세무 업무를 잘 몰라서 내게 물어보면 친절하고 자세히 알려줘서 정말 좋았다는 말을 자주 듣곤 했습니다. 특히, 기억에 남는 것은 당시 부장님이 해주신 말씀이었지요.

부장이라는 자리는 몰라도 물어보기가 쉽지 않습니다. 게다가 회계세무 분야는 직접 해보거나 배경지식이 없을 경우 모르는 상태로 결재를 하기 십상이지요. 그럴 경우, 그 윗선에 보고하는 업무는 차장이나 과장이 하는 상황이 발생하기도 합니다. 나보다 위에 베테랑 과장님이 계셨는데 어찌하다 보니 부장님께서 내게 묻게 된 상황이었죠. 알고 있는 내용이라서 자세히 설명을 해드렸는데 설명을 하다 보니 막히는 부분이 있었습니다. 부장님께 양해를 구하고 막혔던 부분을 확인한 후 다시 설명을 해드렸고요. 그후 내가 먼저 다른 부서로 이동했는데, 그후 그 부장님과 다시 만나게 되었습니다. 부장님께서는 그때를 회상하시면서 친절하게 설명을 해줘서 너무 좋았다고 하시더군요. 나의 친절함이 겉으로 봐왔던 내 모습과 달라서 다시 보게 되었다고요. 그리고 어려운 내용을 이해하게끔 설명하려고 애쓰는 모습도 보기 좋았다는 말씀을 해주셨습니다.

시간이 지날수록 사람들 틈에서 느끼는 소외감과 외로움이 거의 사라져갔습니다. '내가 외로움을 느끼는 것'이지 '외로운 사람'은 아니라는 것을 알게 된 셈이랄까요. 그 과정에서 가장 중요한 역할을 한 것은 바로 '친절함'이었던 것 같습니다. 만약 지금 사는 게 팍팍하고 내 맘 같지 않다면 '친절함'에 대해 생각해 보는 것도 좋은 방법이라 믿습니다.

지금 당신에게 주어진 환경이 답답하고 돌파구가 없어 보이지만, 우리는 그 시간을 '버티고 지나가야' 합니다. 천하의 위대한 영웅들은 일을 도모하기에 앞서 때를 기다리며 웅크릴 줄 알았다죠. 강태공은 천하를 도모할 사람을 만나기 위하여 곧은 낚싯바늘을 드리우고 세월을 낚으며 때를 기다렸고, 제갈공명은 남양에서 밭을 갈며 자신을 찾아와 줄 귀인을 기다렸다고 합니다. 작고하신 이외수 선생님께서도 "개구리가 잔뜩 웅크리고 있는 뜻은 멀리 한 번 뛰어 보겠다는 뜻입니다. 한동안 일이 잘 안 풀리더라도 위축될 필요는 없습니다. 그대 또한 멀리 뛰기 위해 웅크리고 있는 것일 뿐, 스스로 좌절하거나 포기하지 않는 한 기회는 반드시 오기 마련입니다"라는 말씀을 남기셨지요.

힘들어도 그대가 지나가야 하는 여정이라면 미래를 준비하는 도약의 시간으로 만들어 보면 어떨까요? 적극적인 기다림이 더 많은 기회를 가져다줄 것을 우리는 알고 있으니까요.

참! 너무 오래 움츠려서 다리에 쥐가 나서 그대로 굳어버린 것은 아닐까 걱정했던 경하 개구리. 지금은 어떤지 궁금하지 않나요? 아이들 대학 보내고, 군대도 다녀오고, 직장에서 부장으로 승진도 하고 폴짝폴짝 잘 뛰고 있답니다. 하하하

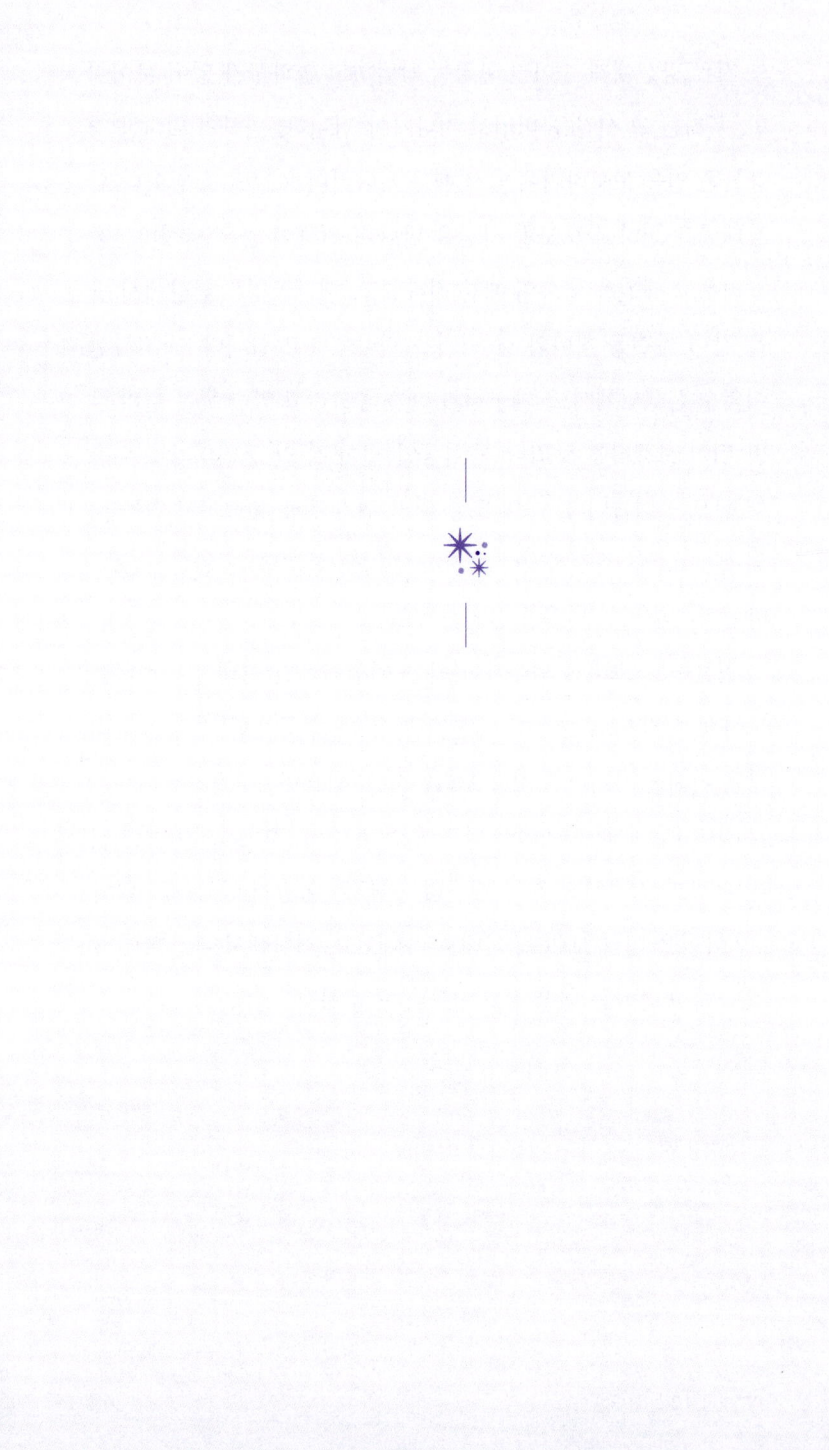

건강하게 오래 일하려면
자기 관리를 어떻게 해야 하나요?

김남주 축산물품질평가원 처장

두 아이를 키우는 사십 대 워킹맘입니다. 직장에서는 중간관리자로 꾸준히 경력을 쌓아가고 있어요. 첫째는 초등학교 2학년이고 둘째는 유치원에 다니고 있습니다. 요즘은 정말 체력적으로 너무 힘들어요. 새벽 6시에 일어나서 아이들 아침 준비시키고, 어린이집과 학교에 데려다주고 출근해서 온종일 회의하고 업무 처리하다가 퇴근하면 다시 아이들 픽업하고 저녁 준비에 숙제 봐 주고…, 하루하루가 전쟁 같아요. 주변 선배들을 보니까 더 걱정입니다. 저보다 몇 년 앞서 이 길을 걸어온 선배들이 "더 이상 못하겠다", "몸이 안 따라 준다"고 하시면서 회사를 떠나가는 모습을 보거든요. 이런 식으로 계속 달리다가는 저도 선배들처럼 중도에 포기하게 될까 봐 두려워요. 건강하게 오래 일하려면 어떻게 자기 관리를 해야 하나요?

그럼에도 불구하고 나를 지키자

직장인의 삶이 끊임없는 성장과 도전의 연속이잖아요. 특히 일과 가정을 동시에 이끌어가야 하는 워킹우먼에게는 자기 관리가 선택이 아니라 필수예요. 하지만 일하고 돌아오면 녹초가 되어 있고, 집으로 돌아와도 또 다른 출근이 되는 도돌이표 생활이 되면 자기 관리에 신경 쓸 여유가 없네요. 그럼에도 불구하고 나를 위해, 나다운 삶을 살기 위해서는 무엇보다 나를 먼저 지키고 관리해야 한다는 거 꼭 기억해 주세요.

바라는 바를 이루고 싶다면 체력이 먼저

드라마 〈미생〉에 나오는 대사 기억하세요? 장그래의 바둑 스승이 그래에게 해주는 말이요. "네가 종종 후반에 무너지는 이유, 데미지를 입은 후에 회복이 더딘 이유, 실수한 후 복구가 더딘 이유, 다 체력의 한계 때문이야. 체력이 약하면 빨리 편안함을 찾게 되고 그러면 인내심이 떨어지고, 그 피로감을 견디지 못하면 승부 따위는 상관없는 지경에 이르지. 이기고 싶다면, 네 고민을 충분히 견뎌 줄 몸을 먼저 만들어. 정신력은 체력의 보호 없이는 구호밖에 안 돼."

정말 공감되는 말입니다. 쉽게 밤을 새며 일하고, 파이팅 넘치게 일했던 이십 대, 삼십 대 초반과는 달리 사십 대가 되면 체력의 한계가 느껴집니다. 가정이 생기고 자녀가 있다면 더군다나 내 몸 챙기기는 뒷전으로 밀리기 십상입니다. 그렇게 몇 년이 지나버리면 몸과 함께 정신도 약해져요.

나 역시 욕심 있게 일도 하고 퇴근 후에 대학원도 다녔던 삼십 대와는 다르게 육아와 회사에서의 책임감으로 지칠 대로 지친 사십 대를 보냈습니다. 그 후반에는 암 진단을 받아 수술을 받고 회복하면서 병가를 내는 일이 생겼어요. 누구보다 체력을 자신했던 터라, 정신적으로도 견디기 힘들고 좌절이 컸었어요. 몸이 버티지 못하면 올바른 의사 결정도 힘들고 미래 지향적으로 행동하기 어려워지더라고요.

다행히 그 계기로 운동을 시작하게 되었고, 몸도 마음도 건강해지는 인생의 중요한 전환점이 되었어요. 몸이 건강해지고 체력이 좋아지니까 쉽게 흔들리지 않는 멘탈도 따라오게 되더라고요. 인생의 중반을 지나면서 이제 결실을 만들어야 하고, 혹시나 무너지더라도 다시 일어나는 데 무엇보다 체력이 중요합니다. 체력 관리는 단순히 건강을 위한 게 아닙니다. 체력은 업무 효율성과 삶의 질을 결정짓는 핵심 요소이기 때문입니다.

《마녀체력》의 이영미 작가는 삼십 대에 고혈압 진단을 받고 하나씩 운동에 도전해서 철인 3종을 완주하게 된 본인의 이야기를 책으로 펴냈습니다. 작가는 '운동은 육체는 물론이요, 정신에도 마술 같은 효과를 일으킨다'며 온종일 일에 치여 복잡했던 머릿속을 말끔하게 비워 주고, 사람들 사이에서 지친 마음에 숨길을 틔워 준다고 극찬했습니다. 이 책을 읽고 너무 좋아서 주변에 운동을 거부하는 체력 고갈자들에게 많이 선물했는데 다들 운동하고 계신가요?

작은 루틴의 힘을 믿어 보세요
●

바쁜 일상 속에서 운동을 위한 별도의 시간을 내기가 쉽지 않으시죠. 그런데 일상에 자연스럽게 녹아드는 운동 계획을 세우신다면 지속적인 실천이 가능해요. 출퇴근 시 한 정거장 일찍 내려서 걷기, 점심시간을 활용한 20분 걷기, 퇴근 후 20분 홈트레이닝 등이 그런 예예요.

   나도 운동을 싫어해서 사십 대까지는 숨쉬기만 하고 꼼짝도 안 했거든요. 퇴근하면 지쳤고, 아이들 돌보기도 버겁고, 점심에 카페에서 마시는 커피 한잔이 낙인데 그걸 포기하고 운동하기가 쉽지 않았어요. 사실 나는 몸보다는 마음 때문에 운동을 시작했어요. 새로 배치된 팀에서 정신적으로 너무 지쳐서 사람들을 피하기 위해 점심 운동을 시작했습니다. 점심을 불편한 사람들과 함께 하는 건 정말 지옥 같았거든요.

   그런데 점점 루틴이 되어버린 운동. 점심시간 운동을 통해 내 몸에 집중하게 되고, 그래서 정신적으로도 압박감과 스트레스에서 벗어나는 효과가 있더라고요. 이제는 집에서 하는 홈트도, 점심시간에 하는 운동 시간도, 주말에 즐기는 산책도 생활 속에 작은 루틴으로 자리 잡았어요. 《마녀체력》에서 이영미 작가가 제시하는 것처럼, 아침 15분 스트레칭으로 시작하는 간단한 루틴만으로도 하루의 컨디션이 달라질 수 있습니다.

성공한 여성 리더들의 공통점 중 하나가 철저한 체력 관리입니다. 세계적인 투자은행 모건스탠리의 최고재무책임자를 역임하고 현재 알파벳 수석부사장인 루스 포랫은 30년 이상 매일 새벽 5시에 일어나서 요가와 명상으로 하루를 시작한다고 합니다. 그분은 '아침 운동은 단순한 체력 관리가 아니라 하루의 리듬을 결정짓는 중요한 의식'이라고 강조하시더라고요. 특히 힘든 재무 의사 결정을 앞둔 날일수록 더욱 꼼꼼히 운동 루틴을 지킨다고 합니다. 이런 습관이 글로벌 금융위기 속에서도 냉철한 판단력을 유지하는 데 큰 도움이 되었다고 회고록에서 밝혔습니다. 페이스북 최고운영책임자였던 셰릴 샌드버그는 바쁜 일정 속에서도 점심시간을 활용한 걷기 회의를 즐겨 했다고 알려져 있어요. 이처럼 업무와 운동을 결합한 효율적인 시간 활용은 워킹맘들이 정말 참고할 만한 좋은 사례예요.

작은 것부터 시작해 보세요. 회사의 계단을 이용하거나 점심시간에 디저트 커피보다는 근처 산책을, 출퇴근 길에 운동화로 조금씩 걷기를. 작은 움직임을 만드는 루틴이 나비 효과가 되어서 일상이 훨씬 편안해지고 스트레스에서 한 걸음 뒤로 물러가서 나를 돌아보는 시간을 만들어 줄 거예요.

든든한 파트너를 활용해 보세요

•

바쁜 일상 속에서 체력 관리를 시작하려 할 때, 혼자서는 쉽게 포기하기 마련입니다. 하지만 요즘은 스마트폰 하나로도 든든한 건강 관리 파트너를 만날 수 있어요. 특히 워킹맘의 경우, 시간과 장소에 구애받지 않고 활용할 수 있는 디지털 도구들이 큰 도움이 돼요.

가장 먼저 추천하고 싶은 건 스마트폰의 기본 건강 앱이에요. 삼성 헬스나 아이폰의 건강 앱은 별도 설치 없이도 일상적인 활동량을 측정해 줍니다. 하루 종일 얼마나 걸었는지, 계단을 몇 층 올랐는지 등의 정보를 자동으로 기록해 주어서 자연스럽게 더 많이 움직이도록 동기를 부여해 줍니다. 특히 동기부여를 즐기신다면 하나씩 달성했을 때마다 주는 배지나 알람이 즐겁게 느껴지실 거예요. 하나하나 퀘스트를 깨는 즐거움이란! 그리고 요즘에는 '캐시워크' 같은 앱테크 앱도 걷기 운동과 연결되어 있어서 작은 금액이지만 꾸준히 하면 커피 한 잔쯤은 공짜로 마실 수도 있어요.

짧은 시간에 효과적인 운동을 하고 싶으시다면 '나이키 트레이닝 클럽' 앱을 활용해 보세요. 15분 이내의 짧은 운동 프로그램들이 많아서 출근 전이나 점심시간에 틈틈이 활용하기 좋아요. 특히 한국어 음성 가이드를 제공해서 운동을 처음 시작하는 분도 쉽게 따라 할 수 있거든요. 개인적으로는 유튜브 '빅시스'와 '심으뜸' 채널에서 10~20분 사이 운동을 찾아서 아침이나 저녁에 시간 날 때마다 하고 있어요.

퇴근 후에는 아이와 함께 운동하는 것도 좋은 방법이에요. 유튜브의 '땅끄부부' 채널은 부모와 자녀가 함께할 수 있는 운동 콘텐츠를 제공해요. 아이와 함께 웃으며 운동하다 보면 육아와 운동을 동시에 해결할 수 있거든요. 자녀가 어리시다면 '키즈요가' 영상을 활용해서 놀이처럼 체력 관리를 할 수 있어요.

회사의 복지 프로그램도 적극적으로 활용할 만해요. 최근에는 많은 기업들이 직원 건강 관리를 위해 헬스장이나 운동 수당을 지원하거든요. 사내 헬스장이 있는 경우도 있고요. 그리고 사내 동호회에 가입하시면 비슷한 상황의 동료들과 함께 운동하며 동기부여를 받을 수 있어요. 특히 점심시간을 활용한 걷기 모임은 운동과 네트워킹을 동시에 할 수 있는 좋은 기회예요. 이전 회사 건물 뒤에 뒷산이 있었어요. 한 바퀴 돌면 20분 정도인데 매일 돌다 보니까 만나는 같은 회사 다른 부서 사람들도 만나고 자연스럽게 오가며 인사를 하게 되기도 했어요.

주말에는 거주지 근처 주민체육센터를 이용해 보세요. 대부분 저렴한 비용으로 질 좋은 프로그램을 제공하고, 워킹맘을 위한 특별 시간대를 운영하는 곳도 많아요. 수영, 요가, 필라테스 등 다양한 프로그램 중에서 선택할 수 있고, 아이를 위한 프로그램도 함께 있어서 주말 시간을 효율적으로 활용할 수 있거든요.

이런 도구들은 한꺼번에 모두 시작하기보다는, 자신의 상황에 맞는 것 하나를 골라서 시작하는 게 좋아요. 예를 들어 첫 달은 걷기 측정만 해보고, 그다음 달부터 짧은 운동을 추가하는 식으로 점진적으로 늘려 나가시면 지속적인 실천이 가능해요. 주변을 둘러보세요. 함께할 의지를 가진 친구가 있다면 매일 조금씩 함께해 보세요. 인증샷도 찍으면서요. 그러면 포기하고 싶을 때 이끌어 주는 동력이 되기도 한답니다. 요즘 내가 들어가는 온라인 커뮤니티에서는 매일 운동을 하고 작은 인증을 하는 오픈 카톡방이 있어서 서로 동기부여하면서 운동을 하기도 한답니다. 혼자 하기 어려울 때는 이렇게 하면 더 오래 할 수 있습니다.

오늘부터 시작하는 작은 변화

●

워킹맘의 삶에서 완벽한 균형을 찾기는 어려워요. 그런데 지속 가능한 자기 관리 방식을 통해서 일과 가정에서의 만족도를 조금씩 높일 수는 있다고 생각해요. 작은 습관의 변화로부터 시작해서, 점진적으로 자신만의 건강한 루틴을 만들어가는 게 중요해요.

   시작이 반. 오늘부터 시작하는 작은 변화가 내일의 더 나은 삶을 만들 거라 믿습니다. 완벽한 슈퍼우먼이 되기 위해 무리할 필요는 없어요. 대신 자신의 페이스를 지키면서, 꾸준히 실천할 수 있는 건강 관리 방식을 찾아보면 어떨까요 이건 단순한 건강 관리를 넘어서, 좀 더 멋지고 행복한 내 인생을 위한 필수적인 투자가 될 거예요. 자자, 근육 1킬로그램이 1억 원의 가치라는데, 우리 미래를 위해 투자 좀 해볼까요.

애정하는 후배님께

사회생활의 즐거움 중 하나를 꼽는다면, 나는 좋은 사람들과의 인연을 꼽곤 합니다. 우리 함께 커피 마시고 세상 돌아가는 얘기를 나누는, 소소하면서도 평안한 즐거움…. 우리가 함께 했던 그 시간도 가끔 생각납니다. 지금은 서로 다른 조직에서 일하면서 가끔 메신저로 안부를 전하지만, 따뜻한 인연이 계속 이어지고 있어 참 좋아요.

내가 아는 한 후배님은 늘 열정적으로 일에 몰입하는 분이지요. 그런 까닭에 책임감 있게 맡은 바를 해내고, 새로운 도전 앞에서도 주저하지 않는 그런 사람…. 그렇게 자신의 길을 차분히, 또한 당당히 걸어가는 모습이 참 멋져요. 후배님의 그런 모습에 선배인 저 역시 큰 영감을 받는다는 걸 고백해야 할 거 같아요. 특히나 조직에서 인정받기 위해 애쓰고, 스스로를 채찍질하며 한 걸음 더 나아가려는 그 마음이 조금은 나와 닮아 있다는 생각이 들어서 더욱 마음이 기운답니다.

그래서일까요. 가끔은 후배님도 제 마음처럼 지치고 외로울까 봐, 혹시라도 자신의 소중함을 잊고 일에만 자신을 내어주고 있는 건 아닐까 걱정이 되곤 합니다. 그 마음을 누구보다 잘 알겠기에, 더 애틋한 마음이 든다고나 할까요. 살면서 시간이 지나야 깨우쳐지는 게 많잖아요. 여러 프로젝트도 해보고, 회사에서 성공도 해보고, 좌절도 해보고, 몸과 마음이 아파도 보고…. 가끔 뾰족하게 날이 서서 아등바등했던 지난날들을 돌아보면 뜨끔하기도 합니다. 그래서인지 내가 너무 아끼는 후배님에게는 조금이라도 얘기를 해주고 싶었어요.

저 역시 한때는 조직에서 인정받기 위해 애쓰던 시절이 있었어요. 그래서 일에 모든 것을 걸곤 했죠. 다른 누구보다 성과를 내고, 인정받고, 더 높은 곳을 바라보며 달려갔었지요. 그러다 보니 어느 순간 내 마음이 지쳐 있더군요. '나는 누구인가?', '내가 진짜 원하는 삶은 무엇일까?'라는 질문 앞에서 한참을 맴돌던 기억이 나네요.

하지만 시간이 흐르면서 깨달았습니다. 아무리 열심히 해도 회사는 언제든 대체할 수 있는 사람이 있다는 걸요. 더불어 내가 나를 사랑하고 인정하지 않으면 그 어떤 외부의 인정도 내 마음을 채워 주지 못한다는 사실도요.

아무리 일이 바쁘고 성과가 중요해도, 가끔은 한 걸음 물러서서 스스로에게 물어보세요. '나는 지금 행복한가?', '내가 원하는 삶을 살고 있는가?', '이 상자(회사) 밖의 나는 어떤 사람인가?' 그리고 '내가 나 자신을 충분히 인정하고 사랑하고 있는 가?'라고요. 마음속으로만 묻지 말고 입 밖으로 소리 내어 물어보면 그 물음이 훨씬 진지하게 스스로에게 전해질 거예요.

일에 몰두하는 그 열정은 너무도 소중합니다. 하지만, 그 열정만큼이나 자신을 아끼고 사랑하는 마음도 꼭 지켜 주세요. 회사와 나 사이에 적당한 거리를 두는 것은 내가 나를 지키는 가장 현명한 방법이라는 걸 말씀드리고 싶어요. 회사와 일정한 거리를 두는 것은 결코 무책임한 일이 아닙니다. 오히려 내가 더 건강하게, 오래 일할 수 있는 방법이기도 합니다. 회사는 언제든 떠날 수 있지만, 내 인생은 오직 나만이 살아갈 수 있으니까요.

지금처럼 열정적으로 일하면서도, 스스로의 삶을 더 소중히 여기시라고 말씀드리고 싶어요. 그러기 위해 회사 밖에서도 자신만의 시간을 충분히 누리셨으면 좋겠습니다. 일이 잘 풀리지 않을 때도, 실수했을 때도, 가장 먼저 스스로를 다독이고 격려해 주세요. 내 마음, 내 공간, 내 시간에서 충분히 가득 차면, 그만큼 사회생활에서도 안전막이 생겨서 편하게 몰입할 수 있을 거예요. 내가 나로 꽉 찬 그 느낌이면 무엇을 하든, 그 어떤 새로운 도전을 하더라도 원하는 바를 해낼 거라 생각해요.

후배님이 새로운 도전을 멈추지 않고, 늘 자신만의 색깔로 삶을 채워가는 모습이 정말 자랑스럽습니다. 회사와 적당한 거리를 유지하며, '나'를 먼저 생각하면서, 더 넓은 세상과 다양한 경험을 통해 자신을 더 사랑하게 되시길 진심으로 바랍니다. 우리는 서로에게 든든한 응원군이니까, 서로 힘들 때는 위로해 주고 기대기도 하자고요.

후배님과 나누는 커피 한잔,

가슴이 뻥 뚫리는 시원한 맥주 한잔이 그리운 날에

후배님을 경외하는 선배, 김남주 드림

어떻게 하면 스트레스를 잘 풀면서 건강하게 지낼 수 있을까요?

이경숙 HHCI 대표

집에서도, 회사에서도 과도기처럼 성장통을 느끼고 있는 지친 삼십 대 중반의 워킹우먼입니다. 결혼한 지 10년이 지나고 나니 신혼의 설렘도 잦아들고, 남편도 저도 회사에서 주어진 업무를 처리하기 위해 열심히 지내느라 둘 사이의 관계를 돌아볼 시간적 여유가 없네요. 회사에 지쳐 돌아오면 집안일이 기다리고 있으니 이유 없는 울화가 욱 하고 치밀어 오르기도 합니다. 그런 저를 바라보는 일이 더 괴롭기도 하여 우울감이 갈수록 더해지는 느낌이랄까요. 감당하기 힘든 스트레스와 작은 일에도 우울감이 몰려오는 유리 멘탈에 스스로 지칩니다. 어떻게 하면 스트레스를 잘 풀면서 마음이 건강하게 지낼 수 있을까요?

눈물 흘리면서 먹는 음식이야말로 나만의 힐링 푸드

•

돌이켜 보니 내게도 삼십 대 중반은 어떻게 살아냈나 싶을 정도로 정신이 없었던 시기였네요. 아이는 초등학교를 막 입학했고, 남편은 남편대로 정신없이 본인 일에 집중을 하고 있을 때였으니까요. 회사에서도 늘 마무리가 안 된 일이 쌓여가고 있었습니다. 직장이 멀어 새벽 5시에 출근을 하고 저녁 늦게 퇴근하는 일이 다반사여서, 가족 모두 불만에 차 있던 시기였습니다. 하는 수 없이 조선족 입주 가사관리사에게 아이를 부탁하게 되었지요. 다행히 그 가사관리사는 중국에서는 나름 유복하게 사셨던 분이라고 하더군요. 늘 책을 가까이 하셨고, 음식도 매일매일 새로 반찬을 만들어 주셨지요.

그분은 내가 새벽에 출근하면 아이를 깨워 아침밥을 챙겨 주고 학교에 보내지요. 그런 다음 집 안을 청소하는 게 오전 일과였습니다. 오후가 되면 학교를 마칠 시간에 아이를 픽업하여 간식을 챙기는 일이 그 아주머니의 업무였지요. 적어도 나는 그 가사관리사에게서 자신이 어떻게 하루를 보내는지 이야기를 듣기 전까지는 그렇게 시간을 보내실 거라고 상상하고 있었습니다.

그런데 어느 날 우연히 그 가사관리사가 들려준 이야기는 나의 상상을 뛰어넘는 것이었습니다. 그분의 친구 분도 우리 집 인근에서 입주 가사관리사를 하고 있어서 각자 집 안 청소를 마치고 난 뒤에는 늘 함께 모여 점심을 먹는다고 하는 거예요. 식사가 끝나면 번갈아 주인 없는 집에 들러 커피도 마시고, 율동공원 산책까지 마치면 아이가 돌아올 시간이 된다고 태연하게 말하시더군요. 듣고 있자니 살짝 부아가 치밀더라고요. 우리 집에서 그 누구보다도 여유 있는 생활을 누리는 사람이 그분이었으니까요. 아이를 맡긴 게 무슨 큰 죄도 아닌데, 늘 그분 비위를 맞추며 가욋돈까지 드렸으니 우리 부부가 새벽부터 나가 고생해 번 돈은 그렇게 부가가치가 업그레이되어 사용되고 있었던 것이었습니다.

왜 이러구 사는 걸까요

•

어느 날 한번은 야근을 마치고 늦게 귀가한 나는 허기를 달래기 위해 아주머니에게 누룽지를 좀 끓여 주십사 부탁을 하고 식탁에 앉았지요. 피곤에 지친 몸과 마음을 달래기 위해 누룽지 한 그릇을 앞에 두고 숟가락을 드는 순간 아주머님이 이렇게 말하더군요.

"근데 사모님, 왜 그러구 사세요. 지금 10시가 넘었는데 여태 밥도 못 먹고 다니고, 이런 건 '냄비 씻은 물'이라고 중국에서는 먹지도 않아요."

늘 오후에 커피 한잔과 산책을 즐기시는 분께서 보는 내 모습은 너무 처량해 보였던 모양입니다. 아무렇지도 않게 연변 사투리를 써가며 툭 건넨 그분의 말에 입에 물고 있던 누룽지를 삼키려는 순간 나도 모르게 하염없이 눈물이 쏟아지더군요.

"그러세요. 전 왜 이러구 사는 걸까요?"

아이를 위해서? 나를 위해서? 아니 남편의 성공을 위해서? 그 무엇을 위해 이러고 사는 건지 몰라도, 하루하루 열심히 사는 그 순간에 온몸이 휘청이는 순간이 오기 마련입니다. 하필 그때 너무 힘들고 지쳐 있는데 '왜 그리 사냐'는 한마디는 어쩌면 나도 내 자신에게 하고 싶었던 말이었는지 모릅니다. 그 가사관리사 빼고는 우리 집 안에 사는 사람 모두가 '왜 이러구 사는지' 모른 채 각자의 하루하루를 살아내기에 지쳐 있었던 때였을지 모릅니다.

그 어떤 말보다 나를 살리는 음식 한 그릇의 위로

•

'눈물 젖은 빵을 먹어 본 적이 있느냐'라는 관용구는 누구나 한 번쯤 그런 적이 분명히 있을 거라는 확신 때문에 나온 이야기일 테지요. 그렇게 눈물을 삼키며 꾸역꾸역 누룽지 한 그릇을 먹고 나니 그래도 살 것 같다는 생각이 들더군요. 때론 그 어떤 말보다, 그 어떤 위로보다 따뜻하고 맛난 음식 한 그릇이 나를 살게 하는 순간이 있습니다. 비록 어느 누구한테는 '냄비 씻은 물'일지라도….

나만 아는 어딘가에 저축을 하는 것처럼 기억해 둡시다. 그리고 너무 힘들 때 훌쩍 먹으러 갑시다. 혼자여도 좋고 사랑하는 그 누군가가 함께 있어도 좋습니다. 순간 언제 그랬냐는 듯 마음이 포근해지는 순간을 맞이할 수도 있습니다. 그리고 주변 사람들에게도 살짝 알려 줍시다. '나 힘들고 외로울 때 좋아하는 저런 거 사 줘'라고.

그 뒤로 그 중국 아주머니는 내가 따로 말을 안 해도 힘들고 지쳐 보이는 날이면 늘 누룽지를 끓여 주셨답니다. 이런 것들, 영혼을 위한 닭고기 스프 같은 나만의 소울 푸드를 평소에 미리 꼽아 봅시다. 그리고 어딘가에 메모를 해 놓읍시다.

방앗간에서 뽑은 가래떡으로 만든 국물 떡볶이, 한여름 잘 익은 맛난 복숭아, 엄마가 해주셨던 잘 익은 김장 김치와 김치찌개, 신선한 성게알 가득 올라간 초밥, 색깔만 봐도 이쁜 노오란 망고 가득 담긴 달달한 빙수….

머릿속에 떠올리기만 해도 즐거워지지 않나요? 여러분에게 위로가 되는 소울 푸드는 무엇인가요? 상상만 해도 마음이 포근해지고, 꽃들 가득한 잔디밭에 온갖 나비가 나는 듯한 평화가 그려지는 그런 소울 푸드 리스트를 가지는 것만으로 스트레스를 견디고 유리 멘탈을 지켜줄 힘을 얻을 수 있을 거라 믿습니다.

바닥에 떨어진 자신감을
어떻게 회복할 수 있을까요?

이서연 한국자기경영연구소 대표

저는 유통업에 종사한 지 13년 차에 접어든 사십 대 워킹우먼입니다. 이제 업무도 대인관계도 어느 정도 노하우가 쌓이고 나름대로 안정화된 상태라고 볼 수 있어요. 물론 회사생활이 그날그날 새로운 문제가 발생하고 그것을 처리하는 나날의 연속이지만 큰 문제는 없이 지내고 있습니다. 그런데 가끔 '내가 지금 잘하고 있는 건가?' '이 일을 계속할 수 있을까' 하는 일에 대한 의심과 나 자신에 대한 확신도 점점 희미해지는 순간을 느끼곤 합니다. 가끔 일 자체도 너무 하기 싫거나 어디론가 훌쩍 떠나고 싶은 생각에 우울해지기까지 하더라고요. 갑자기 내가 할 수 있는 것이 아무것도 없는 듯하고 남들은 잘 해내는 것 같은데 저만 나약한 건가요?

잠시 멈춤의 시간

•

루이스 캐럴의 《거울 나라의 앨리스》를 읽어 보셨는지요? 이 작품에서 붉은 여왕을 따라 언덕에 올라선 앨리스는 체스판 모양으로 펼쳐진 벌판을 보게 됩니다. 그리고 '둘째 칸에서 시작해서 여덟째 칸까지 가서 여왕이 된다'는 미션을 받습니다. 뒤이어 붉은 여왕은 앨리스를 데리고 빠르게 달리는데, 주위 풍경도 똑같이 빠르게 움직여서 아무리 빨리 달려도 그들의 위치는 변하지 않습니다. 이때 붉은 여왕은 여기서는 같은 곳에 있으려면 쉬지 않고 힘껏 달려야 한다고, 어딘가 다른 데로 가고 싶으면 적어도 그보다 두 곱은 빨리 달려야 한다고 말합니다. '거울 나라'에서는 어떤 물체가 움직일 때 주변 세계도 그에 따라 함께 움직이기 때문에 주인공이 끊임없이 달려야 겨우 제자리를 유지할 수 있다는 이야기입니다.

시카고 대학의 진화학자 밴 베일론은 생태계의 쫓고 쫓기는 평형 관계를 묘사하는 이런 진화학적인 원리를 '붉은 여왕의 효과$^{Red\ Queen\ Effect}$'라고 불렀습니다. 붉은 여왕의 이 말은 단순한 동화 속 문장이 아니라, 현대 사회를 살아가는 우리에게 중요한 시사점을 주는 말이기도 합니다.

우리는 끊임없이 변화하는 세상 속에서 경쟁력을 유지하기 위해 쉬지 않고 달려야 한다는 강박에 시달리지요. 이른바 '붉은 여왕 효과', 곧 멈추면 도태된다는 위기감은 우리를 늘 끊임없이 바쁘게 만듭니다. 스스로 마음을 다잡고 중심을 굳건히 한 채 나아가고 싶지만 SNS 피드에 매일 화려하게 올라오는 지인들의 이야기, 그리고 수많은 정보의 물결 속에 가만히 멈춰 있다는 것은 곧 후퇴이자 도태로 여겨집니다. 그러다 보면 자존감이 떨어지기도 하고, 미래에 대한 불안과 걱정으로 스스로를 초라하게 여기기도 합니다.

물론 예측할 수 없는, 급변하는 시대에 학습 민첩성과 지속적인 자기계발 같은 성장을 위한 노력은 매우 필요한 요소입니다. 하지만 과연 끝없는 질주만이 정답일까요? 앞만 보고 달리다 보면 주변을 알아차릴 수가 없습니다. 주변에 나무가 어떻게 자라는지, 꽃이 얼마나 화려하게 피고 지는지, 나를 둘러싼 사람들이 얼마나 소중한 존재인지…. 이러한 것을 미처 알아차리지 못하게 된다는 말이죠. 그래서 달리는 중에도 우리는 한 번쯤 내가 어디쯤 와 있는지, 내가 어떤 상태인지 점검하고 바라볼 필요가 있습니다.

얼마 전에 들은 강연 중에 한 임원이 조직을 떠나는 임직원과 상담 후 그 직원이 부럽다고 고백하더군요. 퇴사하는 것이 부러운 것이 아니라 적어도 그 직원은 자신이 무엇을 좋아하고 잘하는지 알고 있어서 부러웠답니다. 본인 역시 언젠가는 새로운 길을 찾아가야 하는데, 자신은 아무리 생각해도 뭘 좋아하고 잘하는 사람인지 생각이 떠오르지 않더라나요. 그때 그 임원의 말이 아직도 강하게 기억에 남아 있습니다.

가끔은 달리는 나를 멈추고 나를 점검할 필요가 있습니다. 잠시 정지하고 내 마음과 내 몸이 하는 소리를 들을 필요가 있다는 뜻입니다. 보통 '멈춤' '정지'라는 단어를 생각해 보면 어떤 느낌이 드시나요? 한창 일할 나이에 '멈춤'이라든가, 앞만 보고 성장의 가도를 달리는 사람들에게 '정지'라는 말은 잠시 당황스러운 말로 들릴 수도 있을 테지요. 그러나 오히려 잠시 '멈춤'이야말로 자기 성찰과 성장의 기회를 주는 강력한 힘이 될 수 있습니다.

쉼 없이 달릴수록 오히려 길을 잃는다

•

빠르게 변화하는 시대일수록 속도를 내야 한다는 압박이 강해집니다. 그러다 보면 새로운 트렌드를 따라가고, 스스로를 끊임없이 업그레이드하며, 경쟁에서 뒤처지지 않기 위해 계속해서 움직이게 됩니다. 하지만 끝없는 속도전 속에서 우리는 종종 '내가 왜 달리는지'를 잊어버리곤 합니다. 매일 업무와 일상에 쫓기며 살아가는 사람들에게 "당신은 지금 어디로 가고 있는가?"라는 질문을 던지면 선뜻 대답하지 못하는 경우가 많습니다. 속도를 높이는 데만 집중하다 보면, 방향을 잃어버릴 수 있습니다. 그래서 '왜?'라는 질문과 '무엇 때문에'라는 질문을 다시 한번 살펴볼 필요가 있습니다.

운동에서도 '휴식'이 중요한 것처럼, 삶에서도 '멈춤'이 필요합니다. 달리기만 하다 보면 지치고, 시야가 좁아지며, 본질을 놓칠 위험이 커집니다. 반면, 의도적인 멈춤은 자기 성찰과 재정비의 기회를 제공하지요. 우리가 멈춰야 하는 이유는 단순한 휴식을 위해서가 아닙니다. 더 멀리 나아가기 위해서입니다. 잠시 멈춰서 다음 목표를 점검하고, 내가 가고 있는 방향이 맞는지 되돌아보는 과정이 없다면, 결국 끝없는 질주 속에서 길을 잃고 말 테니까요.

그러니 여기서의 '멈춤'은 단순히 행동을 멈추는 것이 아니라 스스로에게 질문을 던지는 것입니다. 바로 이런 질문을 말입니다.

'나는 왜 이렇게 바쁘게 살아가고 있는가?'

'지금 달리고 있는 이 길이 나에게 의미 있는가?'

'진정한 성장과 행복은 어디에서 오는가?'

이런 질문들에 대한 답을 찾는 과정이 바로 자기 성찰입니다. 자기 성찰이 부족하면, 남들이 가는 길을 무작정 따라가게 됩니다. 하지만 정지의 시간을 통해 스스로를 돌아보는 사람은 자신의 방향을 주체적으로 설정하고, 의미 있는 성장을 이뤄갈 수 있게 되지요. 이제 당신에게 묻고 싶네요. 무작정 남들이 가는 길을 따라갈 것인가, 아니면 자신이 설정한 방향대로 당당하게 나아갈 것인가? 선택은 당신의 몫입니다.

붉은 여왕 효과를 넘어서 필요한 일과 삶의 균형

•

붉은 여왕 효과에서 보듯 우리는 끊임없이 경쟁하고 변화에 적응해야 합니다. 하지만 속도만이 답이 아니라는 점 역시 기억해야 합니다. 중요한 것은 '멈출 줄 아는 용기'이니까요. 빠르게 달려야 할 때와 잠시 멈춰야 할 때를 구분할 줄 아는 것, 그리고 멈춰서 자기 자신을 돌아보는 것. 이것이야말로 진정한 자기 경영 리더십이며, 의미 있는 삶을 살아가는 길입니다.

당신은 지금 어디로 가고 있습니까?

백무산 시인의 시, 〈정지의 힘〉에 나오는 한 구절, "정지에 이르렀을 때, 우리는 달리는 이유를 안다"와 "씨앗처럼 정지하라, 꽃은 멈춤의 힘으로 피어난다"라는 문장을 마음속에 새기면서 진정한 멈춤의 힘과 필요성에 대해 마음속에 느끼는 시간이 되었으면 합니다.

조직생활 중 지치고 힘들어서 그만두고 싶었을 때 선택은?

•

직장은 문제를 해결하는 곳이라고 했던 누군가의 말이 기억납니다. 생각해 보면 정말 그런 것 같습니다. 매번 새로운 문제가 생기고, 그 문제를 해결하고 나면 또 다른 문제가 코앞에 닥치니까요. 그런 일이 반복되는 일상에서 가끔은 지치기도 하고, '더 이상 못 하겠다'라는 마음이 여러 번 생겼다가 사라지기를 반복합니다. 그러다 보면 1년이 지나고 10년이 지나고 20년이 되면서 연차가 저절로 쌓여 '언제 이렇게 시간이 흘렀지' 하는 '현타'를 느끼기도 하죠.

주니어 시절 부서 발령 후 얼마 되지 않아서 고객상담실의 팀장직을 맡았을 때 늘 마음이 편치 않았던 기억이 있습니다. 고객 상담실은 말 그대로 문제가 있어서 해결하러 오는 사람들이 찾는 곳이라 그야말로 문제 해결 집합 장소였습니다. 직원이 불친절해서, 상품이 불량이어서, 안전사고가 발생해서 기타 등등 문제의 연속이었던 때, 그때는 정말 '내 일을 바꿔야 하나'라는 생각을 하루에도 수십 번 했던 것 같습니다. 완벽주의 성격인 나는 더 그러한 문제가 해결되지 않으면 온전히 해결될 때까지 에너지를 쏟는 편이어서 더 스스로 괴로웠던 상황이었던 거죠.

그러다 문득 '이대로 가다가는 스트레스 때문에 큰일나겠구나' 하는 자각이 들더군요. 그래서 마음가짐을 달리하기 시작했습니다. '내 안의 완벽주의를 조금 내려놓자', '스트레스를 조금이라도 풀 수 있는 취미나 다른 분야에 에너지를 분산하자'라고 생각하기 시작했습니다. 그리고 그때 알게 된 것이 '문제는 언젠가는 풀린다'였습니다. 아무리 어렵고 복잡하고 풀리지 않을 것 같은 문제도 시간이 지나면 어떻게 해서든지 해결이 되었습니다. 또 도저히 해결의 기미가 보이지 않던 문제라도 의외로 쉽게 해결되는 경우도 있으니까요.

한번은 큰 컴플레인으로 위 상사까지 고심했던 문제가 있었습니다. 뾰족한 해결 방법이 없어서 양해 전화를 드려야겠다고 생각했습니다. 욕이라도 하면 달게 들으려고 만반의 준비를 하고 컴플레인을 제기했던 고객에게 무거운 마음으로 전화했습니다. 그런데 마치 별일 아닌 것처럼 쿨하게 "네에 알겠어요"라고 대답하는 게 아니겠어요. 그때의 경험은 안도감과 함께 허탈감마저 들 정도로 순간 힘이 빠지더군요. 며칠 밤 심사숙고해서 다각도로 해결방법을 '플랜 D'까지 준비해서 전화를 걸었는데 아무렇지도 않게 '알겠다'라니…. 이렇듯 가끔은 큰 문제라고 생각했는데 의외로 너무 쉽게 풀리는 경우도 있고, 잘 해결되어서 오히려 흐뭇한 적도 있었답니다. 이와 반대로 쉬울 것 같은 문제가 어렵게 풀린 적도 물론 있었습니다.

이렇듯 직장생활은 흐린 날과 비 오는 날 그리고 햇빛이 쨍쨍 내리쬐는 예측할 수 없는 기상변화처럼 우리 마음을 들었다 놨다 하기도 합니다. 그래서 '모든 문제는 언젠가는 풀리는구나'라는 나름대로의 법칙과 여유를 마음에 품을 수가 있었던 모양입니다. 힘들어도 직장생활은 해볼 만한 이유가 있는 것이 이러한 다이내믹한 일들이 있는 곳이기 때문이지 않을까요

그때 그러한 일들로 처음 내가 스트레스 관리를 위해 새로운 곳에 에너지를 쏟기 시작했습니다. 그때부터 새로운 취미생활과 자격증 따기 등에 도전했습니다. 평소에 하기 힘들었던 분야에 새롭게 도전하면서 직장생활의 활기를 되찾았던 겁니다. 그러고 보니 직장에서 사람과의 관계도 시간이 흐르고 나면 그렇게까지 큰일도 아닌데 내가 먼저 조금 양보하면 되었을 텐데 하는 아쉬움도 남더군요. 시간이 마음을 조금은 유연하게 하고, 현상에 대해 조금 먼 시선으로 객관적으로 바라보면서 직장생활의 윤활유를 찾아내는 것도 현명한 사회생활의 방법 중 하나가 아닐까 생각합니다.

힘들고 지칠 때 나만의 돌파구 찾기

반복되는 업무, 머리 아픈 문제 발생, 그것을 해결해야 하는 공간이 바로 직장이라는 곳입니다. 매일 새로운 문제가 생기고, 그것을 해결하기 위한 고군분투와 스트레스는 가끔 열정적인 사람이라도 지치게 할 때가 있습니다. 그래서 직장생활을 지속적으로 잘하기 위해서는 숨통을 트일 수 있는 자기만의 공간이나 취미생활 또는 몰입할 수 있는 새로운 분야에 빠질 시간이 필요합니다.

지금에 와서 나의 지난 직장생활을 돌아보면 이런 부분에 있어서 조금 후회가 됩니다. 그때는 모처럼 쉬는 날에도 업무 전화로 인하여 쉬는 게 쉬는 게 아니어서 늘 스트레스가 더 쌓이곤 했습니다. 그래서 심리적으로 리프레시할 수 있는 방법에 대해 고민을 하게 되었지요. 가장 먼저 나에 대해서 생각해 보았습니다. 그러면서 학업을 다시 시작하고, 새로운 취미생활을 시작하고, 나의 일하는 방향에 대한 비전을 생각해 보는 계기로 삼았습니다.

좀 더 정리하자면, 첫 번째 일하면서 지치지 않게 새로운 목표를 세우고, 그것에 몰입하는 방법을 찾았습니다. 교육 업무를 담당하고 있다 보니 교육에 대해 더 배우고 싶어서 교육학 전공 수업을 듣기 시작했던 거죠. 목표가 생기니 힘이 나고, 힘든 직장생활을 견딜 수 있는 이유가 되었습니다. '목표를 위해 나는 이정도쯤은 얼마든지 견딜 수가 있어'라고 스스로에게 말하는 듯했습니다.

두 번째는 일부러 30분 정도 걸리는 집과 회사 사이를 걸어서 출퇴근하기 시작했습니다. '솔비투르 암불란도$^{solvitur\ ambulando}$'라는 라틴어 경구가 있습니다. 그것은 '걸으면 해결된다'는 뜻입니다. 이처럼 많은 사람이 걸으면서 일상생활의 문제를 해결했다는 경험담을 들을 수 있습니다. 걷는다는 것은 좋은 점이 참 많습니다. 걷다 보면 머릿속 생각이 정리되고 마음도 차분히 가라앉는 듯했으니까요. 걸으면서 나뭇가지의 성장과 계절의 변화도 볼 수 있고 나 자신의 내면의 소리를 들을 수도 있습니다. 기분도 상쾌하고 주변에 다른 사람들과 풍경을 바라보며 부정적인 감정들도 정리가 되는 그런 시간이어서 걷기를 시작한 것은 지금 생각해도 참 잘한 일이었다고 생각합니다.

지금도 나는 아침 루틴 중에 아침 산책을 하는 시간이 있습니다. 너무 덥거나 추운 시기만 아니면 무조건 일어나서 공원을 걷다 옵니다. 그 시간만큼은 온전히 나와 자연만 있는 시간이니까요. 공원을 걷는 나의 발걸음 속에 들리는 나뭇잎 소리 그리고 얼굴을 스치는 바람, 밤새 풀잎에 맺힌 이슬…, 이런 자연과 만나며 내 발자국 소리에 집중하며 걷는 시간은 내 일상의 가장 큰 충전과 하루를 살아갈 힘의 원천입니다.

세 번째는 나와 어울릴 것 같지 않은 취미생활이나 새로운 도전을 해보는 방법입니다. 앞서 내가 힙합댄스를 배웠던 경험을 소개한 걸 기억하실 겁니다. 그 외에도 식물 기르기, 글쓰기, 전시회 관람하기 등 다양한 취미생활을 해보려고 시도했었지요. 내가 장시간 일하는 장소에서 시선을 바꿔서 다른 시점을 경험한다는 것은 나에게 갈증을 해소해 주는 선물 같은 시간이더라고요. 그러한 과정에서 나에 대해서 생각해 보고, 감정에 지친 나를 돌보며 토닥일 수 있었어요. 주말마다 내 손에 이끌려서 쉬지도 못하고 함께 전시회와 작은 연주 콘서트장에 함께 가 주었던 남편에게 미안하면서도 고맙습니다. 지금 생각해 보면 나름 돌파구를 찾으려고 애썼던 나 자신이 '잘했다', '대견하다'라는 생각이 듭니다.

숲속에 있을 때는 나무 하나하나만 보여서 전체를 볼 수 없지만 좀 더 몇 발자국 떨어져서 전체를 조망해 보면 시야가 넓어지는 느낌과 스스로 포용력이 생긴다고 할까요? 세상을 바라보는 눈이 넓어지는 것 같은 생각이 듭니다. 개인마다 다양한 방법이 있을 수 있지만 나는 숲속에서 조금 벗어나서 나를 찾아보고 새로운 것을 발견하는 시간을 가졌습니다. 혹시라도 더 좋은 방법을 알고 있다면, 그 방법이 스스로에게 또 다른 행복감과 해방감을 준다면, 그것이 바로 해답이 될 것입니다.

꾸준함은 가장 큰 재능

●

조직생활을 잘하기 위한 가장 중요한 역량 하나를 꼽으라 하면 꾸준함을 꼽고 싶습니다. '꾸준함'이라 하면 약간은 식상할 수도 있습니다. 하지만 나의 조직생활을 지금 돌이켜 보면 가장 힘든 순간을 견디게 해준 역량 중 하나가 바로 꾸준함입니다. 직장생활을 1년 2년 3년 하다 보면 어느새 업무도 익숙해지고, 모든 것이 능숙하여 특별함이 없는 그저 그런 나날이 지속되는 순간이 반드시 옵니다. 그러다 보면 긴장이 풀어져서 나태해지고, 업무에 집중하지 못하여 업무착오도 생기고 이런저런 잡생각을 많이 하게 됩니다. '이직을 해야 하나', '다른 분야로 옮길까', '아이들을 위해서 이제 가정에 집중해야 하나', '나하고 여긴 안 맞는 것 같은데…'와 같은 여러 가지 생각이 머리를 복잡하게 하는 날이 주기적으로 찾아오기도 합니다.

나도 마찬가지였습니다. 지겹고 건조한 일상이 계속되는 듯하여 의욕이 떨어지거나, 나의 적성과 너무 맞지 않는 일이라고 생각되어 이러지도 저러지도 못하는 힘든 시간을 견딘 적도 있습니다. '엎친 데 덮친 격'으로 회사에서 스트레스가 지속적으로 이어지는 상황에서는 정말 토가 나올 정도로 힘들어한 적도 있습니다. 그러나 어느 순간 시간이 또 지나가면서 조금씩 괜찮아지기도 하고, 다시 일에 대한 재미와 흥미를 찾고 일하다 보면 1년이 지나있기도 했지요.

또 하나, 내가 일하는 근본적인 목표를 생각하면서 그런 시간을 견디다 보면 어느새 어려움을 이기고 새로운 마음으로 일을 할 수 있는 힘을 얻게 되더군요. 나의 목표는 늘 '오늘보다 나은 내일의 나를 꿈꾸었기' 때문에 현재의 힘듦보다는 나의 미래의 밝은 청사진을 보면서 나아갔던 것 같습니다. 처음 조직에 들어올 때 모든 게 쉽지 않았습니다. 나의 배경이나 커리어, 나이 등 그 무엇도 그때 당시 딱히 경쟁력이 크지 않았기에 힘들게 조직에 들어왔고, 일하면서도 늘 도전의 나날이 계속된 회사생활이었습니다.

출발은 그랬을지언정 어제보다 조금이라도 더 성장하겠다는 나의 목표를 향해 꾸준히 나아가다 보니 제일 낮은 자리에서 조금씩 성장하고 발전하여 내가 원하는 자리, 내가 하고 싶었던 직무를 해볼 기회까지 얻게 되더군요. 주변에서 "나는 더 이상 이곳에서 일하고 싶지 않아요. 회사가 이것도 안 해주고 저것도 안 해주니 내가 그만두는 게 차라리 나아요"라고 하면서 점점 사라져가는 사람들이 많아졌을 때, 나는 나의 목표가 있음을 알기에 '현재의 이런 상황은 또 바뀌겠지'라는 마음으로 꾸준히 내 할 일을 해나갔고, 이왕이면 잘하고 싶어서 열심히 하다 보니 그런 것이 꾸준함으로 그리고 인정받는 존재로 결과를 보여주기도 했던 모양입니다.

조직생활을 끝내고 현재 1인기업 프리랜서를 하는 데 있어서도 꾸준함에 대한 강점은 저에게 많은 영향을 주고 있어요. 프리랜서 직업은 혼자 기획하고 운영하고 고민해야 할 것들이 많습니다. 그래서 가끔은 외롭고, '이렇게 하는 것이 맞나' 하는 자기 의심에 빠지는 경우가 많아요. 늘 시험에 드는 게 현실이죠. 그럼에도 불구하고 또 일어나고 다시 해보고 오늘도 해보고 내일도 하는 이유는 바로 꾸준함의 힘을 저는 알고 있기 때문이죠. 그래서 자신의 목표와 왜 이 일을 하는지에 대한 답을 확실히 알고 있다면, 꾸준함은 가장 큰 재능이 된다고 할 수 있겠습니다. 매번 찾아올 수 있는 지겨움, 재미없음, 건조함을 이겨낼 수 있는 꾸준함 뒤에는 나도 모르게 축적된 성장과 단단함이 어느새 자라나 있을 거라 믿습니다.

행복은 과거의 서툰 삶을 자양 삼아 자라는 열매

•

돌아보니 15년의 조직생활을 마치고 프리랜서로 1인기업을 운영한 지 12년 차로 접어들었습니다. 돌아보면 삶은 늘 완성된 작품이 아니라 미완의 원고 같았습니다. 누군가 '조직생활을 했을 때와 지금의 상황을 비교했을 때 언제가 더 행복하냐'고 묻는다면, 나는 지금이 더 행복하다고 대답할 겁니다. 왜냐하면 지금은 내가 확실하게 좋아하는 일을 하고 있기 때문이기도 하고, 시간이 가져다준 연륜으로 인해 마음의 단단함과 삶에 대한 포용력이 예전과 비교해서 더 커졌기 때문이기도 합니다.

그렇다고 해서 지난 시간이 의미가 없거나 행복하지 않았다고 이야기하는 것은 아닙니다. 지난 시간 동안 내가 함께한 미숙함이나 오류 등이 오늘날의 나의 성장에 분명 많은 영향을 주고 성장에 밑거름이 된 것은 확실합니다. 그때 시간으로 다시 돌아간다면 더 잘할 것이라는 생각보다는 그때 당시 그런 나의 선택이 가장 최선이었을 것이라는 생각을 하게 됩니다. 그래서 혹시라도 지금 현재 힘든 시간을 보내고 있거나 갈 길이 막막하여 방황하고 있는 분이 있다면, 조금만 더 힘을 내 보라고 말하고 싶네요. 지난 시간에 대해 너무 후회하거나 자책하는 것은 전혀 도움이 되지 않으니 앞으로 더 잘할 수 있는 방법과 미래 청사진을 보고 나아갔으면 합니다.

삶을 돌아보니, 행복은 어느 날 불쑥 찾아온 선물이 아니라 매 순간의 선택과 경험이 빚어낸 결과였습니다. 서툴렀던 과거가 있었기에 오늘의 단단함이 가능했고, 흔들리던 시간이 있었기에 지금의 포용력이 자라났습니다. 그래서 이제는 두렵지 않습니다. 앞으로 또 어떤 미숙함과 시행착오가 기다리고 있더라도, 그것 또한 나의 내일을 자라게 할 씨앗일 테니까요. 이 글을 읽는 누군가도 기억했으면 합니다. 우리가 지나온 모든 시간은 결코 헛되지 않다는 것을요. 행복은 과거의 나를 자양 삼아 오늘의 나를 키우고, 내일의 나를 꿈꾸게 하는 열매입니다. 그러니 우리 모두, 지금까지 잘해 온 자신을 조금 더 따뜻하게 끌어안고, 내일을 향해 한 걸음 더 내디뎌 보았으면 합니다.

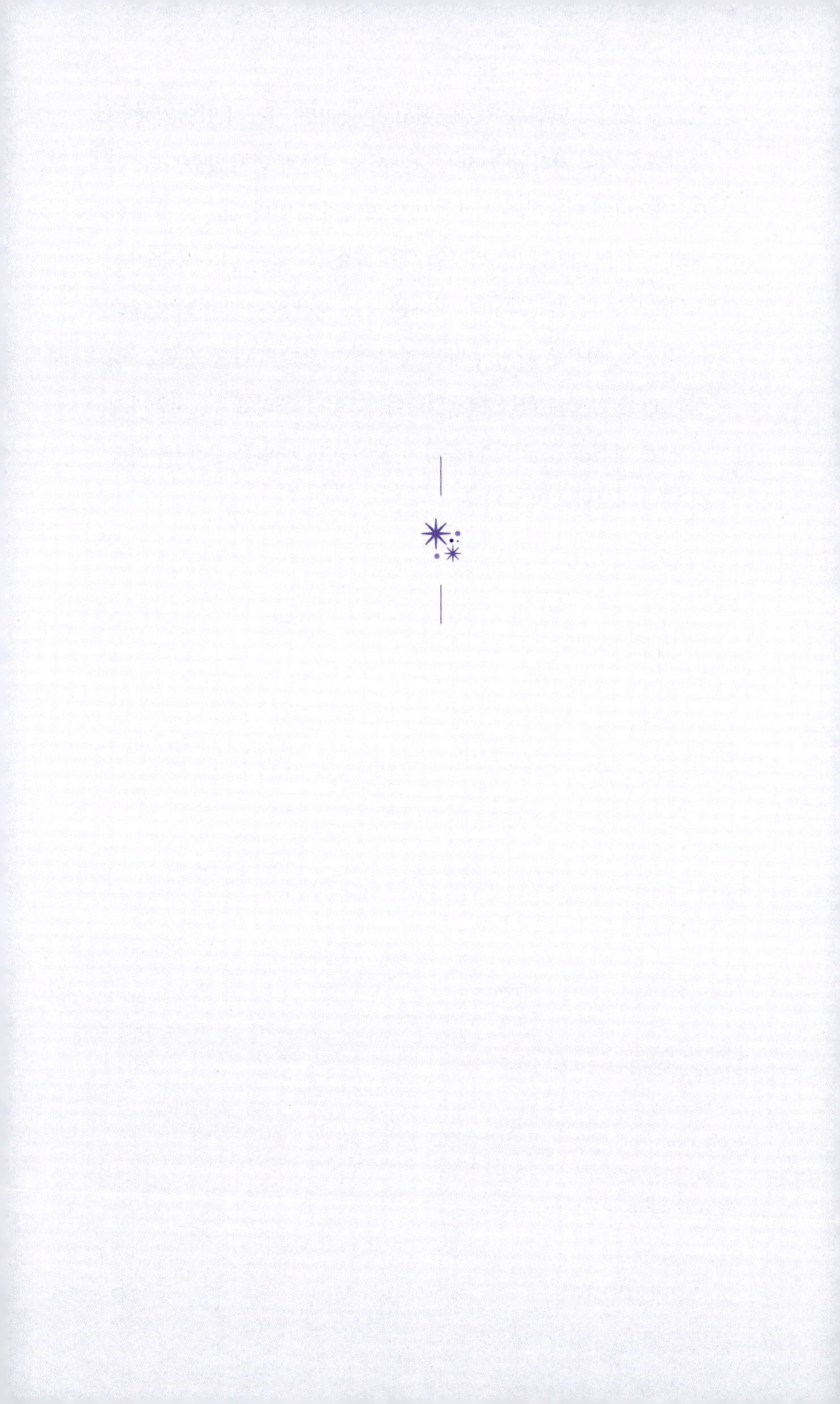

슈퍼우먼 증후군에 지친 멘탈을 어떻게 치유해야 할까요?

정선미 제이코칭리더십 대표

6살, 4살 유치원생 두 아들을 둔 8년 차 워킹맘 신 대리입니다. 주중에도 회사 일과 집안일에 순간순간 영혼이 가출하는 시간이 많지만, 주말 역시 또 다른 전쟁터 같습니다. 주중에 못 다한 가사 노동과 집안 친지 대소사 챙기기, 아이들과 함께 할 체험 활동 준비에 하루 세끼 가족 식사까지 신경 쓰다 보면 이미 방전된 제 자신을 발견합니다. 주말에 늦잠도 자고 싶고 운동도 해야 할 것 같고, 자격증을 준비하는 등 성장을 위해 노력하고 싶지만, 말 그대로 꿈 같은 일이라 느껴집니다. 스트레스 지수가 올라가면서 지난 주말에는 두 아이가 싸우는 모습에 저도 모르게 버럭 소리를 지르고 울컥하며 멘탈이 무너졌습니다. 툭 건드리면 폭발할 것 같은 마음을 어떻게 다스려야 할까요?

직장 일보다 어려운 육아

•

2024년 통계청 자료에 따르면, 기혼 여성의 고용률은 전체적으로는 올랐으나, 가장 낮은 구간은 6세 이하 자녀를 가진 경우입니다. 여전히 여성의 경력 단절 원인 1위는 육아가 40% 이상으로 가장 높습니다. 서울연구원의 2023년 조사에서도 맞벌이 가정의 24%가 우울 문제를 겪고, 15~20%는 불안감과 불면증을 경험했으며, 8.6%는 자살까지 생각한 적이 있다고 할 정도이지요. 추가적인 조사 내용 중 일-생활 균형에 대해 묻는 질문에 워킹맘이 43.7%, 워킹대디 38.8%는 '일에 치이다 보니 삶의 목표가 무엇인지를 잊을 때가 있다'고 답하였으며, 10명 중 3명은 퇴근 후에도 일 걱정을 한다고 답했습니다. 아이들을 재우다가 먼저 잠들고 친정 부모님뿐 아니라 친구와 여유 있게 전화 한 통 하는 일도 쉽지 않습니다. 실제로 육아와 가사에 매몰되다 보면 미용실이나 병원 가는 시간도 어떻게 하든 짜내야 만들 수 있다는 건 경험한 사람은 모두 아는 사실이죠.

위 설문조사 내용을 더 살펴보면, 아직도 가사와 자녀 돌봄은 워킹맘이 3.4시간, 워킹대디 1.8시간으로 여성이 남성의 2배에 달합니다. 하루 중 개인 활동과 휴식 시간은 워킹맘 1.4시간, 워킹대디 1.5시간으로 워킹맘 워킹대디 모두 하루 1시간 남짓입니다. 엄마 아빠가 함께 아이를 키운다는 인식 개선과 함께 부모 모두 피폐해진 심신을 재충전할 여가를 가지는 것이 필요하다는 사실을 자연스럽게 알 수 있습니다.

많이 좋아졌다고는 하지만, 이렇듯 우리 사회는 아직도 육아휴직이 쉽지 않습니다. 또한 육아와 돌봄에 사회 제도적 지원이 부족한 상황에서 워킹맘과 워킹대디의 정신 건강이 심각하게 위협을 받고 있습니다. 참으로 위태롭기만 합니다.

고백하자면, 나는 육아보다 회사 일이 더 쉬웠습니다. 현관문을 나서는 순간 어깨가 가벼워지고, 출근길에 오히려 숨통이 트이는 내 모습에 스스로 말 못 할 죄책감을 느낀 적도 있었으니까요. 생각해 보면 최소한 직장에서 마주하는 사람들은 생떼를 쓰거나 외국인이라고 하더라도 도무지 말이 통하지 않는 경우는 드뭅니다. 그러니 육아처럼 무한 반복되는 일을 끝도 없이 해야 한다는 막막함은 덜하기 때문입니다. 명절에 회사 일 핑계로(일부는 사실이지만) 시댁에 가지 못하게 되면 알 수 없는 쾌감이 있었고, 해외 출장은 왠지 모를 탈출의 해방감을 느낄 수 있는 절호의 기회였습니다. 나도 성장하고 싶다고, 엄마가 아니라 커리어우먼으로, 일로 승부를 보며 성취감도 승진도 다 얻고 싶다고 호기롭게 중얼거렸던 날들이 떠오릅니다.

역설적으로 한 아이를, 아니 한 생명체를 돌본다는 것은 얼마나 어렵고 힘든 일인지요. 다시 말하면 얼마나 중요하고 거룩한 일인지 다시금 생각해 보게 됩니다. 정말 중요한 역할에 대한 책임감과 멘탈이 무너지는 현실 사이에서 우리는 줄타기의 균형을 배워야만 합니다.

나만의 힐링 포인트로 오늘을 사는 것!

•

멀티태스킹 multitasking이 필수가 되고 주어진 과업의 무게감이 크다면 스트레스는 어쩔 수 없이 가중됩니다. 주변에 나를 도와 줄 우군을 많이 만드는 것이 가장 좋지만, 녹녹지 않습니다. 결국 나 스스로 찾는 나만의 해법이 가장 유효할 테지요. 문제는 시간입니다. 내가 나를 위한 시간을 어떻게 만들 것인가! 내 몸과 정신을 살필 수 있는 지혜와 영리함이 필요합니다.

나는 가장 우선적으로 '몸에 시간을 투자하자'고 권합니다. 우리 몸이 마음과 연결되어 있고, 그런 까닭에 우울감은 몸으로부터 옵니다. 부끄러운 이야기이지만, 조직생활 30년 동안 꾸준히 한 운동이 없더군요. 회사직원들과 어울리기 위해 배운 골프는 사교용에 가깝고 시간 투자 대비 효과는 확실치 않았습니다.

회사를 떠나고 혼자가 되어 보니 집 근처 공원이 처음으로 눈에 들어오더군요. 노을 지는 한강변이 그토록 아름답다는 사실도 새삼 깨닫게 되었습니다. 왜 은퇴 후 산으로, 둘레길로, 산티아고로 가는지 이해가 되었달까요. 나도 자연스럽게 걷기가 주는 명상의 시간의 가치를 발견했습니다. 오로지 나만의 시간이 주는 혜택과 기쁨을 산책 속에서 만났으니까요. 은퇴 후 주 5일 산책을 꾸준히 실천하고 있습니다. 요즘 러닝크루가 활성화되고 있더군요. 땀을 흘릴 수 있는 달리기는 더욱 좋겠지만, 유행보다는 자신에게 맞는 방법을 찾으시면 되겠지요. 중요한 것은 내 몸이 말하는 것을 살피고 돌보는 것이 핵심이니까요.

나만의 힐링 타임은 독서, 여행, 취미, 예술, 모임, 음식 등 다양한 곳에서 즐길 수 있습니다. 내가 좋아하는 일, 나에게 필요한 것에 시간을 투자하십시오. 그런 다음 오늘 하루 내가 보낸 시간이 어떠했는지 돌아보는 것만으로도 심리적 안정과 삶의 균형을 모색할 수 있지 않을까요?

그리고 또 하나, 삶의 즐거움을 늘이기 위해 도움이 되는 질문을 하나씩 던져 봅시다. 그때 그 순간 올라온 내 감정은 당황스러움이었는지 불편함이었는지 나 자신의 감정적 경험 패턴을 살펴보는 일도 해보고요. 다음의 질문들을 활용하여 일상에서 반복적으로 성찰해 보는 습관을 추천합니다.

오늘 특히 즐거운 일, 배움을 준 흥미로운 사실은 무엇인가?

삶과 일, 가족, 친구들에 대해 감사함을 느낀 것은 무엇인가?

호기심을 자극하거나 새로운 영감을 불러일으킨 것은 무엇인가?

새롭게 시도해 본 것, 처음 가 본 곳은 있었는가?

우울, 불안, 불면의 시간이 아닌 나 자신이 주인이 되는 시간을 내 힘으로 만들어 보는 것. 이것이 스트레스와 멘탈 관리의 시작임을 자신 있게 말씀드리고 싶습니다. 축적된 시간은 힘이 있습니다. 한 번에 되는 건 없지요. 그래서 나만의 방법으로 과정을 즐길 수 있는 아이디어와 끈기 있게 해내는 성실함은 꼭 필요하답니다.

언제나 고마운 후배에게

그대를 떠올리며 좀 정리된 생각을 편지에 담아 전해야겠다 생각했는데, 막상 편지를 쓰려고 하니 쑥스럽기 그지없네. 그대가 나와 같은 부서에서 일했던 기간은 아마 사오 년 정도였다고 기억해. 그때는 우리 둘 다 각기 다른 회사에서 옮겨 왔었지. 그리고 한 부서에 있으면서 해외 지역 교육전략 수립과 실행 점검 업무를 위해 중국, 베트남, 인도네시아로 함께 출장을 많이도 다녔던 것이 떠오르네. 그게 벌써 13년 전 일이라니….

이동하는 비행기 안에서 처음으로 일과 삶에 대한 각자의 솔직한 마음을 나누었던 순간들이 아직도 기념 사진처럼 생생하군. 내가 나이도 훨씬 많고 직급 차이도 있어서 다소 불편할 수도 있었을 텐데, 참 자연스럽게 친해졌던 것 같아. 낯선 해외에서 이것저것 요구하는 사항도 척척 해내고, 현지 직원과의 소통도 편안하게 진행해서 덕분에 수월하게 일할 수 있었지.

그때를 떠올리니 새삼 고마움이 올라오네.

그렇게 몇 년의 시간이 흘러 다시 부서 이동이 있고, 그대는 육아와 회사 일로 바쁘게 지냈지. 그런데도 그 시절 그 멤버들과 간간이 만나는 모임 자리에는 어김없이 함께했었지. 교육팀 멤버들과의 끈끈한 정을 술잔과 함께 나누고 집으로 갈 때면 비슷한 방향이라 근황도 공유하며 인연을 이어 나갔던 기억들….

그대 어머님께서 돌아가셨을 때 장례식장에서 만났을 때는 참 가슴이 아팠었다네. 조문을 하러 간 내게 "상무님, 제 주변에는 이제 남자들밖에 없네요. 아들과 남편과 아버지, 그리고 남동생…. 바쁘신 중에도 이렇게 와 주셔서 감사합니다"라고 담담하게 말하는 그 모습이 더 슬퍼 보였던 것은 나만의 느낌이었을까?

올해 초 퇴임한 지 4년이 지난 나에게 선뜻 먼저 연락을 준 것도 그대였지. 그렇게 오랜만에 만나 함께 식사하며 이야기 나누었는데 시간의 간격이 하나도 느껴지지 않았다네. 모두 그대의 친근하고도 격의 없는 배려 덕이었을 테지만 말이야. 그날의 만남이 정말 반가웠어. 나도 간혹 어떻게 지내는지 궁금했는데, 연락하면 불편하지 않을까 망설였거든. 회사 업무에서의 성장에 대한 한계를 진지하게 고민하고, 향후 진로 설계에 대한 조언을 구하는 그대와의 시간이 역설적으로 내게는 감사한 시간이었어. 분명 특별한 해답을 줄 수는 없었지만, 생각과 경험을 나눈다는 것이 참 의미있다고 느껴졌거든. 집으로 돌아가는 길에 미소 가득했던 기억이….

　벌써 시간이 5개월이 지났네. 여전히 잘 지낼 테지? 유난히 더운 여름의 뜨거운 날들을 그대의 강점인 포용과 책임감으로 채워서 시간의 열매가 단맛을 더해갈 수 있기를 나는 기도할게. 언제나 힘든 우리 곁에는 연대와 지지할 준비가 된 이들이 있다는 믿음 하나만으로도 못 이겨낼 역경은 없으리라 믿어. 그 가치를 누구보다 잘 실천해 온 그대가 또 다른 후배에게 그렇게 해주리라는 것 역시 의심치 않고.

　우리들이 함께 나눈 '언약은 강물처럼 흐르고, 만남은 꽃처럼 피어날' 테니, 부디 다양한 사람들과의 즐거운 만남으로 '함께의 가치'를 공감할 수 있기를 바라네. 이 세상은 꽃처럼 아름다운 사람들이 만드는 무늬로 그려지는 그림 같은 곳일 테니.

　오늘도 한 줄기 응원의 마음을 보내며!

정선미

직장과 가정에서 단단한 마음을 유지하는 방법은?

하정미 한국폴리텍대학 교수

조직에서 성실하고 능력 있다고 인정받는 40대 중반의 홍 처장입니다. 가정에서는 잘하는 것이 하나도 없고, 시댁과의 갈등으로 힘든 생활을 이어가고 있지만, 직장에서는 질투의 대상이 되곤 합니다. 최근 들어 준갱년기인지 여기저기 아프기도 하고, 몸무게 앞자리 수가 바뀌고 있어요. 이러다 큰 병에 걸릴까 걱정이 아주 많습니다. 직장, 가정에서 스트레스를 해소하고 건강하게 멘탈을 관리하는 방법을 조언해 주세요.

나만 이렇게 힘든 걸까?

•

'나만 이렇게 힘든 걸까?' 하루에도 몇 번씩 이런 생각이 든다면, 잠시 멈춰 서서 생각해 보셔야 할 때입니다. 문제는 내 바깥이 아니라 바로 내 안에 있을지도 모르니까요. 매일 숨이 차도록 달리며 일했고, 가족을 위해 헌신했고, 누구에게도 폐를 끼치지 않으려 애써 왔을 테지요. 그런데 정작 나는, 내 마음은, 나의 건강은 돌보지 못하고 있었는지도 모릅니다.

독일의 심리치료사 롤프 메르클레Rolf Merkle는 "천재는 노력하는 사람을 이길 수 없고, 노력하는 사람은 즐기는 사람을 이길 수 없다"라고 말했습니다. 이렇듯 현실에서는 노력만으로도 성과를 낼 수 있습니다. 하지만 멀리 내다봅시다. 즐기지 못하고 억지로만 버티며 자신을 다그쳐 성공한 사람들이 시간이 흐른 후에도 정말 행복할까요? 가정에서도 직장에서도 외톨이가 되어 있을 확률이 더 높습니다.

골프를 예로 들어 볼게요. 억지로 공만 열심히 친다고 해서 실력이 늘지는 않습니다. 골프 자체를 즐길 줄 알아야 하지요. 코스를 읽고, 공의 움직임을 관찰하며, 한 타 한 타를 배움의 기회로 삼는 사람이 성장하더군요. 일도, 인간관계도 다르지 않습니다. 즐기지 못하면 결국 버틸 수 없습니다. 그러니 나를 힘들게만 하는 일이라도 그 안에서 작은 즐거움을 찾아야 합니다. 억지로 참고 버티는 대신, 배우며 성장하고 있다는 감각을 느껴야 한다는 뜻입니다.

문제는 외부가 아니라 자신 안에 있다

•

스스로에게 이런 질문을 던져 보세요. "왜 나만 이렇게 미움받는 걸까? 나는 남의 뒷담화를 하지도 않고, 부탁을 잘하지도 않고, 피해를 주지도 않는데…."

우리는 너무 잘해내려 하고, 완벽해 보이려고 애써 왔습니다. 개인적인 이야기를 꺼내지 않고, 업무와 상관없는 이야기는 삼갔지요. 함께 일하는 사람에게 불편을 덜어 주기 위하여 오롯이 일에만 몰두하며 주변과의 거리를 두었습니다. 그런데 그 모습은 오히려 동료들에게 무뚝뚝하고 차가운 사람으로 비쳤을 겁니다.

조금씩 달라져 보면 어떨까요? 밥도 같이 먹고, 커피 한잔 건네며, 먼저 말을 걸어 보자고요. 나도 사람이고, 힘들고 외롭다고 진솔하게 이야기 걸어 보는 겁니다. 그렇게 작은 변화로 한 번에 달라질 수는 없지만, 우리가 만나는 많은 사람은 생각보다 마음의 문이 쉽게 열린다는 걸 아시는지요. 일단 마음의 문이 열리면 관계의 공기가 한결 부드러워진답니다.

가정에서도 상황은 마찬가지입니다. 나에게도 시댁과의 관계는 언제나 큰 스트레스였답니다. 시부모님이 오신다는 소식만 들어도 숨이 막혔고, 한동안 그 자리에 나 자신이 사라지는 듯한 기분이 들기도 했을 정도였습니다. 더 이상 이렇게 지낼 수 없을 것 같아 용기를 내어 솔직하게 말씀을 드렸습니다. "어머님, 저희 부부는 아침은 안 먹고 출근하고 퇴근도 늦어요. 죄송하지만 식사는 챙겨드리기 어려울 것 같아요. 대신 주말에는 맛있는 식당 예약해

둘게요."

조심스럽게 꺼낸 말이었지만, 의외로 어머님은 식탁 위에 놓고 간 돈으로 매일 시장을 보며 저녁 식사를 준비해 주셨습니다. 그때 알았습니다. 모든 걸 혼자 짊어질 필요가 없다는 것을. 내 삶의 주도권을 지키는 것이 결코 이기적이 아니라는 것을. 물론 시누이들에게는 '왕싸가지'라는 소리를 듣기도 했지만, 그 소리에 마음 쓰지 않기로 하니 내 마음이 평온해졌고, 이후로도 시부모님과의 관계는 한결 편해졌답니다.

나만의 멘탈 관리법을 찾아라

•

그럼 이제, 나만의 멘탈 관리법 가운데 실행하기 쉽고 지속 가능한 방법들을 소개해 드릴게요.

하나, 감사 일기 쓰기

하루 중 감사한 일을 다섯 가지씩 적어 보니, 의외로 감사할 일들이 많더군요. 햇볕에 잘 말려 햇볕 냄새가 나는 포근한 이불, 반려견의 따뜻한 체온, 퇴근 후 마시는 우리 집 공기, 저녁 식탁에 놓인 맛있는 배달 음식, 퇴근길에 바라본 노을…. 감사할 거리를 찾다 보니 아무런 의미 없던 하루의 작은 순간순간이 모두 감사로 채워지기 시작했습니다.

둘, 필사하기

좋아하는 시집이나 성경, 명언집을 꺼내어 필사를 했습니다.

키보드가 아닌 펜으로 꾹꾹 눌러 쓰다 보면, 그 글귀가 내 마음속 깊은 곳에 새겨집니다. 이때 나는 필기구를 까다롭게 고릅니다. 필기감이 부드러운 볼펜은 사양하고, 연필칼로 손수 깎은 연필, 잉크를 채워 넣은 만년필, 그보다는 잉크에 찍어 쓰는 펜까지, 종이에 긁히는 느낌이 손끝까지 전해지는 그런 필기구를 고릅니다. 그래야 그 순간이 오롯이 내게 감각되어 남으니까요.

셋, 나의 흑역사 쓰기

마음이 복잡하고 불안할 때는 내 지난 상처들을 적어 보기도 했답니다. 그때 나는 왜 그렇게 힘들어했는지 돌아보고, 스스로를 위로하며 다시는 그렇게 나를 몰아붙이지 않겠다고 다짐하면서요. 누구에게나 흑역사는 돌아보기 싫은 법이지만, 그렇게 작정을 하고 돌아보면 제법 큰 깨우침을 얻는 유용한 방법이랍니다.

넷, 경제 유튜브로 세상 읽기

경제 유튜브를 보며 세상 돌아가는 이야기와 신기술 동향을 배웠습니다. 지금까지와는 다른 세상이 펼쳐지고, 그만큼 내게 주어진 세상이 넓어지는 느낌을 받으면 자기 효능감이 커지지요. 따라서 이 세상을 바라보는 시야를 넓히는 일은 단순한 지식 쌓기를 넘어, 투자의 기회, 멘탈 관리에도 큰 도움이 되었답니다.

다섯, 취미 동아리 활동

독서 모임, 요가, 걷기 모임에 참여해 다른 사람들과 이야기를 나누고, 공감하고 웃으며, 내 마음의 울타리를 넓혔습니다. 결국은 나의 세계를 넓히는 과정에서 피폐했던 내 멘탈이 회복될 기회를 얻게 되더라는 얘기지요. 특히나 여성은 함께 공감하며 나누는 대화에서 큰 위로를 받기 마련이니, 취미 동아리 활동은 재미와 함께 힐링을 할 수 있는 최적의 방법이지요.

몸 관리도 중요하다

●

'건강한 몸에 건강한 정신이 깃든다'는 말처럼, 멘탈은 결국 체력에서 시작됩니다. 그러니 건강한 체력을 유지하는 것은 멘탈 관리의 지름길이 아닐 수 없습니다. 이때 내 몸의 체중 변화보다 근육량의 변화에 집중하시길 바랍니다.

　실천 가능한 운동을 찾아 하세요. 일주일에 두 번 이상은 근력 운동을 하시고요. 물론 요가도 좋은 대안입니다. 시간이 없을 땐 틈틈이 스쿼트라도 20개씩, 허벅지가 터질 듯한 느낌을 받을 때까지 해보세요. 한 시간에 한 번은 알람을 맞춰서 자리에서 일어나 스트레칭을 하고, 물 한 잔을 마시는 습관을 가지세요. 또한 단백질 섭취량을 꼼꼼히 챙기고, 근육량도 체크해 보세요.

　그렇게 나의 몸을 돌보고 나면 신기하게도 마음이 가벼워지고, 긍정적인 에너지가 차오르는 것을 경험하게 될 거라 믿습니다.

세상은 나 없이도 잘 돌아간다

●

결국 우리는 깨닫게 됩니다. 세상은 나 없이도 잘 돌아간다는 사실을요. 나는 세상의 중심이 아닙니다. 그러니 남의 시선을 두려워하지 말고, 나의 중심을 나 자신에게 두어야 합니다. 나 자신을 사랑하고, 나를 아끼며, 내 삶의 주도권을 내 손에 쥐어야 한다는 말입니다. 그런 점에서 거절할 줄 아는 용기, 미움받을 수도 있는 용기, 그리고 나 자신을 있는 그대로 받아들이는 용기를 가져야 합니다.

 이 글을 읽는 여러분, 그대보다 조금 먼저 이 길을 걸어온 선배로서 진심 어린 조언을 전하고 싶습니다. 당신은 이미 충분히 잘하고 있고, 충분히 소중한 사람입니다. 두 손으로 양쪽 어깨를 안으며, "충분히 잘하고 있어" 하고 여러분에게 말해 보세요.

 바쁘고 치열한 하루 속에서도 당신의 마음을, 당신의 몸을, 그리고 당신의 삶을 돌보는 일만큼은 미루지 않기를 다시 한번 바랍니다. 멘탈 관리와 체력 관리, 그 작은 습관들이야말로 우리 삶을 지키는 가장 큰 힘이 되어 줄 것입니다.

 조직에서 해야 할 일에 부대끼고, 가정에서 엄마나 아내 역할에 지쳐서 자주 잊지만, 누가 뭐래도 내 삶의 주인은 나 자신입니다. 그러니 이제 당신도, 당신의 삶을 오롯이 당신의 것으로 만들어가기를 진심으로 바랍니다.

나다운 리커리어 전략

퇴직 이후의 삶,
어떤 준비가 필요할까요?

김영희 마음향기연구소 소장

금융업계에서 20년째 일하고 있는 이 차장입니다. 현재 CRM(고객관계관리)팀장을 맡고 있고, 주된 업무는 고객 마케팅 관련 일입니다. 직장에서의 역할과 존재감은 여전히 분명합니다. 하지만 퇴근 후 거울을 볼 때나 회의 중 팀원들을 바라볼 때 문득문득 '퇴직 후에 나의 일은 뭐지?'라는 생각이 스치고 지나갑니다. 이직이나 창업 같은 거창한 계획은 없습니다. 하지만 이대로 '아무 준비 없이 세월이 흘러도 괜찮을까?' 하는 불안이 서서히 쌓이고 있습니다. 어떻게 준비해야 할까요?

세상엔 모르는 것이 참으로 많더라

•

"이 풀들…, 잡초가 너무 많아. ○○시는 정리도 안 하나?"
퇴직 후의 어느 저녁, 딸과 함께 집 앞 천변 산책로를 걷고 있다가 무심코 한마디 툭 던졌습니다. 조용한 물소리, 부드러운 바람, 천변에 피어난 노란 꽃들이 흐드러져 있었습니다. 딸이 걸음을 멈추고 조용히 대답하더군요.

"엄마, 저건 달맞이꽃이야. 해가 지고 나서야 조용히 피는 꽃이에요. 낮에는 꽃잎을 다물어요. 풀들마다 모두 제각각 이름이 있고, 이유 없이 피는 건 아무것도 없대요."

나는 그 자리에서 할 말을 잃었고 말았습니다. 한동안 그 자리에서 우두망찰 서 있었습니다. 길 위엔 달빛에 스치는 많은 초록 잎들과 꽃잎이 그날따라 유난히 말을 거는 듯하더군요.

사실 나에게 공원은 하루 6,000보를 걸어야 하는 의무를 수행하기 위한 길에 불과했습니다. 그런데 그 길 위에 너무나 많은 생명이 오종종 모여 있고, 이렇게 저렇게 존재하는 이유가 가득했던 것입니다. 나는 그것도 모르고 살아왔던 거지요. 어디 꽃들만일까요? 회사의 울타리를 벗어나 사회로 나오니 정말이지 많은 것들이 새롭게 다가오더군요. 심지어 나는 내가 누구인지도 모르겠더라고요.

나는 29년 동안 '조직의 사람'이었어요. 대한항공 승무원으로 시작하여 기업의 교육 전문가로, 그리고 롯데백화점의 상무로 살아왔습니다. 그간 많은 역할을 해냈고, 수많은 사람과 함께 어울려 일했습니다. 조직 안에서 늘 바빴고, 늘 필요한 사람이었고, 늘 누군가의 기대 속에 살아간 셈입니다.

그런데 퇴직 후 모든 직함을 내려놓고 나니 문득, 나는 나를 설명할 수 없는 사람이 되어 있더군요.

"김영희 씨는 요즘 뭐 하세요?"

그 질문 하나가 내 안에 커다란 공허를 불러왔습니다.

'회사 명함이 없으면 나는 누굴까?'

'나를 증명할 단어 하나, 없구나.'

그때부터 생각했습니다. 조직을 나올 때까지 '나'라는 사람을 준비하지 않은 것, 그건 어쩌면 내 인생에서 가장 큰 공백이었던 겁니다.

엄마, 향기를 만들어 보아요

•

내 삶의 두 번째 문이 열린 건, 딸의 한마디 덕분입니다. 아이는 대학에서 생명과학을 전공했지요. 그 덕에 자연의 언어를 읽을 줄 아는 사람, 꽃의 이름을 알고, 식물의 시간을 헤아릴 줄 아는 사람이 되어 있더군요. 어느 날, 딸이 내게 다가와 이렇게 말하더군요.

"엄마, 사람도 향기가 있어요. 엄마만의 향기를 만들어 봐요. 사람들이 그 향기를 기억하게."

그 말에 나는 다시 공부를 시작하기로 마음먹었습니다. 꽃과 향기를 배우고, 사람의 기억과 감정을 향기로 풀어내는 조향사가 되기로요. 그리고 그 길의 첫걸음으로 내 딸을 위한 향수를 만들었답니다.

내가 만든 첫 향수, '한여름 밤의 꿈'이 그것입니다. 딸과 함께한 여름밤의 추억을, 그 시간을, 병 속에 담고 싶었거든요. 그 안에 달맞이꽃의 가녀린 향기, 숲속 내음과 자몽의 산뜻한 첫인상을 담았습니다. 딸은 향수를 뿌리며 조용히 말했습니다.

"엄마, 이건 그냥 향이 아니야. 나의 여름, 나의 밤, 나의 마음이 들어 있는 기분이야."

그 순간 나는 깨달았습니다. 그건 딸의 청춘을 닮은 향기였던 겁니다. 조금은 서툴고, 그래서 더 반짝이는, 미래에 대한 불안과 기대가 뒤섞인, 스무 살의 한여름을 닮은 향기. 향은 마음을 꺼내는 문이라는 걸 다시금 확인하게 되었답니다.

향은 희망이 되기도, 추억이 되기도, 사랑이 되기도 한다
•

그날 이후 나는 본격적으로 향기를 공부하기 시작했습니다. 물과 감정, 향과 기억에 대해 알아갈수록 '향'이 '단순한 냄새'가 아니라 '삶의 감정들을 담는 그릇'이라는 걸 깨달았습니다.

향은 말보다 먼저 기억을 깨우고, 감정보다 먼저 마음을 건드립니다. 어떤 날은 위로가 되고, 어떤 날은 안녕이 되고, 어떤 날은 용서가 되고, 또 어떤 날은 조용한 사랑이 되기도 하지요.

향기를 만드는 일은, 결국 사람의 이야기를 듣는 일이더군요.

향수 한 병에 담긴 건, 그 사람의 하루, 계절, 그리고 시간이니까요.

나만의 이야기를 피워낼 시간

●

29년의 조직생활을 지나, 이제 나는 '사람 김영희'라는 이름만으로도 나를 소개할 수 있는 사람이 되었답니다. 그리고 그 이름은 '마음향기연구소 소장', '조향사', '기억의 번역가'라는 새로운 언어로 다시 불리고 있습니다. 내가 살아온 시간들, 그리고 지금 내가 만나고 있는 사람들의 이야기를 향기로 남기는 이 일은, 내 인생의 가장 따뜻하고 향기로운 계절이 아닐까요?

이제 당신의 차례입니다. 지금 당신은 아마도 하루하루를 치열하게 살아내고 있을 테지요. 성과와 관계, 가족과 미래 사이에서 숨 돌릴 틈 없이 달리고 있는 그대에게 말하고 싶습니다.

하나, 나는 무엇으로 기억되고 싶은가? 직함이 아닌 '사람'으로 어떤 의미를 남기고 싶은지 스스로에게 물어봅시다. 조직은 언젠가 떠나게 되어 있습니다. 명함이 없어진 그 후에도 나를 설명할 수 있는 단어를, 지금부터 하나씩 만들어가길 바랍니다.

둘, 매일 나를 위한 시간을 조금이라도 확보합시다. 하루에 오롯이 당신 자신을 위한 시간을 얼마나 확보하고 계신가요? 조직을 위해, 가족을 위해 분초를 아끼며 살아가는데 자신을 위한 시간을 내라는 건 사치라고요? 단 10분이라도 책을 읽거나, 기록하거나, 산책하며 '나'를 위한 시간을 만드세요. 바쁜 하루 속에서도 잠깐 멈추고 호흡할 수 있는 작은 틈을 만들고 지키시길 바랍니다. 아마 그 10분이 당신의 내면을 지켜 주는 등불이 될 테니까요.

셋, 좋아하는 일들을 표현할 단어를 찾아 봅시다. 글이든 그림이든, 그것도 아니면 음악이라도 스스로의 내면을 표현하는 연습이 필요합니다. 감정은 억누르는 것이 아니라 조용히 풀어내야 정리되는 것이기에 지금부터라도 하고 싶었던 감정을 꺼내어 표현해 보십시오.

넷, 배움을 멈추지 마십시오. 배움은 생존이 아니라 확장의 도구입니다. 그리고 무엇보다 새로운 나를 발견하는 통로입니다. 작은 배움이 쌓이면 당신의 다음 계절을 준비하는 든든한 기반이 되어 줄 겁니다. 다만 너무 조급해하지는 마십시오. 지금의 당신은 이미 충분히 잘하고 있으니까요. 또 하나, 그 누구와도 비교하지 마십시오. 누구나 자신의 호흡, 자신의 보폭대로 나아가는 것이 가장 바른 길일 테니까요.

오늘 하루 충실히 보낸 자신을 다정하게 안아 주면서 조직이 아닌 당신 자신으로 살아가는 연습, 세상의 기준이 아닌 당신만의 흐름을 따라가는 용기를 가지십시오. 아직 피워내지 못한 고유한 이야기, 당신만의 그 이야기를 외면하지 말고, 당신만의 방식으로 하나씩 꺼내 보십시오.

그대에게 띄우는 편지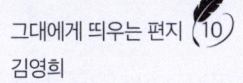

김영희

너를 위한 삶을 살길 바라

사랑하는 나의 후배에게

조직을 떠난 뒤 벌써 몇 번이나 계절이 바뀌었네. 그동안 서로 시간 잡기가 여의치 않아 마주 앉아 차 한잔 제대로 나누지도 못했네. 그러다 문득, 오늘도 바쁜 걸음을 옮기고 있을 거란 생각에 조용히 네가 떠올라 모처럼 이 편지를 꺼내어 쓴다.

나는 네가 얼마나 성실하게, 얼마나 묵묵히 자신을 다해 살아왔는지 오래 지켜봤어. 누구보다 빨리 출근하고, 누구보다 늦게 퇴근하며, 마지막까지 책임을 놓지 않던 너. 그 모든 순간이 내겐 참 눈부셨고, 또 한편 가슴 아팠지. 그래서 늦었지만, 이 말을 꼭 해주고 싶어.

"정말 수고 많네. 그 누구보다 애썼고, 그 누구보다 장하다."

이 말은 단지 일하는 과정에서 얻은 '성과가 아니라 네가 살아낸 하루하루의 무게에 대한 이야기야. 다시 말해 네가 이룬 빛나는 결과가 아니라 치열하게 다투어 온 삶의 자세에 대한 이야기인 셈이지.

 사실 나도 너처럼 그 긴 시간을 열심히 버텨냈었어. 그런 까닭에 남들에게 칭찬받을 만한 성취도 이루었고, 그런 성취에 대한 보상으로 지위, 책임도 올라갔지. 그런데 어느 날, 조직을 떠나는 순간이 왔고, 그렇게 명함을 내려놓고 나니 생각보다 빨리, 그리고 아프게 깨닫게 되었지. 내가 했던 일도, 만났던 사람들도, 가졌던 타이틀도 모두 내 것이 아니라는 것을. 그때 정말 허전했어. 그러고는 이런 질문 앞에 서게 되었지.

 "나는 누구였을까?"

 세상이 나를 부르지 않을 때, 내가 나를 부르지 못했던 시간이 너무 길었단 걸 그제서야 알았지. 그래서 너에게 말하고 싶어. 지금 이 순간부터, 조금씩 '너 자신'을 위한 준비를 해두라고. 짬이 날 때마다, 너를 위한 시간을 만들길 바라. 직장인의 하루 말고, 한 사람의 이름으로 살아갈 준비를 시작해야 하니까.

 이렇게 하면 어떨까? 먼저 너만의 언어로 쓴 글, 너의 경험을 담은 조용한 기록을 만들어 보길 바라. 그런 다음 그것들을 하나씩 꺼내어 너라는 이름을 다시 만들어 보는 거지. 브랜드? 거창하지 않아도 괜찮아. 그건 결국 '네가 누구인지'에 대한 대답일 뿐이니까. 지금의 너는 이미 어디에 내놓아도 당당한 사람이잖아. 그 에너지를 이제는 너 자신을 위해 써 보는 거야. 지금 이 말이 너에게 위로이자 방향이 되길 바라.

 "괜찮아. 이제는 너를 믿고 당당히 걸어도 돼."

 조직에서의 타이틀보다 너는 훨씬 크고, 깊고, 따뜻한 사람이니까. 그러니 이제 네가 기댈 수 있는 삶을 설계하는 거야. 누군가에게 필요한 사람이 되기 위해 애쓰지 말고, 네가 네 자신에게 필요한 사람이 되어 주는 거지. 마치 내가 그랬던 거처럼. 나도 한때는 너처럼 밤마다 '내일을 견디기 위해' 잠들었어. 하지만 이제는 '내가 기대하는 하루'를 만들며 살아.

조직을 떠난 직후였을 거야. 허탈함과 방향성 상실로 나날이 초라해진 나를 바라보기가 힘들었지. 나는 무엇을 잘할까? 무엇을 해야 하나? 새로운 것들을 배우며 나를 성장시킨다고 했는데 그것조차도 방황이었던 것 같아.

와인에 꽃에 이것저것 배우다가 알았지. 나는 와인과 꽃이 아니라 향기를 사랑했던 거야. 그때 딸아이가 내게 했던 한마디가 있었어. "엄마, 사람도 향기가 있어요. 엄마만의 향기를 만들어 봐요. 사람들이 그 향기를 기억하게." 바로 그 한마디에 힘을 얻어 조향사가 되어 지금의 나로 살아가게 되었던 거지. 나보다 너는 더 빨리 네가 하고 싶은 것을 찾고 방황하지 않았으면 해. 천천히 네가 좋아하는 것들을 찾아보라고 말하고 싶다. 그리고 이제는 반드시 너를 위해 살아.

이 편지가 그 변화의 작은 시작이었으면 좋겠어.

늘 여기서 너를 믿고 응원하는 영희 언니가

보람 있는 인생 2막,
어떻게 시작해야 할까요?

이에스더 아리랑국제방송 국장

중소기업에서 홍보 경력 23년 차 사십 대 후반 여성 부장입니다. 100세 시대에 제2의 인생을 준비해야 한다고 다들 얘기하는데 아무것도 준비한 게 없어 불안합니다. 이삼십 대 후배들은 N잡러로 잘 살고 있는 것 같더군요. 주변에는 칼퇴근하고 웹툰 그리기, 동화책 번역, 온라인 스토어 운영 등으로 부가 수입을 올리는 친구도 있습니다. 또 일찍 부동산에 눈 뜬 친구들은 어떻게 준비했는지 벌써 월세를 받는 구조를 만들어 놨더라고요. 그에 비해 성실하게 직장생활에만 충실했던 나는 이제껏 뭘 했나 싶네요. AI가 나보다 더 빨리, 글도 말끔하게 잘 써 주는 시대에 현 직장에서 퇴직하면 뭘 하며 살아야 할지 고민입니다. 사회적으로 의미 있고 보람된 노년을 보내고 싶은데 말이죠. 경제활동을 지속하며 보람 있는 사회 활동을 하는 제2의 인생, 어떻게 준비하면 좋을까요?

누구에게나 찾아오는 내리막길

●

지금 느끼는 그 불안감, 너무 잘 알겠네요. 마치 7~8년 전 내 일기장을 보는 것만 같았습니다. 갱년기에 접어들면서 위기감이 시작되었어요. 몸은 아프고 마음은 하염없이 우울해지더군요. '이렇게 내 인생이 끝나는 건가?' 하는 위기감에서 하루도 벗어나기 힘들었으니까요. '마흔을 넘기면 새로운 일을 시작하기에 늦다'고 하는 게 우리 사회의 통념인데, 오십을 훌쩍 넘겼으니 정말 막막했습니다.

그런데 이런 위기감이 생기기 전까지 나는 꽤 성공적인 커리어를 쌓아 왔다고 자부했습니다. 십 대부터 꿈꾸던 방송사 PD로 입사해 20년 동안 편성, 제작, 노동조합, 글로벌 마케팅, 기획 등 다양한 일을 경험하며 신나게 일했거든요. 홍콩, 브라질, 우크라이나 등 40여 개국을 누비며 다양한 사람들을 만나고 새로운 사업도 많이 벌였죠. 그때마다 좌충우돌, 십년감수, 감개무량 등 온갖 짜릿한 감정을 느끼며 성취해 왔습니다. 무엇보다 하고 싶은 일을 하며 월급을 받고 인정을 받는 것이 참 행복했습니다. 그렇게 제 몫의 일을 할 때의 나는 반짝이고 있었어요.

꿈 같은 시간이 흐르자 시대가 변했습니다. '황금알을 낳는 거위'라는 별명으로 불리며 화려하게 출범한 케이블TV와 전통 미디어 기업에 위기가 찾아왔습니다. 유튜브와 넷플릭스가 동영상 시장의 지형을 바꾸고, OTT와 모바일 콘텐츠 소비가 일상화된 세상에서 내가 땀 흘려 쌓은 해외 채널 배급과 콘텐츠 유통, 국제 방송

교류 경력은 의미가 점점 빛을 잃어갔습니다.

아리랑TV에서 쌓은 '글로벌'과 '영어'라는 경쟁력은 더 이상 강점이 아니었습니다. 영어를 잘하는 젊은이들이 넘쳐나는 시대에 시나브로 접어들었기 때문이었지요. 더욱이 현장을 떠나 10년 넘게 관리직을 맡다 보니, 회사라는 조직을 벗어난 나의 존재감을 확인할 길이 없다는 자괴감에 빠져들었습니다. 일반 관리직이 회사를 떠나면 할 수 있는 일이 정말 없다는 말이 사실처럼 피부로 느껴져 더욱 그랬던 것 같더군요. 그러니 20년 넘게 쌓아 올린 시간과 경력을 어디에 쓸 수 있을지 막막하기만 했어요.

새로운 탐색의 시작

•

이런 막막한 상황에서 한동안 방황하다가 한 가지 깨달음을 얻었습니다. 갱년기 즈음에 찾아오는 불안은 누구에게나 찾아오는 자연스러운 과정이라는 깨달음 말입니다. 그러고 나니 '어떻게 대처해야 할까?' 그 답의 실마리가 보이기 시작했어요. 이 불안과 우울을 이해하고 끌어안는 것이 첫 번째 단계였습니다. 잘나가는 다른 사람, 젊은 세대와 비교하고 평가하는 시각에서 벗어나 오롯이 '나'를 찾아야 한다는 것도 깨달았죠.

그렇다면 어떻게 나를 찾아야 할까요? 바로 익숙함에 머물지 않고 밖으로 나가는 것이었습니다. 직장 밖으로 눈을 돌려 새로운 만남과 자극을 찾기 시작했어요. 고인 물에 출렁출렁 새로운 물결을 일으키는 것, 내가 찾은 그 첫 번째 방법이 바로 글쓰기였습니다.

'더 잘 사는 삶'을 위한 재미와 의미를 다양한 경험으로 직접 수집할 수 있는 온라인 플랫폼 '경험수집잡화점^{excollectshop.com}'에서 운영하는 '50일 주 1회 글쓰기 모임'과 '하루 15분 필사 모임'에 참여해서 글쓰기를 통해 내 마음을 들여다보고, 내가 진정 원하는 것이 무엇인지 탐색하기 시작했어요. 합평회에서 내 글에 대한 피드백을 받으며 들키고 싶지 않았던 부정적인 감정들을 보게 되었지요. 그러면서 헝클어져 있던 나의 고단함, 서러움, 외로움을 글을 쓰며 한 올 한 올 풀어내기 시작했어요. 브런치 작가로 글을 발행하고 독자들과 소통하기, 소설 낭독회에 참여하는 등 일터 밖의 세상 속으로 노를 저어 나갔습니다. 이런 활동을 하면서 내 마음의 변화가 시작되었지만, 여전히 구체적인 방향을 찾지 못하고 있을 때 만난 책들이 새로운 관점을 열어 주었어요.

다르게 보기, 독서를 통한 관점의 변화

•

한번은 《인생에서 너무 늦은 때란 없습니다》라는 책을 읽었습니다. 76세에 그림을 시작해 80세에 개인전을 열고 100세에 세계적인 화가가 된 모지스 할머니의 이야기였죠. 그 책에서 그녀는 "무엇인가를 진정으로 꿈꾸는 사람에겐 바로 지금 이 순간이 가장 젊은 때"라고 말하더군요.

하지만 여전히 마음 한편에는 '도대체 어떻게 새롭게 시작할 수 있을까?' 하는 의문이 남아 있었습니다. 그러던 중 경험수집잡화점의 운영자 피터 킴의 《시작 노트》를 읽게 되었지요. 그때 "우리 인생의 최대 영광은 다시 일어서는 데 있다"라는 문장이 뼈를 때리더군요. 피터 킴은 "실패란 어쩌다 길을 잘못 들어선 것"이며, "내비게이션이 경로를 재탐색하듯 조금 늦을 수는 있지만 언젠가는 도착할 수 있다"고 말했어요. 그러니 실패를 두려워하지 말고 다시 일어서라고요. 이 말이 정말 큰 용기를 주었습니다.

또 정신과 전문의 이근후 선생의 《나는 죽을 때까지 재미있게 살고 싶다》를 만났습니다. "멋지게 나이 들고 싶은 사람들을 위한 인생의 기술 53"이라는 부제를 달고 있는 이 책을 읽고는 나이 들어서야 비로소 보이는 삶의 좋은 점들을 발견하게 되었습니다. "나이가 들면 좋은 점은 생활이 단순해진다. 책임도 의무도 줄어들고 시간이 늘어나고 인내심이 많아지고 감정이 섬세해진다. 평소에 바쁘다는 핑계로 하지 못했던 일들을 불어난 시간에 하나씩 해보는 재미를 누려라." 이 문장을 읽으며, 그동안 일에만 매달려 살아온 나도 이제부터 재미있는 일들을 새롭게 시작할 수 있겠다는 기대감이 샘솟았습니다. 그러면서 차츰 불안감과 위기감으로 막막하기만 하던 갱년기의 어두운 터널을 무난히 건널 힘을 얻었답니다.

'사람'을 통한 발견

•

글쓰기와 독서로 지금껏 돌보지 못했던 나의 내면을 어루만지고 도닥이면서 마음 근육이 생기기 시작하더군요. 그러자 놀라운 변화가 일어났습니다. 바로 주변 사람들이 눈에 들어오기 시작한 것이었습니다. '나보다 먼저 퇴직해 내리막길에 접어든 사람들은 어떤 길을 걷고 있을까?' 하는 궁금증이 생겼죠. 그러던 중에 '(사)여성리더네트워크'에서 만난 선배들이 은퇴 후 제2의 인생을 멋지게 가꾸는 모습을 보고 큰 자극을 받았습니다.

특히 대기업 임원으로 퇴직한 뒤 전문 코치로 활동하는 한 선배의 이야기가 마음을 사로잡았습니다. 마음에 근육이 붙어서인지 자연스럽게 그 선배에게 코칭 교육을 받게 되었습니다. 20시간의 교육을 마친 후, '아, 이게 바로 내가 찾던 일이구나. 내가 잘할 수 있는 일이겠구나' 하는 확신이 들었죠. 사람의 마음에 에너지를 불어넣고, 자신이 원하는 목표를 향해 나아가도록 돕는 수평적 파트너십의 매력에 깊이 빠져들었습니다. 몇 년 동안 '그동안의 커리어를 바탕으로 어떤 새로운 일을 할 수 있을까' 고민해 왔는데, 이렇게 하고 싶은 일을 발견했답니다.

체계적인 경력 설계

•

내친김에 '서울시50플러스재단(50plus.or.kr/org/index.do)'에서 진

행하는 한 프로그램에 참여했습니다. 아시다시피 서울시50플러스재단은 중장년층을 위한 통합지원정책을 추진하기 위해 설립된 재단입니다. 2016년 4월부터 중장년 정책지원의 싱크탱크이자 컨트롤타워 역할을 하고 있으며, 중장년 정책사업의 총괄 기획과 주요 사업을 실행하기 위해 50플러스 캠퍼스를 운영하고 있지요. 이곳에서 나는 '다음 커리어를 찾는 여행'이란 부제가 붙은 '경력설계트립$^{T.R.I.P}$' 프로그램에 참여했습니다.

이 교육에서 나의 강점과 지금까지의 경력을 꼼꼼히 분석하고 커리어 앵커 유형도 진단해 봤지요. 결과는 뜻밖에도 '봉사헌신 추구형'과 '도전 추구형'. 이 두 가지 유형이 내 안에 있다는 걸 알게 되었습니다. 그러자 앞으로의 길을 구체적으로 그릴 수 있겠다는 자신감이 생겼습니다. 분석 결과를 토대로 새로운 경력 대안을 탐색해서 가설을 세우고 리서치를 거쳐 경력계획서를 완성했습니다. 경력계획서 맨 윗줄에는 이렇게 적었습니다. '나의 경력 목표는 강의와 코칭이다.'

당시만 해도 언론학 박사 학위를 갓 받은 터라, 대학 강단에 서기에는 자신감이 부족했습니다. 하지만 이 과정을 거치며, '그래, 강의를 꼭 해보자'라는 결심이 섰습니다. 두 번째 목표인 '코치' 역시 바로 실행에 옮겨 전문 코치 자격증 준비를 시작했습니다. 이렇게 '본캐'는 현재 직장에서 쌓은 콘텐츠 기획·제작·유통 경력과 박사학위를 활용한 강의. '부캐'는 경력 전환과 제2의 인생 설계 경험을 담아 사람을 성장시키는 코치. 이 둘을 함께 키워, 퇴직 후에는 강의와 코칭를 주업으로 하는 1인기업을 창업하는 그림을 그리기 시작했습니다. 앞으로 펼쳐질 나만의 제2막이 설레기 시작한 순간이었습니다.

원하고, 두드리고, 행동하라

●

용기를 내서 대학 강단의 문을 두드렸고, 드디어 2024년 1학기 첫 강의를 시작했습니다. 오십 대 후반인 내가 과연 이십 대의 젊은 대학생들과 원활하게 소통할 수 있을까 두렵기도 했지만, '일단 시작해 보자'는 마음으로 도전했습니다. 한 번 강의를 하고 나니, 기회는 기다린다고 오는 게 아니라 내가 직접 찾아 나서야 한다는 것을 새삼 깨달았습니다. '앉아만 있으면 아무 일도 일어나지 않는다. 원하고, 두드리고, 행동하라!' 그렇게 두드려서 새로이 강단에 설 기회를 받고, 2025년 2학기 영어 강의에 도전하게 되었습니다.

한편으로 코칭도 동시에 시작했습니다. 2024년 2월에 한국코치협회 인증 자격증^{KAC}을 취득했고, 2025년 6월 현재는 그 다음 단계인 KPC(전문코치) 자격을 준비 중입니다. 앞으로 3년 후에는 코치로서 후배들을 만날 것을 기대하면서요.

대학에서 청년들을 만나면서 자주 드는 생각이 있습니다. 예전보다 훨씬 더 풍요로운 시대를 살고 있음에도 불구하고, 왜 이렇게 마음은 힘든 걸까? 불안, 두려움, 박탈감을 느끼는 청년들이 많고, 우울증과 공황장애, 학교폭력 문제도 늘어나고 있습니다. 이런 마음 아픈 청년들을 위로하고 격려하며 새 힘을 불어넣어 주는 존재가 되고 싶습니다. '모든 사람에게는 무한한 가능성이 있으며, 필요한 해답은 그 사람 내부에 있다. 다만, 해답을 찾기 위해서는 파트너가 필요하다'는 것이 코칭 철학의 기본 명제입니다. 저는 그 파트너가 되어, 한 사람 한 사람이 반짝이도록 돕는 코칭의 매력에 점점 빠져들고 있습니다.

새로운 풍경 마주하기, 내 안의 호기심을 깨우는 시간

•

인생의 후반전을 고민하면서 무엇을 하느냐보다 중요한 게 있다는 걸 깨달았습니다. 바로 관점의 변화, 가치의 변화라는 것을 말이지요. '내리막길'도 기꺼이 받아들이고, 그 길 위에서 새로운 삶의 풍경들을 하나하나 둘러보기 시작했습니다. 이제는 시간이 자유로운 삶, 자연과 함께하는 삶을 꿈꾸게 되었습니다. 첫 고양이 '소금이'를 키우면서 그동안 너무 인간 중심으로 살아온 나 자신을 돌아보게 되었습니다. 고양이도 기쁨, 질투, 외로움, 분노를 느끼는 모습을 보며, 자연과 사람, 동물과 식물, 돌멩이와 바람까지…. 우리와 함께 살아간다는 것을 새삼 깨달았습니다.

에세이스트 김수현 작가의 베스트셀러 《나는 나로 살기로 했다》에서 건진 다음 문장 하나가 가슴에 와닿았습니다.

"우리가 오래 살 수 있는 방법은 손에 있는 생명선을 팔목까지 연장하는 게 아니라 새로운 풍경을 마주하는 일이다."

그래서 새로운 삶의 풍경을 만나기 위해 애쓰고 있습니다. 그러다 보니 지금은 '경험수집가'로 변신 중입니다. 29년간 한 직장에서 한 우물만 파면서 이제껏 경험해 보지 못한 것들을 경험하는 일은 삶의 경이로운 국면을 만나는 일이더군요. 그래서 내가 하고 싶은 것, 한 번도 안 해본 것을 열심히 찾아 해보고 있습니다.

58세에 시작하는 프리다이빙 같은 거요. 무섭지만 재밌어요. 물속에서 나를 만나는 스포츠, 내 안의 패닉과 마주하기. 도전은 두렵지만 그래서 쫄깃하답니다. 이뿐만이 아닙니다. 10킬로미터 마라톤도 완주하고, 조선시대 도자기 감정 수업도 듣습니다. 도편 하나하나를 들여다보면서 잊힌 시간의 숨결을 느끼는 재미, 익숙한 길을 벗어나 새로운 세계를 배우는 재미를 만끽하고 있습니다. 매일 한 뼘씩 계속 성장하며, 나보다 어린 사람에게 배우려는 태도를 장착했습니다. "이 나이에 무슨 새로운 일을…" 그런 말은 제 사전에 없답니다.

지금, 시작하기 딱 좋은 나이

•

100세 시대. 지금이 시작하기 딱 좋은 나이입니다. 데이비드 보위가 말했듯이, "나이 듦이란, 여러분이 항상 되었으면 하고 되지 못했던 그 사람이 되는 놀라운 변화 과정(Aging is an extraordinary process whereby you become the person you always should have been)"입니다.

제2의 인생은 이제 더 이상 높이 올라가는 수직상승이 아닙니다. 내가 가진 지식과 경력, 노하우, 시간과 돈으로 다음 세대를 격려하고 응원하며 사람을 세우는 일. 좋은 영향력이 수평적으로 퍼져나가도록 만드는 일입니다. 시간의 자유를 누리고, 자연을 느끼고, 새로운 경험을 즐기며, 함께 웃고 혼자서도 잘 노는 삶. 그런 삶을 만들어가는 것이 내 인생 제2막의 목표입니다. 강의와 코칭을 통해 작지만 유의미한 파동을 세상에 남기고 싶습니다. 가늘고 길게 경제활동을 이어가면서 말이지요.

퇴직한 다음 날, '한 달 살기'를 위해 치앙마이로 떠날 생각에 벌써부터 설렙니다. 호기심이 살아 있는 한, 우리는 여전히 청춘이니까요. 지금 이 순간이, 당신이 가장 젊은 때입니다. 무엇이든 새로운 걸 시작하기에 딱 좋은 때라는 걸 잊지 마세요.

그대에게 띄우는 편지 11   창업을 준비하는 그대에게
이에스더

수민에게

　수민이 퇴사한 지 한 달이 넘었네. 푹푹 찌는 이 계절에 어찌 지내고 있는지 궁금해. 수민이를 눈여겨 본 건 〈The Globalist〉의 연출을 맡은 초기였던 것 같아. 첫 방송으로 〈파친코〉의 이민진 작가를 섭외하고 나서 연차에 비해 안정감 있게 프로그램을 제작하는 모습이 눈에 확 들어왔어. 굵직굵직한 기획을 척척 해내는 모습이 보기 좋았지.

　PD 초년병일 때 나는 수민이처럼 대담하지 못했거든. 많이 긴장하고 엄청 휘청거렸어. 입사 1년 차 때 한국의 프로 씨름 경기를 영어로 더빙해서 재제작하는 〈Sports Event〉의 당일 녹화방송을 펑크 내고 며칠간 시체처럼 누워 있던 기억이 있어. 30년 직장생활의 흑역사로 꽁꽁 감추고 싶은 한 조각이야. 그때 나는 선배에게 도움을 제대로 청하지 못했고, 비상 상황을 감지하고 돌파하는 판단력도 없이 뭔가 모르게 주눅이 들어

있었어. 그래서 다부지고 안정감 있는 수민의 모습이 보기 좋았나 봐.

2년 전 수민이가 Content London 연수를 다녀와서 PD협회 세미나에서 발표하며 다양한 AI 툴 사용법을 알려 준 것도 인상적이었어. 'AI가 우리 일자리를 뺏는 것이 아니라 AI를 많이 사용하는 사람이 내 일자리를 차지할 것'이라는 마지막 멘트의 울림이 컸지. '디지털 미디어 랩'에서 실험적인 콘텐츠를 기획하고 다큐멘터리 〈에드워드 리를 찾아서〉도 제작하는 등 탄탄하게 성장하며 앞으로가 더 기대되는 후배였기에 갑작스런 퇴사 소식에 깜짝 놀랐지.

훌륭한 인재가 회사를 떠나서 아깝기도 하고, 야생에서 프리랜서로 뛰려면 고생스러울 텐데 걱정도 되지만, 사실 과감한 도전을 한 수민이가 내심 부러웠어. 20년 전에 나도 홍콩에 있는 Star TV의 Regional Distribution Director로 이직하는 꿈을 꾸었지. 그러다가 현실과 타협하고, 조직 문화에 적당히 맞추면서 30년째 이 회사를 다니고 있네. 이루지 못한 나의 꿈과 성큼성큼 넓은 광야로 걸어 나간 용감한 수민이의 모습이 교차되어 몹시 부러웠던 것 같아. 수민이에게서 20년 전 이루지 못한 내 모습을 보았다고나 할까.

이것저것 도전해 보고 싶은 게 참 많지? 그 열정과 다재다능함만큼 고민도 갈등도 많을 거야. 안정된 월급을 버리고 프리랜서로 산다는 것은 불확실할지언정 오롯이 내가 만드는 내 삶, 내 세계가 될 거야. 하지만, 창업을 한다는 것은 꽤나 외롭고 고독한 여정이 될 수 있어. 방송사에서 늘 팀워크로 일했기에, 함께 머리를 맞대고 같은 편이 되어 주는 팀의 부재가 크게 느껴질 때가 있을 거야. 모든 것을 혼자 해내려 하기보다는 수민이의 강점을 보완할 수 있는 파트너가 있으면 큰 힘이 될 거야.

덧붙여, 창업 초기에는 제한된 자원을 효율적으로 사용하고 한 가지에 몰입해서 '나만의 레퍼런스'를 만들어 보는 것도 좋은 전략이 될 수 있어. 수민이의 감각과 에너지를 '선택과 집중'이라는 렌즈로 한 번만 더 다듬으면, 누구보다도 단단하고 지속 가능한 브랜드를 만들 수 있을 거라고 믿어. 창업 여정 자체를 콘텐츠로 만들어 보는 건 어떨까? 퇴사하고 프리랜서로, 그리고 창업가로 성장해가는 과정을 기록하고 공유하면 브랜딩에 도움이 되고, 나중에는 그 자체로 가치 있는 콘텐츠가 될 수 있을 거야. 수민이가 가진 전문성을 체계화하고 자산화하는 작업을 지금부터 해나가면 나중에 교육 콘텐츠와 출판 등으로 확장 가능한 기반이 될 수 있으니까.

지금처럼 잘 헤쳐 나가서 마침내 수민이의 유니버스인 회사를 창업하는 그날이 곧 오기를 기대해. 때때로 혼자 헤쳐 나가기 버겁고 폭삭 망한 것 같은 순간이 찾아오더라도 늘 응원하고 지지하는 선배가 적어도 한 명은 있다는 걸 기억하면 좋겠어. 실패의 경험 없이는 가슴 벅찬 성취의 날은 결코 오지 않으니까, 마음껏 도전하고 실패해도 괜찮아. 그까짓 거, 진짜 괜찮은 거야!

앞으로의 여정에 행운이 함께하길 바라며

용감하게 꿈을 향해 걸어가는 후배를 응원하는
에스더 선배가

지금까지와는 다른 삶에 도전해도 될까요?

신승연 그린씨드 대표

회사에서 팀의 리더를 맡은 사십 대 중반 워킹우먼입니다. 회사에서는 별다른 어려움이 없이 좋은 대우를 받고 있어요. 회사 밖에서도 가정에서도 무탈하게 평범한 일상을 보내고 있고요. 그런데 늘 마음 한편이 허합니다. 앞으로 펼쳐질 미래의 모습이 너무 뻔해서 답답하게 느껴지기도 하고요. 조직에서 승진할 수 있는 데까지 하고 나면 그 타이틀이 커리어의 정점이자 마지막 직함이 될 것이란 것도 잘 알고 있습니다. 익숙한 조직 시스템 내에서 고인물처럼 눈치 볼 것 없이 마음 편하게 적당히 일해도 그만인 위치이지요. 그런데 '내가 과연 제대로 살고 있는가?', '이게 진짜 나의 삶인가?' 하는 생각이 듭니다. 늘 고민이지만, 현명한 해법도 모르겠고 용기도 전혀 나질 않습니다. 지금 제 나이에 새로운 일을, 또 다른 인생을 시작해도 될까요?

제주도에 시골집을 얻었어요

●

2019년 4월의 어느 봄날, 사방이 바다로 둘러싸인 외딴 섬, 제주. 그곳에서도 현지인들이 살고 있는 고요한 마을 어귀의 낯선 시골집 앞에 서 있었습니다. 지난 몇 년간 머릿속에 가득 차 있던 것들은 온통 일, 일, 일이었지요. 신규 사업계획이 주를 이뤘고, 기관평가를 잘 받기 위한 방안을 궁리했어요. 그 와중에 지치지 않고 이 일을 계속해 나갈 수 있을지도 일부분 차지했지요.

그런데 제주 시골집을 바라보는 동안 내 머릿속은 어떤 책을 가져다 놓을지, 중고 피아노는 어디서 구해다 놓을지, 눅눅한 시골집 방을 어찌 청소할지와 같은 행복한 고민으로 가득했어요. 일순간 달라도 너무 다른 생각들이 나의 뇌를 차지하게 되었던 거죠. 그날은 퇴사하기 약 8개월 전이었습니다.

남들 보기에 안정적인 직장, 풍요로운 생활, 커리어의 정점을 향해 달려가는 시기였어요. 그런 상황에서 맨몸으로 나오는 것이 두렵지 않냐고요? 그럴 리가요. 조금은 두려웠습니다. 계획을 세워도 늘 변수는 있는 법, 새로이 펼쳐질 바깥세상이 낯설고 두려울 수밖에요. 너무도 당연하다 생각합니다. 이십 대 청춘도 아니고, 열정 가득한 삼십 대도 아닌걸요. 그럼에도 설레는 마음이 두 배, 아니 열 배 그 이상이었어요. 온몸에 전율이 오르는 짜릿함이라니! 그렇기에 아직 닥치지도 않은 예측 불가한 문제나 어려움에 대해서는 앞서 생각할 이유가 전혀 없었습니다. 그냥 하는 것, 일단 시작하는 것뿐….

낯선 섬에서 시작된 N잡러의 새로운 인생 여정

•

전 세계가 코로나19로 혼란스러웠던 불안의 시기에 제주도로 날아 왔습니다. 출판사를 운영하는 일로 제주살이가 시작되었어요. 작은 시골집을 얻어 창작자의 작업실로 만들었어요. 아무런 연고도 없는 낯선 섬에서 오전에는 글을 쓰고, 오후에는 강의하며, 저녁에는 세상 모든 창작자들의 책을 기획하는 독립 출판사를 차린 것이지요.

회사를 다니는 동안 맛본 출판의 경험을 통해 얼마나 많은 사람들이 자신의 이야기를 쓰고 싶어 하는지 알고 있었어요. 그리고 홀로 글을 쓰고 책을 만드는 과정이 얼마만큼이나 힘든 일인지도 충분히 이해하고 있었고요. 그렇기에 그들의 곁에서 라이팅 메이트writing mate같은 친근한 조력자 역할을 해주고 싶었어요. 내가 겪은 어려움을 그들은 겪지 않도록, 아니 겪더라도 함께하며 어려움을 반쯤 덜어 내주는 사람이고자 했지요. 그런 과정에서 선택한 새로운 직업이 내가 진정으로 돕고 싶은 사람들을 위해 진심을 다하는 일이라는 게 원동력이 되었어요.

새로운 선택에 있어서 예측할 수 없는 변수란 도전한 일이 실패하거나 잘못된 방향으로 가는 경우를 의미하는 게 대부분일 테죠. 그러나 반대로 긍정적인 관점에서 생각해 보면, 그 변수란 것은 생각지 못했던 무한한 확장과 풍요로운 세계를 만날 수도 있다는 것일 테죠. 낯선 섬에서 시작한 출판이 칼럼니스트, 문학 전시 디렉팅, 1인 브랜드 컨설팅 등 다채로운 직업의 세계로 펼쳐지는 것은 사전에 계획되지 않았던 '변수'였으니까요.

마음 속에서 숱하게 꿈꾸던 것들은 그 시기나 모양새가 그려오던 것과 딱 맞아떨어지지 않더라도 어떤 형태로든 이뤄진다고 믿어요. 동시에 어떻게든 만들어내야 한다고 생각하기도 합니다. 스스로 선택한 일이고, 스스로 결정한 삶의 방식이니까요. 생각이 실현되는 것이 아니라 행동이 실현시켜 준다는 것을 더욱 처절하게 깨달았기 때문이지요. 지금도 여전히 고민만 하고 있다면, 이제 그 생각을 멈추세요. 그리고 움직이세요. 일단 행동으로 옮기고 나면, 실현의 가능성이 훨씬 더 높아질 테니까요.

삶의 우선순위

•

돈벌이를 우선순위에 두지 않고 자신이 스스로 선택한 일의 즐거움을 우선순위에 두기란 현실적으로 쉽지 않은 일이지요. 그럼에도 어느 시기에는 삶의 가치와 기쁨을 우선순위에 두고 선택하게 되는 심리적 변화가 찾아오기도 합니다. 내가 '방앗간 지킴이' 역할을 하게 된 것도 가치 있는 일을 하기 위해서였어요.

방앗간 지킴이의 첫 시작은 폐점 위기에 놓인 동네 방앗간을 사라지지 않게 하려는 마음에서 비롯되었어요. 이웃 할아버지, 할머니가 1983년부터 수십 년을 가꿔 온 기름 짜는 방앗간을 지키고자, 한국의 전통 식문화를 이어가기 위한 무모한 용기였지요. 마음이 통하는 이웃 청년들, 예술가들과 함께 도모했던 이 일이 결국에는 로컬 브랜딩, 지역 문화 활동의 일환으로 조명받게 된 것은 한참 후의 일입니다.

그렇게 한 단계 한 단계씩 작은 성공의 계단을 오르는 여정에서 사람들의 진심 어린 응원과 지지를 받으며, 작지만 강한 브랜드로 성장해가고 있어요. 물론 세상에 쉬운 일은 없듯이 지난 시간들이 강도 높은 노동과 끝없는 수고로움 그리고 사고의 연속이었지요. 그럼에도 이 일의 가치를 사랑하며 흔들리지 않는 마음이 차곡차곡 쌓였기에 만들어진 결과라고 여깁니다. 무엇보다 실천하는 태도와 지속적인 성실이 결국 풍요로운 생활을 보상받게끔 해주는 것이라고 믿고 싶습니다.

연봉이 직업의 선택에 있어 가장 선순위에 있는 사람이라면, 새로운 모험의 길을 선택하라는 제안은 아무래도 조심스럽습니다. 행여 모험을 하더라도, 경제적 자본금을 만들어 두어야 하는 시기와 적합한 일거리가 분명 필요하지요. 회사생활을 자기계발이나 커리어 쌓기로만 생각하고 입사하는 사람은 그리 많지 않으리라 생각합니다. 경제적 안정을 위해서, 미래의 안위를 위해서 일하는 것은 일터에서의 삶을 유지하는 중요한 이유 중 하나임은 자명하니까요.

부모의 경제적 도움 없이 대학교를 마치고, 직장에 입사했다면 가장 중요한 것은 우선 생계이고 밥벌이일 것입니다. 이십 대에서 삼십 대까지, 특히 독립한 청년들에게는 누구보다 치열하게 일하는 시기라 생각이 들어요. 조직에 소속이 될 수도 있고 자기 사업을 운영할 수도 있겠지만, 가능한 안정적인 벌이가 필요하다는 이야기를 강조하고 싶습니다.

일을 한다는 것이 단순히 경제적 자본을 구축하는 걸 의미하지는 않지요. 우리는 나이가 들어갈수록 의도치 않게 점점 혼자가 됩니다. 자연스럽게 홀로 일하고, 홀로 밥 먹고, 홀로 놀게 되는 일이 많아지지요. 생애 주기의 통상적인 활동을 토대로 보더라도 인적 자본과 문화 자본은 되도록 가장 교류 활동이 많은 시절, 그러니까 일을 하며 사회적 교류를 활발히 하는 기간에 축적하는 것이 훨씬 더 수월합니다. 자본을 토대로 다음 직업을, 또 다른 인생을 준비하는 데 누구보다 유리하다는 점이기도 하지요. 나다운 삶을 살기 위해서는 용기도 필요하지만, 그 용기를 내기 위해서는 현실적인 준비도 필요하다는 뜻입니다.

물려받은 재산이 있거나 투자에 성공한 경우가 아니라면, 평생을 마음 편하게 거주할 공간을 대출 없이 서울 도심에서 마련하기란 감히 불가능한 시대라는 게 슬픈 현실이긴 합니다. 나 또한 회사에 소속되어 있는 동안 집을 마련했어요. 부모의 경제적 도움 없이 보증금 1천만 원으로 시작해 바지런히 벌어서 마련한 첫 집이었어요. 물론 내가 원하는 일을 새로 시작하기 위해서 집을 사 두어야 한다는 이야기는 아닙니다. 저마다 경제적 자본이란 것이 주식이나 부동산 혹은 미술품이 될 수도 있고, 사업을 시작하기 위한 초기 자본금seed money일 수도 있으니까요.

조직 사회를 떠나서 온전히 본인이 소유한 자본으로 새로운 삶을 꾸려가려면, 경제 자본, 인적 자본, 문화 자본, 지적 자본 등을 꾸려야 할 시기와 방법을 놓치지 않기를 바라는 마음입니다. 순서는 그리 중요하지 않지요. 인적 자본을 토대로 경제 자본을 마련할 지혜로운 방안을 얻을 수도 있고, 지적 자본과 문화 자본을 토대로 새로운 사업의 밑그림을 그릴 수도 있으니까요. 중요한 것은 이 모든 자본들이 유기적으로 함께 움직일 수 있도록 늘 공부하기를 제안드립니다.

인생에서 몇 번의 모험은 용기 내어 시도하려는 사람이라면, 처한 현실을 이유로 가지 못한 길과 하지 못한 선택을 두고두고 후회할 사람이라면 더더욱 다음 인생 챕터를 위해서 철저하게 준비하기를 권합니다. 마음속 저 밑바닥에 계속 응어리져 있는 것들을 본인의 방식으로 꺼내 놓아야 인생이 덜 억울할 테니까요. 각종 자본이 준비된 사람이라면 모험의 길을 선택하더라도, 그리 후회할 일은 없을 거라고 믿어요. 일하는 방식은 결국 내 삶의 방식이기도 하기에. 부디, 후회가 반복되지 않는 일=삶이기를 희망합니다.

인생 후반기를 안정적인 조직에서 적당히 일하고 적절히 즐기면서 살아가는 길을 택하고자 하는 게 아니라면, 이제라도 좀 더 적극적인 행동을 취하기 바랍니다. 내 생각이 내 인생은 아니기에. 내 행동, 내 태도만이 나의 인생을 새로이 만들 수 있다는 걸 왜 그리 뒤늦게 깨닫게 되는 걸까요.

이 글을 쓰고 있는 지금, 나는 또 다른 모험을 앞두고 있습니다. 내 인생의 다음 챕터를 위해서, 새로운 미지의 세계로 떠날 탐험 가방을 싸고 있는 거죠. 이제는 다채롭게 짐 싸는 노하우도 생겼으니, 여행지가 낯설다고 해서 두려워하거나 어려워할 일이 없지요. 그저 건강한 몸과 마음 외에는 특별한 준비물이 필요 없으니까요. 인생 N막 시대, 새로운 삶의 바다에 뛰어들 수 있는 무모한 용기 하나로 충분합니다. 앞으로도 계속될 인생의 새로운 모험에 뜨거운 응원을 보내며, 나를 위한 질문을 적어 봅니다.

현재, 당신의 인생은 몇 번째인가요?

인생의 다음 챕터를 위해서 무엇을 준비하고 있나요?

그 선택을 위해서 어떤 노력을 기울이고 있는지요?

일의 우선순위, 삶의 우선순위는 무엇인지요?

끝으로 원하는 것을 얻기 위한 그 길을 스스로 선택하고 감당할 수 있으신가요?

이제 당신의 차례입니다.

막막한 인생 후반기, 무엇부터 준비해야 할까요?

이서연 한국자기경영연구소 대표

저는 공공기관에서 30년쯤 근무하다가 퇴직을 2년 앞두고 있습니다. 처음에는 '이제야 자유의 몸이 되겠구나. 이제 좀 나도 쉬어야지'라는 생각에 기분이 좋았습니다. 여행도 다니고 그동안 만나지 못한 친구들 만날 생각에 기분이 들뜨고 기대도 컸죠. 물론 마음 한편엔 표현할 수 없는 불안감도 있었지만요. 그런데 날이 갈수록 막연한 불안감이 슬슬 올라오면서 마음이 심란하고 가끔 가슴도 두근대더라고요. 어느 날 친구에게서 드론을 배우고 있는데 같이 배우지 않겠냐고 전화가 왔어요. 또 다른 지인은 노후를 위한 자격증을 딴다느니, 디지털 기술을 배운다느니 하고요. 나만 아무것도 안 하는 사람처럼 뭔가 무력해지더군요. 공공기관에서 행정 업무만 하던 사람이 이 나이에 뭘 배워야 할지도 모르겠고, 뭐부터 시작해야 할지도 모르겠어요. 지금, 뭐부터 준비해야 할까요?

인생 후반기 나는 핵개인으로 살아가고 있나

•

송길영 저자의 책 《시대예보: 핵개인의 시대》라는 책이 있습니다. 요즘 시대에 꼭 필요한 메시지를 담고 있어 매우 인상 깊게 읽었습니다. '핵가족'은 들어 보았는데 '핵개인'이라는 용어는 이 책에서 처음 들었어요. 저자는 핵개인을 다음과 같이 정의하더군요.

자기 삶의 기준과 의사 결정을 스스로 설정하고 책임지는 사람
선택에 대한 주도권을 가진 존재
개인의 삶을 스스로 구성하고 운영하는 삶의 태도
특정 세대나 연령대에 갇히지 않으며, 지극히 개인화되고 다층적인 정체성을 지닌 존재
평생학습을 통해 지속적인 배움을 실천하는 사람

이와 같은 핵개인의 정의는 미래를 살아가는 우리에게 많은 인사이트를 줍니다. 기술이 발달하고 수명이 늘어나면서 이제는 개인이 할 수 있는 역량이 커지고, 또 할 수 있는 범위가 넓어졌습니다. AI를 활용해서 누구나 수많은 정보와 데이터를 수집 활용할 수 있고, 누구나 콘텐츠를 가지고 있다면 유튜브나 다른 SNS를 통해 영향력을 미칠 수 있는 개인 방송도 할 수 있는 시대가 바로 지금입니다. 또한 글쓰기 수업을 통해서 자신이 가진 남다른 스토리나 경험을 글로 써서 독립출판을 하거나 공동 저자로 참여하여 작가가 되기도 합니다.

이처럼 기술의 발달로 개인의 역량이 커지면서 집단이나 조직의 힘은 예전 같지는 않습니다. 예전에는 가족 내 위계가 명확했습니다. 연장자가 권위를 가지며, 자녀는 부모의 뜻에 순종해야 했지요. 이런 위계질서는 정보 접근의 비대칭성과 경제력의 불균형에서 비롯됩니다. 그러나 스마트폰 한 대로 모든 세대가 동일한 정보에 접근하는 시대가 되면서, 경험이나 나이보다 '정보력'과 '디지털 감각'이 더 큰 권위를 갖게 되었지요. 직장 내 조직도 마찬가지입니다. 상사의 개념 그리고 역할의 변화로 상사나 구성원들 간의 관계도 이제는 수평적인 조직 문화로 바뀌고 있습니다.

개인의 힘이 커지면서 이제는 개인 브랜딩의 시대가 도래했다고 볼 수 있겠습니다. 개인의 경쟁력과 탁월함이 관건인 시대가 되었다는 뜻이죠. 그래서 더욱 나 자신에 대해서 잘 알아야 하고, 나의 장점과 강점을 잘 파악해야 합니다. 그래야 좋아하는 일, 잘하는 일을 내가 찾고 탐색하고 키워나갈 수가 있으니까요.

인생을 1세부터 100세까지 편의상 수직선상에 표시하고 그 중간지점인 중앙에 50이라는 숫자를 적어 보세요. '오십 대'라는 나이가 매우 상징적인 의미를 보여주고 있지 않은가요. 가장 중간지점인 '50'이라는 숫자는 단지 나이가 50이라는 의미뿐 아니라 지나온 삶과 앞으로 살아갈 날을 돌아보고 그려 보는 통과점이라는 특별한 감정을 느낄 수 있을 겁니다. 다시 한번 신발 끈을 조이고 지금까지의 삶과 앞으로의 나의 삶을 조망하기 위한 멈춤의 시점이 50이라고 할 수 있지 않을까요?

이쯤되면 '인생 후반기 좀 여유 있게 쉬고, 여행 다니면서 즐겨야 하는 시기가 아닌가요?'라고 볼멘소리를 낼 수도 있을 듯합니다. 맞습니다. 하지만 이제는 시대가 바뀌었습니다. 인생 후반전을 준비하는 이 시기에 우리는 지금까지 살아온 과정과는 다른 새로운 출발점을 생각해야 한다고 볼 수 있어요. 지금까지는 가정을 위해서 회사를 위해서 나보다는 누구누구를 위해서 살아온 시간이 많았죠. 좋아하는 일보다는 어쩔 수 없이 해야 하는 일이 더 많았을 겁니다. 적어도 내 경우는 그런 적이 많았습니다.

그러나 인생 후반기는 좀 더 달라야 하지 않을까요. 이제 생물학적으로 신체적으로 예전처럼 일하기는 어려운 점이 많습니다. 나의 컨디션과 나를 둘러싼 환경을 잘 파악해서 내가 좋아하는 일, 그리고 내가 가치 있다고 생각하는 일을 좀 더 고민해야 하는 시기가 바로 50이라는 중간지점이 아닌가 합니다.

그리고 세상이 너무나 빠르게 변화하고 있어요. 그 변화를 외면하고 예전처럼 살아갈 수는 없는 세상이 되었어요. 그래서 인생 전체를 보았을 때 가장 중간지점인 50이라는 이 숫자 위에서 주도적으로 변화하는 세상에서 나답게 후반전을 살아갈 수 있는 준비를 해야 한다는 생각이 듭니다.

인생 후반기를 잘 보내기 위해 필요한 네 가지

●

인생 후반기를 잘 보내기 위해서는 무엇이 필요할까요? 사람들은 보통 건강, 재무, 여가, 일 이렇게 네 가지가 꼭 필요하다고 말합니다. 그 네 가지에 대해 좀 더 구체적으로 더 살펴보도록 하지요.

첫째는 뭐니 뭐니 해도 건강입니다. 건강해야 내가 하고 싶은 일을 할 수가 있고, 행복한 여정을 이어갈 수가 있습니다. 중장년 정도 되면 당사자든 친구든 지인이든 '몸이 예전 같지 않다', '누구누구는 예전처럼 건강한 몸이 아니고 아주 달라졌더라'라는 안타까운 소식이 들려오기 시작합니다. 젊은 시절엔 승승장구하며 앞으로만 나갈 줄 알았는데 점점 신체적인 한계를 느끼게 됩니다. 그러면서 세상을 다르게 보기 시작하지요. 나도 건강을 잃고 큰 수술을 경험하고 나서 삶의 방향을 다시 바라본 적이 있습니다. 진짜 소중한 것이 무엇인지, 무엇을 먼저 챙겨야 하는지 새삼 알게 되더군요. 그러니 건강할 때 또는 건강이 무너지기 전에 늘 자기 자신을 챙기고 가꾸고 돌보아야 합니다.

둘째는 재무를 꼽아야겠네요. 익히 알다시피 돈은 가장 기본적인 삶의 수단입니다. 더군다나 나이가 들어감에 따라 돈이 필요한 순간은 더욱 많아집니다. 경제적 자립과 독립이 어느 때보다도 필요하지요. 이제는 자식에게 돌봄을 의지할 기회가 점점 사라지고 있습니다. 스스로 돌봄을 유지하기 위해서도 돈이 필요하고, 어느 시기일지 모르지만 우리가 더는 일하지 못하는 때도 닥칠 겁니다. 이러한 때를 대비하여 나의 기본적인 생활과 의료비용은 물론 하고 싶은 일을 하기 위한 기본적인 돈이 필요합니다.

실제로 주변에서 금전 문제로 가족들이 서로 등을 지고 살아가는 사람들도 보았습니다. 즉 재무적 독립은 곧 '관계의 건강한 거리 두기'와도 연결됩니다. 돈이 없으면 가족 간 갈등은 더욱 격화

되고, 존중이 있는 관계 유지가 어려워집니다. 중장년 이후의 삶은 '내가 하고 싶은 일을 할 수 있는가'가 핵심입니다. 돈이 있어야 배움도, 창업도, 여행도, 여유 있는 인생 설계도 가능하니까요. 재무는 선택권을 보장하는 도구인 셈입니다.

중장년에게 있어서 재무는 단지 '더 벌기 위한 재무'가 아니라 좀 더 나답게 살아가기 위한, 후회하지 않기 위한, 관계를 지키기 위한 재무여야 합니다. 재무는 단순한 경제 기술이 아니라 삶의 주도권을 쥐는 철학적 도구입니다. 지금의 선택이 10년 후의 삶을 결정합니다. 그러니 지금, 시작해야 합니다. 정년 후 최소 20~30년은 스스로의 힘으로 살아가야 하는 시간임을 생각하면 은퇴 시점이 아닌 더 빠른 시기부터 준비해야 합니다. 사실 이 부분에 있어서 나도 자신 있게 '나처럼 하세요'라고 말하지는 못하겠네요. 하지만 지나고 나서야 중요함을 절실히 느꼈답니다. 그래서 더욱 후배들에게 이 이야기를 꼭 전해야겠다는 마음이 들었습니다.

셋째는 여가입니다. 건강과 돈 이외에도 인간은 사회적 동물이다 보니 다른 사람들과 교감을 나누는 관계를 통해 나의 존재감을 확인합니다. 그리고 기본적으로 자존감을 가져야 행복감과 인간으로서의 만족감을 느낄 수가 있고요. 중장년기(사십 대에서 육십 대)는 인생의 한 국면이 마무리되고, 새로운 국면이 시작되는 과도기입니다. 이 시기에는 자녀 양육, 직장에서의 성장, 가족 부양이라는 사회적 역할이 점차 줄어들며, 동시에 개인의 정체성과 삶의 질을 새롭게 재구성해야 하는 시기이기도 하지요.

그런 점에서 '여가'는 단순한 여유 시간을 의미하지 않습니다. 중장년에게 여가는 심리적 회복, 건강 유지, 사회적 관계망 재정비, 정체성 회복이라는 측면에서 삶의 지속 가능성을 높이는 핵심 요소입니다. 지금까지의 중장년은 오랫동안 부모, 자녀, 직장인, 배우자 등 타인을 위한 역할 수행 중심의 삶을 살아왔을 겁니다. 그러나 이 역할들이 점차 사라질 때, '나는 누구인가?'라는 질문이 다시 등장합니다. 여가는 '나'를 중심으로 하는 삶을 회복하는 통로인 셈입니다. '내가 좋아하는 것', '내가 하고 싶은 것', '내 삶의 의미는 무엇인가'를 탐색하는 과정에서, 여가는 정체성 재구축의 기반이 됩니다.

내가 한 공공기관에서 평생교육 프로그램을 기획, 운영하는 일을 잠시 맡았을 때, 중장년 세대가 유난히 많이 교육 프로그램에 참석하셨습니다. 한번은 수채화 그림을 그리는 수업이었는데 다들 어찌나 솜씨가 뛰어나던지 짧은 5회 수업이었는데도 정말 유명한 화가들이 그린 그림처럼 멋지고 훌륭하더군요. 급기야 주민센터에 전시회까지 열게 되었고, 이후 동아리 모임까지 결성해서 지속적인 수채화 그림 그리기를 하기로 하셨습니다.

그분들은 "어렸을 때부터 꼭 하고 싶었던 그림 그리기였는데 이런저런 사정으로 못하게 돼서 평생 미련으로 남았던 일이었다"고, "그런데 이런 기회가 생겨서 마음껏 그림을 그리다 보니 예전 생각도 나면서 마음이 너무 힐링되고 안정되어서 너무 좋았다"고 입을 모아 말씀하시더군요. 누구나 어릴 적 꿈이 있는데 우리는 그것을 현실이라는 벽에 가로막혀서 아쉽게도 숨기거나 일부러

모르는 척하며 살았기 십상입니다. 그러니 중장년에 이르러 자신이 염원하던 바를 이루기 위해 여가를 즐기는 듯했습니다.

　넷째는 다시 일입니다. 우리가 아무리 돈이 넉넉하더라도 일을 통해 보람을 얻고, 일을 통해 활력을 얻기 때문입니다. 정년이 되면 여행을 하면서 유유자적 쉬던 시절은 아주 옛날이야기입니다. 최근에는 정년 이후 삶을 위해 더 많은 배움과 활동을 하는 분들이 늘어나고 있습니다. 실제로 강의 현장에 가 보면 중장년 대상 수강생의 열의와 관심을 온몸으로 체감합니다. 그 정도로 많은 분이 교육에 참여하시고 자격증을 따거나 생애 설계 탐색이나 진로 상담을 받으시더군요. '역시 중장년의 책임감과 성실함은 이런 곳에서도 나타나는구나' 싶어 연민의 감정도 느끼게 됩니다. 지금까지 그분들 아니 우리들의 삶은 가족을 위해서, 회사를 위해서 희생이라는 단어를 떠올릴 만큼 열심히 살아오셨을 겁니다. 나 자신을 위해서라기보다 가족과 회사를 위해서, 말 그대로 '당연히' 그렇게 살아오신 분들입니다.

　그래서 나는 강의 초반에 지금까지의 삶에 대한 인생 그래프를 그리는 활동을 통해 '자신의 삶'을 돌아보게끔 하곤 합니다. 자신의 삶을 주제별로 구별하여 그때 느꼈던 감정이나 그때 마주했던 이슈 등을 꺼내면서 객관적인 시각에서 자신의 삶을 돌아보는 거죠. 자신의 십 대는 어떠했는지, 이십 대는 어떠했는지, 또 삼십 대는 어떠했는지…, 마치 파노라마처럼 나의 삶이 한 장의 종이 위에 펼쳐집니다. 그러면서 자신에게 말을 거는 듯 위로하는 듯 표현할 수 없는 메시지를 조용히 보내옵니다. 그 다음 내 인생에서 가장 빛났던 순간을 작성해 보라고 합니다. 그러면 처음에는 "없다", "생각하기가 어렵다"고 말씀을 하시지만, 좀 더 시간이 지나면 조용히 무언가를 쓰기 시작하십니다. 그 내용을 함께 공유하다 보면 가슴 뭉클한 감동이 밀려오곤 합니다.

    결혼 후 첫아들이 태어났을 때 밖에서 바라본 눈부신 태양 빛을 잊을 수 없다고 하신 분, 어려운 환경 속에서 딸을 유학까지 보내서 학업을 마치게 한 날, 어렵다고 다 포기했던 협상 프로젝트를 완벽하게 해냈던 일 등 너무나 빛났던 순간을 이야기하시는 분들이 헤아릴 수 없이 많았습니다. 중장년 이후 새로운 인생의 전환점에서 불안감과 두려움으로 자신감이 떨어지고 위축될 수 있습니다. 12년 전 내가 퇴직을 하고 새로운 삶에 대한 고민과 불안감을 안고 방황했던 때처럼 말이지요.

    그러나 내 인생의 빛났던 순간처럼 수많은 날들이 모두 빛났던 순간이었고, 최선을 다했던 순간이었음을 잊지 말았으면 좋겠습니다. 누가 뭐라 해도 지금 이 순간, 여기에 존재하는 것만으로도 얼마나 성실하게 책임감을 가지고 살아왔는지 우리 스스로는 모두 알고 있습니다. 그리고 새로운 출발을 향해 또 이렇게 눈을 크게 뜨고 변화를 감지하고 이 자리에 서 있습니다.

    조만간 나의 배경이자 의지가 되었던 회사, 직함, 직급이 모두 사라지고 내 이름 석 자만 남은 날이 올 겁니다. 과연 내 명함에서 회사, 직급을 모두 빼고 내 이름만 남았을 때 나는 과연 어떤 사람인지, 무엇을 할 수 있는 사람인지 지금부터 만들어야 합니다. 그러기 위해서는 내가 잘하는 것부터 나라는 사람을 집중 탐색해 보아야 하는데, 지금까지 나를 탐색하는 시간이나 그런 기회가 있었던 사람들이 과연 얼마나 될까요? 그래서 강의 시간에 나의 재능, 흥미, 적성, 역량을 알아보는 시간을 드립니다.

그런데 이것 역시 모두 어려워하고 어색해 하십니다. 나를 마주하는 것도 그런 경험이 많지 않아서 어색하고 그럴 만한 여유를 갖고 살았던 시간이 거의 없었기 때문일 테죠. 하지만 이러한 과정과 훈련을 통해 점점 자기 자신에 대한 탐색, 강점 객관화를 해야 합니다. 그런 뒤에야 '앞으로 어떻게 살 것인가'라는 문제에 답을 찾을 수 있고, 제대로 된 인생 후반기를 준비할 수 있을 겁니다.

| 그림 2 | 인생 하프 타임, 무엇을 준비해야 하나?

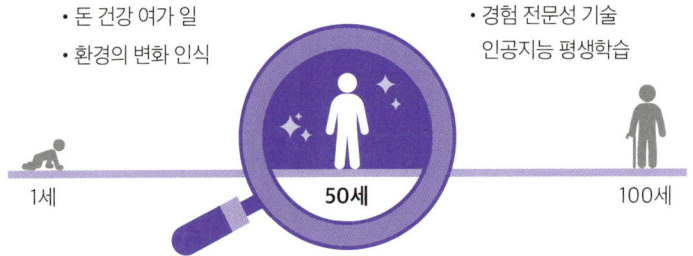

'성실함', '책임감'을 넘어 지금은 **탁월함이 무기인 시대**다.
자신의 가치를 높이는 질문
"나는 무엇이 다른가"
"나는 무엇을 할 수 있는가"
나만의 서사

퇴직 전에 준비하는 인생 N모작

•

인생 이모작, 인생 후반기 준비를 보통 퇴직 즈음에 많이 생각하는 경향이 있습니다. 그런데 요즘은 급변하는 시대이다 보니 퇴직이라는 개념 자체가 순서가 있는 것도 아니고, 정해진 룰도 없습니다. 그래서 재직 시절부터 늘 자신의 인생 전반에 대한 커리어맵을 준비하고 고민해야 한다고 생각합니다. 재직 시절부터 우리가 할 수 있는 인생 후반전을 준비하는 방법은 무엇이 있을까요?

바쁘고 정신없이 돌아가는 생활 속에서 사실 이런 말이 체감이 잘 안 될 수도 있지만, 요즘처럼 불확실한 시대는 늘 일에 대한 변화를 생각해야 합니다.

그래서 첫째, 직장 일이 끝나고 나면 한 가지라도 자기계발을 시작하는 것은 어떨까요. 하루에 또는 일주일에 두 번, 무리하지 않는 시간을 투자하여 자격증이나 영어 공부, 독서 등을 하는 겁니다. 그러면 이것들이 하루 이틀 쌓이고, 1년 2년 쌓이다 보면 나의 소중한 강점이 되어 있을 겁니다. 나도 재직 시절에 따 놓은 자격증 몇 개가 살아가면서 많은 기회를 가져다준 경험이 있어서 잘했다는 생각을 한 적이 한두 번이 아닙니다. 재직 시절 공부하고 싶었던 학교에 입학해서 전공과목을 이수했던 경험도 있는데, 그때 해놓길 참 잘했다는 생각을 한 적이 많습니다.

둘째, 직장생활 중에도 내가 하는 업무 외에 다양한 분야에 있는 분들을 만나고 소통할 수 있는 기회를 만들어 보라고 권하고 싶네요. 같은 분야에 있는 분들과의 소통도 당연히 자주 많이 해야 하지만, 내 분야가 아닌 다른 분야에 있는 분들을 통해서 새로운 아이디어와 정보도 얻고, 사고도 넓힐 수 있습니다. 나와 관련된 일이나 사람만 만나다 보면 하는 이야기나 생각하는 방식이 비슷하다 보니 더 확장된 대화나 아이디어를 내는 데 한계가 있을 수 있으니까요.

그래서 내가 하는 업무 외적으로 다른 사람들과 대화도 해보고 모임도 해보면 그 안에서 내가 생각해 보지도 못한 세상도 알게 되고 융합과 연결을 통한 새로운 영감을 받을 수도 있습니다. 요즘 시대를 다중경력, 변형자산을 가지고 있어야 한다지요. 내가 어떤 변화의 환경에서도 나의 능력과 강점을 유연하게 활용하고 적응할 수 있는 능력이 어느 때보다도 필요한 시대이기 때문입니다.

셋째, 내가 하고 싶은 일, 잘 할 수 있는 일을 지속 가능하게 하기 위해서는 체력 관리나 마음 관리가 필요합니다. 직장에서 스트레스를 받지 않는 사람이 없을 테지요. 스스로 이러한 스트레스를 현명하게 풀지 않으면 정신적으로 번아웃 증후군이 오거나 무기력에 빠질 수 있습니다. 나는 재직 중에 스트레스가 너무 심한 나머지 소화장애를 심하게 겪고 심지어 병원까지 다닌 적이 꽤 있습니다. '이러다가 정말 큰일 나겠구나' 싶어서 취미생활을 하나 가져 보기로 결심했고, 그 새로운 취미생활을 통해 새로운 나 자신의 모습을 발견할 수도 있었습니다.

1인기업가로서 교육 일을 하다 보니 늘 트렌드를 앞서가야 하고, 다른 사람보다 정확하게 이해하고 전달하다 보니 늘 긴장하고 배움과 학습 자체가 일상이 되었습니다. 때로는 내가 너무 힘든 일을 선택했나 하는 생각도 하지만, 결국엔 참 잘했다고 나를 칭찬하곤 합니다.

정말 하루가 다르게 디지털 시대, AI의 시대가 펼쳐지고 있습니다. 앞날을 예측할 수 없을 정도로 우리 사회 전반이 AI의 출현으로 새로운 세계가 펼쳐지고 있는 것이죠. '변화의 파도에 휩쓸릴 것인가, 아니면 변화의 파도를 올라탈 것인가!' 선택은 오롯이 개인에게 달려 있습니다. 이제 '나는 잘 못 해', '나는 나이가 많아서…', '이 나이에 뭘 배워…'와 같은 소극적인 자세가 아닌 멋지고 당당하게 나답게 미래를 그려나가는 긍정성이 필요하지 않을까 싶습니다. '나이는 숫자에 불과해!'라고 말하면서, 잠시 멈춤의 시간에 자신을 돌아보며, 자신을 탐색하여 변화의 파도를 멋지게 올라타는 사람이 되어 보자고, 함께 그렇게 가 보자고 말씀드리고 싶습니다.

중장년이 알고 있으면 쓸 만한 정보

•

은퇴 이후의 삶을 준비할 때 가장 중요한 것은 '정보'입니다. 알고 있는 만큼 선택의 폭이 넓어지고, 준비하는 만큼 불안은 줄어듭니다. 다행히도 오늘날 우리는 혼자가 아니에요. 국가와 지자체, 여러 공공기관이 중장년과 시니어를 위해 다양한 지원 프로그램을 마련해 두고 있더라고요.

구분	기관/사이트	주요 서비스	활동 포인트
새로운 배움과 성장	국가평생교육진흥원 (www.nile.or.kr)	학점은행제, 평생교육 프로그램, 온라인 강좌	은퇴 이후에도 꾸준히 배우고 자기계발 가능
	한국기술교육대학교 능력개발교육원 (https://hrdi.koreatech.ac.kr)	직업능력개발 훈련, 교강사 교육, 평생학습 과정	전문성 강화 및 제2의 진로 탐색에 적합
	HRD-Net (www.k-hrd.net)	국가지원 직업훈련, 훈련기관·과정 검색, 훈련비 지원	새로운 분야 도전 시 체계적인 직업훈련 가능
재취업과 경력 전환	노사발전재단 (www.nosa.or.kr)	중장년일자리희망센터, 재취업 상담, 창업 지원	경력 설계와 전환 준비에 큰 도움
	고용24 (https://www.work24.go.kr/cm/main.do)	고용지원금, 일자리 정보, 재취업 프로그램 통합 제공	중장년 맞춤형 일자리와 고용지원 서비스를 한눈에
커뮤니티와 사회 참여	50플러스재단 (https://50plus.or.kr/)	고용지원금, 일자리 정보, 재취업 프로그램 통합 제공	같은 세대와 교류하며 배우고 나눌 수 있음
	지역 평생학습관· 시니어클럽	평생교육, 여가 프로그램, 사회공헌 및 일자리	가까운 지역에서 쉽게 참여 가능, 생활 밀착형

 무엇보다 중요한 것은 지금 가진 경험과 가능성을 스스로 믿고, 새로운 길을 탐색하는 용기입니다. 서툴러도 괜찮아요. 새로운 도전은 늘 낯설지만, 그 과정에서 배우고 성장하는 힘이 우리 삶을 한층 더 단단하게 만들어 줍니다. 중요한 것은 '내가 할 수 있을까?'가 아니라 '어떤 길을 가고 싶은가?'라는 물음에 답하는 것입니다.

 앞에 소개하는 기관과 사이트들은 인생 후반전을 준비하는 든든한 길잡이가 되어 줄 것입니다. 필요하다면 용기를 내어 문을 두드려 보세요. 분명 지금의 고민을 함께 풀어갈 실마리를 찾을 수 있을 것입니다. 이외에도 많은 사이트가 있으니 찾아보시면 도움이 되는 기관들이 많더라고요. 여러분이 알고 있는 다양한 방법과 함께 참고하시길 바랍니다.

저자 소개

김 경 하 1996년 1월 5일에 한국가스기술공사에 입사하여, 현재 부장으로 재직하고 있다.

김 남 주 Cargill 마케팅/홍보 부장, 축산물품질평가원 고객소통 처장을 거쳐 현재 홍보·마케팅 컨설턴트로 활동하고 있다.

김 영 희 대한항공 승무원, 아카데미 교수 및 롯데백화점 상무직을 거쳐, 현재 마음향기연구소 소장으로 활동하고 있다.

신 승 연 산림청 소속기관 한국임업진흥원 홍보실장을 역임하고, 그린씨드 대표로 출판·문화 사업 및 F&B 브랜드를 운영하고 있다.

오 은 영 대한항공 객실 부사무장을 거쳐, 현재는 부천대학교 항공서비스과 교수로 재직 중이다.

이 경 숙 명지병원 디자인센터장을 역임하고, 현재는 HCCI 대표로 헬스케어 법인을 운영하고 있다.

이 서 연 브런치 작가로 활동 중이며, 한국자기경영연구소 대표로 코칭과 교육 컨설팅을 하고 있다.

이에스더 아리랑TV에서 프로듀서, 콘텐츠유통센터장 등을 역임하고, 아리랑 국제방송 국장으로 재직하며 성균관대 겸임교수로 활동하고 있다.

정 선 미 롯데쇼핑 HR담당 임원, 대한항공, (사)여성리더네트워크 대표를 역임하고, 현재 제이코칭리더십센터 대표로 활동하고 있다.

주 현 영 공정거래위원회 행정사무관과 대법원 재판연구관을 거쳐 현재 법무법인 세종 공정거래팀 파트너 변호사로 근무하고 있다.

하 정 미 한국폴리텍대학 교수로 현재는 진주캠퍼스 학장직을 맡고 있으며, (사)여성리더네트워크 공동대표로 활동하고 있다.